2020
中国保险资产管理业发展报告

CHINA INSURANCE ASSET MANAGEMENT DEVELOPMENT REPORT (2020)

中国保险资产管理业协会 著

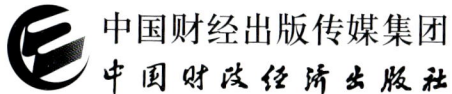

图书在版编目（CIP）数据

中国保险资产管理业发展报告.2020／中国保险资产管理业协会著.--北京：中国财政经济出版社，2020.12

ISBN 978-7-5223-0153-2

Ⅰ.①中… Ⅱ.①中… Ⅲ.①保险业-资产管理-研究报告-中国-2020 Ⅳ.①F842.3

中国版本图书馆 CIP 数据核字（2020）第 220917 号

责任编辑：郁东敏   责任印制：刘春年
封面设计：李运平   责任校对：徐艳丽

中国财政经济出版社 出版

URL：http://www.cfeph.cn

E-mail：cfeph@cfeph.cn

（版权所有　翻印必究）

社址：北京市海淀区阜成路甲 28 号　邮政编码：100142
营销中心电话：010-88191522
天猫网店：中国财政经济出版社旗舰店
网址：https://zgczjjcbs.tmall.com
北京时捷印刷有限公司印刷　各地新华书店经销
成品尺寸：210mm×296mm　16 开　18 印张　320 000 字
2020 年 12 月第 1 版　2020 年 12 月北京第 1 次印刷
定价：108.00 元
ISBN 978-7-5223-0153-2
（图书出现印装问题，本社负责调换，电话：010-88190548）
本社质量投诉电话：010-88190744
打击盗版举报热线：010-88191661　QQ：2242791300

编 委 会

主　　　任：段国圣

执行主任：曹德云

委　　　员：（按照姓氏笔画排序）

　　　　于业明　于春玲　万　放　王军辉　任春生

　　　　贡　磊　苏　罡　李少非　李　全　李　峰

　　　　严振华　杨　平　吴剑飞　沙　卫　张凤鸣

　　　　张　坤　张　倩　陈有棠　陈国力　易　诚

　　　　贺竹君　彭吉海　葛　旋　韩向荣　曾北川

主　　编：曹德云

副主编：张　坤

编　　委：（按照姓氏笔画排序）

　　　　刘　凡　刘传葵　孙海潮　孙　键　严晓茂

　　　　苏奎武　苏　罡　李　峰　杨一君　杨　平

　　　　时宝东　吴剑飞　曹　琦　张广华　张玉璐

　　　　张　光　张　弛　张思贤　陈奕伦　罗水权

　　　　侯光焕　贺鹏飞　原瑞政　徐晓阳　尉维斌

　　　　梁凤波　彭吉海　韩向荣　褚文胜　蔡红标

《中国保险资产管理业发展报告（2020）》
编写单位及人员

总　　纂： 中国保险资产管理业协会

参与单位：（按参与撰写章节先后顺序排序）

阳光资产管理股份有限公司

长城财富保险资产管理股份有限公司

英大保险资产管理有限公司

光大永明资产管理股份有限公司

合众资产管理股份有限公司

华安财保资产管理有限责任公司

中国人保资产管理有限公司

民生通惠资产管理有限公司

人保资本投资管理有限公司

太平洋资产管理有限责任公司

中意资产管理有限责任公司

建信保险资产管理有限公司

太平投资控股有限公司

生命保险资产管理有限公司

泰康资产管理有限责任公司

新华资产管理股份有限公司

中再资产管理股份有限公司

中英益利资产管理股份有限公司

长江养老保险股份有限公司

华泰资产管理有限公司

百年保险资产管理有限责任公司

工银安盛资产管理有限公司

太平资产管理有限公司

平安资产管理有限责任公司

交银康联资产管理有限公司

中国人寿资产管理有限公司

大家资产管理有限责任公司

华夏久盈资产管理有限责任公司

中信保诚资产管理有限责任公司

永诚保险资产管理有限公司

牵头执笔：中国保险资产管理业协会研究规划部

全书统稿：梁风波　寿静菁　陈洛霏

执笔人（分章节，按照姓氏笔画排序）：

第一章：司文轩　任智泉　许庆硕　李　衡　张成晗
　　　　张艳杰　郭　松　潘　静

第二章：马彦苗　王小卫　王天华　王安琪　王　聪
　　　　毛海棠　田　丰　刘晓彤　许殿豪　寿静菁
　　　　李俊葶　杨　博　吴　杰　张　勇　罗　胤
　　　　国宇翔　周宗明　钟　楠　聂小军

第三章：王立婷　王　毓　仇笑荣　白　旭　付　伟
　　　　刘　扬　刘志刚　刘　颖　许　争　苏奎武
　　　　杜　建　杨虎猛　宋光磊　张观澜　陈　沫
　　　　周明月　胡学文　欧阳怡芳　赵　静　赵　芸
　　　　曹云祥　梁　坤　隋　心　喻　泉　褚凌川
　　　　蒲　裕　熊珊珊　樊　璐

第四章：王　达　王　雷　宋天翼　陈佳玥　赵江山
　　　　夏毕畅　郭　吴　郭　廓　蒋亚男

附录一：陈　蓝

序 言

2019年，全球经济局势复杂严峻。受发达经济体经济增速下滑、人口老龄化、贸易争端持续、地缘政治不确定性等多重因素影响，2019年全球实际GDP增速放缓至2.9%，为全球金融危机以来最低水平。国内经济面临的风险挑战明显上升，经济增速逐季回落，全年增速6.1%，同时持续深化供给侧结构性改革，加大逆周期调节，经济运行总体平稳。

保险业作为金融业的重要组成部分，紧紧围绕服务实体经济、防控金融风险、深化金融改革三项任务，不断改善风险管理能力和服务水平，行业总资产稳中有升，保险保障功能和风险抵御能力进一步增强，服务实体经济取得积极成效。

保险资产管理行业立足保险资金的投资管理，积极拓展第三方资金管理，行业整体保持稳健发展的势头，保险资管能力得到了进一步提升。从保险资金运用来看，截至2019年末，保险资金运用余额18.53万亿元，同比增长12.91%；配置结构更趋合理，其中债券占比34.56%，银行存款占比13.62%，股票和证券投资基金占比13.15%，其他投资占比38.67%；投资收益稳步提升，财务收益率4.94%，有效覆盖了负债成本，支持了保险业务的稳健运行。从保险资产管理来看，截至2019年末，26家保险资管公司受托管理资产14.97万亿元，同比增长14.8%。其中，受托管理保险资金13.4万亿元、占比89%；非保险资金1.58万亿元、占比11%；多数保险资管公司受托管理的保险资金占其管理总规模八成以上，少数公司资金来源较为多元，非保险资金占比达1/3以上。从保险资管产品来看，截至2019年末，保险资管产品余额2.76万亿元。其中，保险机构持有2.06万亿元、占比75%；业外机构持有0.7万亿元、占比25%。从机构发展来看，保险资管机构坚持谋求差异化发展，养老金等长资金管理能力、非标资产创设能力、金融科技创新能力等不断提升，保险资管产品投资运作稳健、高效，并积极通过股权、债权等多种方式支持经济高质量发展、支持国家重点战略和重大项目建设。

"中国保险资产管理业发展报告"是由中国银行保险监督管理委员会指导，中国保险资产管理业协会牵头编纂，全面系统反映保险资产管理行业年度发展情况的官方、唯一报告，今年是连续第 4 年编纂出版。《中国保险资产管理业发展报告（2020）》分为正文和附录两个部分。正文部分由四章组成，"第一章 2019 年中国保险资产管理综述""第二章 2019 年保险资产管理业运行与发展""第三章 2019 年保险资产管理业专题报告""第四章 2020 年保险资产管理业发展展望"。附录部分涵盖保险资金运用有关政策目录、2019 年保险资管机构发展情况等内容。

中国保险资产管理业协会从成立至今，一直将推动行业发展、支持行业建设、扩大行业影响作为工作目标之一。《中国保险资产管理业发展报告（2020）》作为客观记录行业情况的报告，希望能够为中国保险资产管理业的发展留下持续、真实、客观的历史资料，同时为当期和今后行业的发展提供必要参考。

中国保险资产管理业协会
执行副会长兼秘书长
2020 年 11 月

数据说明

本报告涉及的行业数据，如无特别标注，均出自《中国保险资产管理业发展报告（2020）调研问卷》。其中，参与调研的机构共计 35 家，包括 26 家综合型保险资产管理公司和 9 家其他专业型机构。具体如下表所示：

	参与调研的 26 家综合型保险资产管理公司		
1	百年保险资产管理有限责任公司	14	生命保险资产管理有限公司
2	长城财富保险资产管理股份有限公司	15	泰康资产管理有限责任公司
3	大家资产管理有限责任公司	16	太平洋资产管理有限责任公司
4	工银安盛资产管理有限公司	17	太平资产管理有限公司
5	光大永明资产管理股份有限公司	18	新华资产管理股份有限公司
6	合众资产管理股份有限公司	19	阳光资产管理股份有限公司
7	华安财保资产管理有限责任公司	20	英大保险资产管理有限公司
8	华泰资产管理有限公司	21	永诚保险资产管理有限公司
9	华夏久盈资产管理有限责任公司	22	中国人保资产管理有限公司
10	建信保险资产管理有限公司	23	中国人寿资产管理有限公司
11	交银康联资产管理有限公司	24	中意资产管理有限责任公司
12	民生通惠资产管理有限公司	25	中英益利资产管理股份有限公司
13	平安资产管理有限责任公司	26	中再资产管理股份有限公司
	参与调研的 9 家其他专业型机构		
1	长江养老保险股份有限公司	6	人保资本投资管理有限公司
2	国寿投资控股有限公司	7	太平投资控股有限公司
3	平安不动产有限公司	8	友邦保险有限公司上海分公司
4	平安养老保险股份有限公司	9	中国人寿养老保险股份有限公司
5	人保投资控股有限公司		

注：按公司拼音首字母排序。

目录 Contents

第一章 2019年中国保险资产管理综述 … 1

一、2019年国内外经济形势、金融市场运行情况综述 … 2
二、2019年保险市场发展情况概述 … 5
三、2019年保险资产管理业发展情况概述 … 16

第二章 2019年保险资产管理业运行与发展 … 21

一、保险资产管理业市场主体 … 22
二、投资能力情况 … 26
三、保险资金投资与管理 … 30
四、保险资产管理情况 … 38
五、保险资产管理产品投资情况及注册情况 … 49
六、保险业偿付能力情况 … 58
七、保险资产管理业境外投资情况 … 61
八、保险资产管理行业人才建设 … 66
九、保险资产管理行业监管情况 … 71
十、保险资产管理行业服务工作 … 74
十一、保险资产管理业自律工作 … 77
十二、保险资产管理业服务实体经济 … 79

第三章 2019年保险资产管理业专题报告 … 81

专题一 2019~2020年保险资金运用调研情况 … 82
专题二 保险资产管理产品办法与保险资产管理产品发展 … 90
专题三 保险资管与其他大资管主体的竞争与合作 … 95
专题四 保险业资产负债管理情况及实践 … 101
专题五 保险机构积极参与养老金管理 … 106
专题六 保险机构个人税收递延养老保险投资经理及组合经理注册
　　　　及后续培训情况 … 112
专题七 保险资产管理业参与股权投资 … 117

专题八	保险资金参与黄金业务的研究进展	122
专题九	保险资产管理行业的公司治理实践	128
专题十	保险资管业金融科技应用	135

第四章　2020年保险资产管理业发展展望　143

一、宏观经济及金融市场展望	144
二、保险资产管理业面临的挑战	147
三、保险资金大类资产配置展望	148
四、保险资产管理业发展展望	150

附录　153

附录一	2017~2019年涉及保险资金运用有关政策目录	154
附录二	2019年保险资产管理市场主体发展情况	159
附录三	2019年保险资产管理行业服务实体经济工作	210
附录四	2019年保险资产管理行业积极履行社会责任、开展公益（扶贫攻坚）情况	243

后记　272

第一章
2019 年中国保险资产管理综述

一、2019 年国内外经济形势、金融市场运行情况综述

（一）2019 年国内经济形势综述

2019 年，中国经济增长幅度放缓。全年 GDP 增速 6.1%，较 2018 年下降 0.6 个百分点，4 个季度逐季下滑，分别为 6.4%、6.2%、6.0%、6.0%。工业增加值累计同比增长 5.7%，较 2018 年下降 0.5 个百分点。名义 GDP 增速降幅更为显著，较 2018 年大幅下降 2.7 个百分点，至 7.8%。

物价方面呈现结构性分化特征，CPI 涨幅抬升，PPI 同比下降。2019 年 CPI 为 2.9%，猪肉等食品涨价支撑整体 CPI 中枢抬升。PPI 同比下降 0.3%，其中，生产资料下降 0.8%，是拖累工业品价格的主要分项，生活资料保持小幅正增长。

进出口衰退式顺差扩大。2019 年出口同比（美元计价）增长 0.5%，进口下降 2.75%，主要拖累因素是包括集成电路在内的高技术产品、飞机汽车等交通设备进口下降。进出口顺差扩大至 4 219.3 亿美元，较上年增长 20.2%。

货币信贷稳健适度，略高于名义 GDP 增速。2019 年末，广义货币同比增长 8.7%，社会融资存量规模同比增长 10.7%，与 7.8% 的名义 GDP 增速基本相适应。融资结构改善，直接融资有所加速，企业债券融资规模 23.5 万亿元，同比增长 13.4%。表外融资继续压缩，较上年末下降约 1.6 万亿元。

财政收支缺口扩大。2019 年全国一般公共预算收入 19.0 万亿元，同比增长 3.8%，低于 5% 的预算目标；一般公共预算支出 23.9 万亿元，同比增长 8.1%，高于 6.5% 的预算目标。财政收支缺口达到 4.9 万亿元，经济增速下滑和减税降费是财政收入增速较低的主要原因。

市场利率振荡回落。10 年期国债收益率从年初的 3.23% 小幅下降至年末的 3.14%，降幅 9BP。节奏上，二季度出现 16BP 的上升，其余季度均下行。

风险因素持续存在。第一，中美贸易摩擦是导致增长疲弱的主要原因。在此影响下制造业受到冲击，投资、生产、企业利润、产能利用率等都降速显著。分产业看，第一产业、第二产业和第三产业拉动全部走弱，分别较上一年下降 0.07 个、0.16 个和 0.28 个百分点。其中，第二产业中涉及外贸出口较多的企业在贸易战冲击下增速进一步下滑；第一产业稳中略降。第二，产能过剩和工业部门通缩的基本环境仍将持续。全球需求不足，逆全球化浪潮致使国际贸易受损，中国作为全球最主要的出口国之一

可能面临新的产能过剩，同时工业品价格同比负增长也对工业企业利润带来影响。第三，经常账户衰退型顺差难以持续，对国际收支形成压力。第四，金融杠杆或将面临被动抬升风险，随着经济降速、政策刺激加大力度，全社会杠杆率存在上升的风险。

从政策措施看，积极的财政政策在2019年发挥了稳增长的重要作用，主要表现为减税和扩大专项债发行。一是全年减税降费2.36万亿元，主要包括增值税税率下调，降低企业社保缴费比例等。二是2019年安排地方政府专项债券2.15万亿元，比2018年增加8 000亿元，在大规模减税带来财政收入压力的情况下，保持了广义财政支出的稳定增长。货币政策保持稳健中性基调。一方面，引导市场利率合理下行，为金融市场提供合理充裕流动性支持，为企业特别是中小微企业发展提供更优融资环境；另一方面，统筹考虑防范化解金融风险，基本实现了多重目标的动态平衡。从具体措施看，第一，保持银行体系流动性合理充裕。三次降低存款准备金率，释放2.7万亿元长期资金，同时灵活开展公开市场和中期借贷便利操作。第二，信贷结构优化，引导金融机构加大对小微企业、民营企业和制造业的信贷支持。第三，深化利率市场化改革，改革完善贷款市场报价利率（LPR）形成机制。第四，重点金融机构风险处置取得突破性进展，有针对性地处置个别中小银行风险。第五，维持人民币汇率在合理区间双向波动。第六，CPI虽出现结构性通胀，但全年中枢仍在3%以内。

（二）2019年国际经济形势综述

2019年全球经济同步放缓，实际GDP增速放缓0.7个百分点至2.9%，为全球金融危机以来最低水平。拖累全球经济增长的因素主要来自两个方面：一是发达经济体生产率增长缓慢以及人口老龄化等结构性因素，导致全球经济潜在增速保持低位；二是贸易争端持续、贸易政策和地缘政治不确定性上升等因素，导致国际贸易减速、企业资本开支和制造业生产疲弱，汽车、高科技等行业受到的冲击尤为显著。积极因素在于，主要经济体低失业率以及工资温和上涨，促进消费者支出稳健增长和服务业扩张，为全球经济增长形成一定支撑。油价中枢回落，通胀处于温和区间。面对经济放缓和经济前景的不确定性，全球货币政策普遍转向宽松，全球利率中枢下移。年末中美接近达成第一阶段协议，贸易争端有所缓和，全球经济出现短暂企稳。

减税提振效应消退，贸易摩擦升级，美国经济增速见顶回落。经济增长上，2019年美国GDP增速回落0.6个百分点至2.3%，失业率降至3.5%，创近50年新低，通胀温和并有所回落，小幅低于政策目标。总体来看，美国经济中的消费相对稳健，但投资疲弱，在发达经济体中仍属较快水平。此外，值得注意的是，本轮美国经济扩张超过10年，为有记录以来最长扩张期。货币政策和金融市场上，2018年底金融市场剧烈震荡调整后，美联储政策转向宽松。随着中美贸易摩擦骤然升级、经济不确定性上升和通胀疲弱，美联储7月底开始连续三次降息共75BP，联邦基金利率目标降至1.50%~1.75%，进行了不到两年的缩表措施也在2018年7月底结束。由于前期持续缩表的结构性因素，以及国债发行缴款与企业所得税缴税的短期因素，美国短期融资市场9月中旬出现罕见的剧烈动荡。为维护金融市场稳定，美联储重启10年未用的正回购工具，并从10月开始买入短期国债，维持充裕准备金的货币政策实施框架。

受外需疲弱和去库存等因素影响，欧元区经济增长放缓。2019年欧元区GDP增长放缓0.7个百分点至1.2%，为2014年以来最低水平。贸易保护主义和脱欧协议不确定性高企，新尾气排放标准和消费者信心走弱冲击汽车产业。劳动力市场小幅改善。核心通胀在1.1%附近低位波动，整体通胀小幅回落，距离目标仍远。欧央行推出新一轮对银行的廉价资金供应（TLTRO-Ⅲ），在负利率基础上进一步降息10BP至-0.5%；实施负利率分层，并且重启年初才停止的资产购买，实施每月200亿欧元开放式购买。欧央行推出的宽松政策组合产生巨大争议，2019年四季度拉加德接任欧洲央行行长，关注点转向政策框架评估。

消费和投资提振，日本经济增长小幅加快。2019年日本GDP增速回升0.4个百分点至0.7%。私人和公共消费前三个季度表现稳健，部分由于需求前置。受奥运场馆建设和节约劳动的长期战略性投入因素推动，日本投资上半年温和增长。但是，在消费税率上调和自然灾害双重冲击之下，2019年四季度经济大幅萎缩。劳动力市场维持偏紧状态，剔除生鲜食品的CPI增速小幅正增长，进一步远离目标水平。货币政策方面，日本央行维持收益率曲线控制的框架和目标水平不变，国债购买速度进一步放缓。同时，日本央行表示如果需要将毫不犹豫地推出额外宽松措施。

新兴市场经济体增长总体放缓，主要由于外需不佳、贸易与制造业疲弱、特异性冲击。2019年印度GDP仅增长5.3%，为全球金融危机以来最低增长水平，主要受非银金融部门去杠杆拖累。尽管印度央行多次降息，但是信贷增速明显放缓。巴西经济维持在低位增长，年初淡水河谷矿难影响铁矿石供应，但养老金改革获得通过提振了信心。俄罗斯经济增速放缓，主要是受增值税率提高和油价中枢下行的冲击，但欧美没有进一步制裁俄罗斯，外部环境缓和。与高科技产业链关联较深的东盟经济体增速放缓。由于经济活动放缓，新兴市场核心通胀走弱；食品价格在部分亚洲经济体上行；但弱需求使金属和能源价格下行，制约了整体通胀的上涨。

2019年底,全球经济前景改善,出现初步的筑底企稳现象。中美贸易谈判有望达成第一阶段协议,英国无协议脱欧担忧消退,汽车产业生产和销售呈底部回升,5G的推出有望带动科技产业链回升,金融市场情绪改善,叠加过去一年货币政策的大幅宽松和部分经济体的财政刺激,全球经济筑底企稳。但新冠疫情及应对措施彻底打破了这一预期,迎来了大萧条以来最严重的经济衰退。

二、2019年保险市场发展情况概述

(一)2019年保险业整体情况

2019年,保险行业充分发挥风险保障功能,不断提升服务实体经济能力,深入推进改革和对外开放,有效加强风险防控,大力推动金融科技创新和应用,行业发展继续呈现稳中有进、稳中向好的良好态势。

2019年,中国保险行业总资产达到20.56万亿元,较年初增长12.18%,增速较2018年有明显提升。其中,产险公司总资产22 940亿元,较年初下降2.33%;人身险公司总资产169 575亿元,较年初增长16.08%;再保险公司总资产4 261亿元,较年初增长16.75%;保险资产管理公司总资产641亿元,较年初增长14.96%。全年累计实现原保险保费收入42 645亿元,同比增长12.17%。其中,人身险公司原保险保费收入29 628亿元,同比增长12.82%;产险公司原保险保费收入13 016亿元,同比增长10.72%。具体看,产险业务原保险保费收入11 649亿元,同比增长8.17%;寿险业务原保险保费收入22 754亿元,同比增长9.80%;健康险业务原保险保费收入7 066亿元,同比增长29.70%;意外险业务原保险保费收入1 175亿元,同比增长9.26%。2019年末,全国保险深度4.30%,较上年提升0.08个百分点;全国保险密度3 046元,较上年增加322元,增长了11.82%。相关资料见表1-2-1、图1-2-1、图1-2-2和图1-2-3。

表1-2-1　　　　　　　　2019年保险业原保费收入情况

	原保费收入(亿元)	增速(%)	占比(%)
原保险保费收入	42 645	12.17	
1. 财产险	11 649	8.17	
2. 人身险	30 995	13.76	
(1)寿险	22 754	9.80	73.41

续表

	原保费收入（亿元）	增速（%）	占比（%）
（2）健康险	7 066	29.70	22.80
（3）人身意外伤害险	1 175	9.26	3.79
人身险公司保户投资款和独立账户本年新增交费	9 087	9.66	

资料来源：中国银行保险监督管理委员会官网

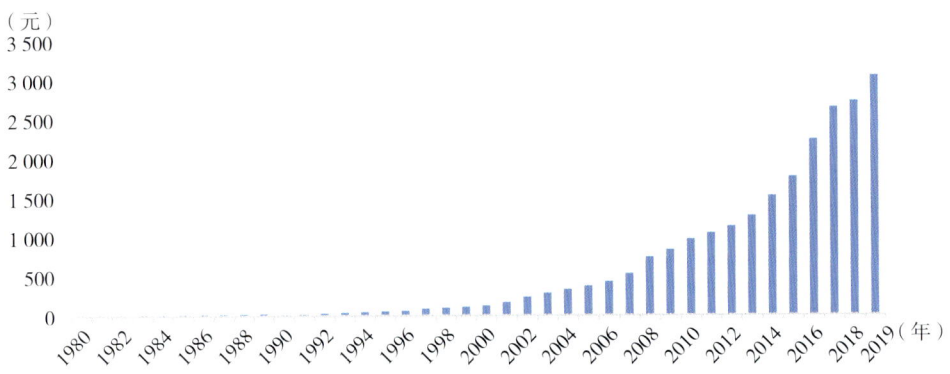

图1-2-1 保险复业以来保险密度分布

资料来源：根据公开资料整理

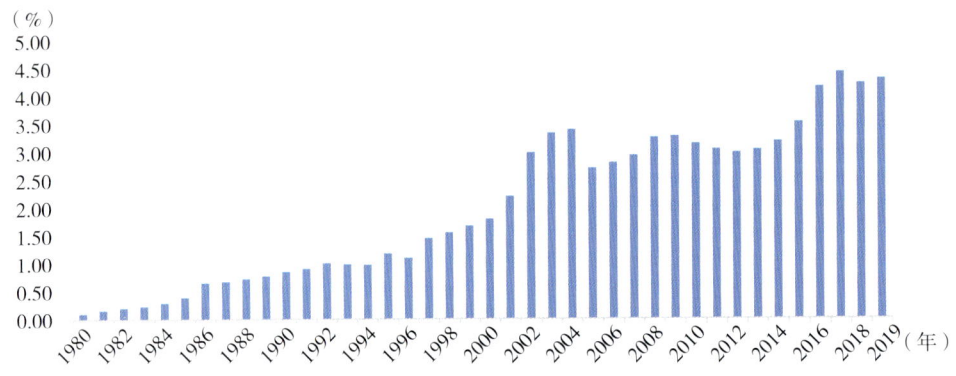

图1-2-2 保险复业以来保险深度分布

资料来源：根据公开资料整理

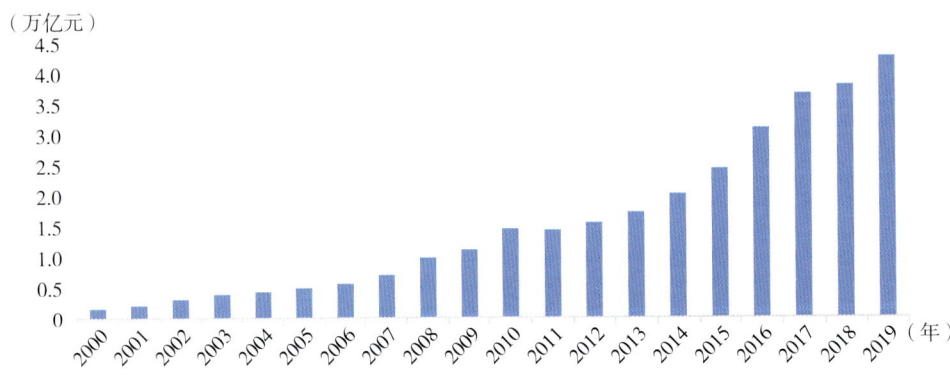

图1-2-3 2000~2019年保险业原保费收入变化情况

资料来源：中国银行保险监督管理委员会官网

(二)2019 年保险业主要特点

1. 保险保障功能加强,服务实体经济

2019 年,保险业进一步完善社会风险保障功能,为实体经济稳定运行提供风险保障。保险业为全社会提供风险保障 6 470 万亿元,同比下降 6.20%。从险种看,车险保额 252.34 万亿元,增长 19.45%;责任险保额 1 560.19 万亿元,增长 80.24%;农险保额 3.81 万亿元,增长 9.85%;寿险保额 38.90 万亿元,增长 29.69%;健康险保额 1 219.94 万亿元,增长 52.82%;意外险保额 2 824.62 万亿元,下降 25.84%。

赔付支出累计 1.29 万亿元,同比增加 596 亿元,增长 4.85%。其中,产险业务赔款支出 6 502 亿元,增加 604 亿元,增长 10.25%;寿险业务给付金额 3 743 亿元,减少 645 亿元,下降 14.70%;健康险业务赔款与给付支出 2 351 亿元,增加 607 亿元,增长 34.81%;意外险业务赔款支出 298 亿元,增加 30 亿元,增长 11.19%。

2. 渠道转型,中介业务快速发展

2019 年,在人身险公司的业务中,作为"保险超市"的中介业务效应逐渐凸显,成为增速最快的渠道。专业代理和经纪业务分别实现原保险保费收入 362.98 亿元、369.27 亿元,增幅分别为 54.56% 和 44.49%;银邮代理渠道实现原保险保费收入 8 975.90 亿元,增长 11.75%;个人代理业务 17 229.74 亿元,增长 11.50%;公司直销业务 2 383.07 亿元,增长 18.39%(见表 1-2-2)。

表 1-2-2　　　　2019 年人身险公司各渠道业务情况

业务渠道	原保险保费(亿元)	增速(%)	占比(%)	占比较去年同期增长(百分点)
银邮代理	8 975.90	11.75	30.29	-0.29
个人代理	17 229.74	11.50	58.15	-0.69
公司直销	2 383.07	18.39	8.04	0.38
专业代理	362.98	54.56	1.23	0.33
其他兼业代理	307.45	12.62	1.04	0.00
保险经纪	369.27	44.49	1.25	0.27
合　计	29 628.42	12.82	100.00	—

资料来源:根据公开资料整理

3. 互联网业务快速发展

2019 年,人身险公司中有 62 家开展网销业务,实现保费收入 1 857.70 亿元,同比增长 56%。其中,健康险增速最快,增速为 92%。在健康险中,费用报销型医疗保险仍是受市场欢迎的产品,全年实现保费收入 144.72 亿元,同比增长 126%(见表 1-2-3)。

表 1-2-3　　　　　　　　　　　　2019 年互联网人身险业务情况

产品类型	年化规模保费（亿元）	增速（%）
人寿保险	1 212.43	80
其中：两全保险	237.51	329
健康保险	236.02	92
其中：费用报销型医疗保险	144.72	126
意外保险	56.06	-2
年金保险	353.19	5
合　计	1 857.70	56

资料来源：根据中国保险行业协会公开资料整理

（三）2019 年保险业政策环境

2019 年，保险业发展的政策环境进一步优化，为保险业高质量发展奠定了政策基础。

1. 持续完善监管制度，推动保险业高质量转型

2019 年，中国银保监会在人身险、财产险、资金运用、公司治理等多个领域修订完善了部分监管制度。新修订的《健康保险管理办法》首次将健康管理以专章写入，允许长期医疗保险进行费率调整，并将医疗意外保险纳入健康保险范畴；《保险公司关联交易管理办法》明确了从严监管、穿透监管的原则，建立事前、事中、事后全流程的关联交易审查和报告制度；《商业银行代理保险业务管理办法》从监管层面建立起商业银行代理保险业务全流程统一的监管制度；城乡居民大病保险制度修订，力图构建起一个覆盖大病保险承办全流程、全环节的监管体系；人身险有关精算规定调整，根据 20 年来的数据规范附加费用率，更加科学合理；改革现有财产保险公司产品监管方式，多维度加强财产保险公司产品监管。这些制度的修订和完善，符合业务发展规律，为市场创造了公平有序竞争环境，推动了保险业向高质量发展转型。

2. 放宽市场准入，保险业对外开放政策加快落实

2019 年 5 月，中国银保监会从取消外资股比限制、放宽市场准入条件和扩大业务范围等方面，提出 12 条银行业、保险业新开放政策措施。2019 年 7 月，国务院金融稳定发展委员会在深入研究评估的基础上，再次推出包括放宽外资保险公司准入条件在内的 11 条新开放政策措施。2019 年 9 月，国务院正式批复修改《外资保险公司管理条例》，放宽外资保险公司的准入限制，为保险业对外开放顺利实施提供法治保障。2019 年 11 月，中国银保监会修订发布《外资保险公司管理条例实施细则》，进一步落实保险业最新开放举措要求，放宽外资人身险公司外方股比限制，将外资人身险公司外方股比放宽至51%，并为 2020 年适时全面取消外方股比限制预留制度空间。2019 年 12 月，中国银保

监会发布《关于明确取消合资寿险公司外资股比限制时点的通知》，自 2020 年 1 月 1 日起，正式取消经营人身保险业务的合资保险公司的外资比例限制，合资寿险公司的外资比例可达 100%。随着保险业全面开放，外资进入中国保险市场的组织形式将更加灵活，大大增强了外资保险公司经营的灵活性与自由度。进一步的开放对于推动保险市场改革、促进保险市场竞争、提高市场效率以及保护消费者利益都具有积极的意义。

3. 调整手续费及佣金支出税前扣除政策，减轻了保险企业税收负担

2019 年 5 月 29 日，财政部、国家税务总局发布了《关于保险企业手续费及佣金支出税前扣除政策的公告》，调整保险业手续费及佣金支出所得税税前扣除政策，将原来财产保险公司 15% 和人身保险公司 10% 的限额扣除比例统一并提高至 18%，超过部分，则允许结转以后年度扣除。该政策调整适应了保险业经营特点，在人寿保险转型与车险费率市场化改革的背景下减轻了保险企业的税收负担，对中小险企的发展尤为有利。

第一，切实降低了保险业的税收负担。近年来，寿险公司开始转型，期交业务不断增加，手续费及佣金的支出水平不断提升，造成寿险公司应纳税所得额调增的金额不断增加，行业税负不断加重。财产险市场尤其是车险市场的手续费水平不断提高。由于手续费费率持续走高，超过 15% 限额的部分不能在企业所得税税前扣除，造成财险公司税负明显增加。新政策分别提高了产寿险公司限额扣除比例，并允许超过部分结转以后年度扣除，大大减轻了保险企业的所得税负担。

第二，中小险企降低税负的效应尤为明显。此前的佣金支出税前扣除政策影响最大的是正处于转型期、新单保费通常远远大于续期保费的中小寿险公司。按照新政策，中小保险公司的税收负担大为减轻。另外，原来的政策对以车险业务为主的中小产险公司影响也很大。由于市场竞争加剧，车险手续费支出不断上升，调整的所得税大幅增加。新的政策调整对中小产险企业也有实质性的帮助。

第三，超额部分允许结转以后年度扣除，充分考虑了期交保单手续费及佣金提前支付与前高后低的特点，有利于发挥寿险业的风险保障和长期储蓄功能。随着新单期交业务占比不断提升，手续费及佣金占保费收入的比例也不断提高，远远超过了之前 10% 的扣除限额。新政策较大幅度地提高了税前扣除比例，且允许超额部分结转以后年度扣除，为寿险业的转型与增强保险业风险保障功能提供了良好的税收环境。

4. 优化人身险评估利率形成机制，主动防范利差损风险

2019 年 8 月，中国银保监会调整普通型养老年金或 10 年以上的普通型长期年金责任准备金评估利率，将上限由年复利 4.025% 和预定利率的小者调整为年复利 3.5% 和预定利率的小者。2019 年 11 月，人身保险业责任准备金评估利率专家咨询委员会正式成立。随着人身险的结构调整和业务转型，保险行业在一定程度上出现了负债久期相

对较长、资产久期相对较短的期限不匹配问题。久期错配问题的出现带来了利率风险和再投资风险,并成为行业系统性风险的主要来源。主动调整业务结构,优化人身险评估利率形成机制,能够缓解保险业投资端面临的压力,对于防范化解应对可能出现的利差损风险、维护行业稳健经营有长远的意义,同时也有利于全行业更好地履行未来保险赔付责任、保护消费者权益。

5. 农业保险发展目标明确,迈向高质量发展的新阶段

2019年10月,财政部、农业农村部、中国银保监会、国家林业和草原局联合印发中央全面深化改革委员会第八次会议审议并原则同意的《关于加快农业保险高质量发展的指导意见》。该指导意见从顶层设计上明确了加快农业保险高质量发展的指导思想、基本原则、主要目标、保障措施等。根据该指导意见,到2022年,要基本建成功能完善、运行规范、基础完备,与农业农村现代化发展阶段相适应、与农户风险保障需求相契合、中央与地方分工负责的多层次农业保险体系。到2030年,农业保险持续提质增效、转型升级,总体发展基本达到国际先进水平,实现补贴有效率、产业有保障、农民得实惠、机构可持续的多赢格局。

(四) 2019年财产保险发展特点

1. 产险业务增速继续放缓,非车险业务保费增长明显

2019年产险业务实现原保费收入11 649.47亿元,同比增长8.17%,增速较2018年同期下降1.34个百分点,主要由规模占比七成的车险保费增速低迷导致。从2019年各月的经营情况来看,保费增速平稳,全年基本维持在10%上下波动(见图1-2-4)。

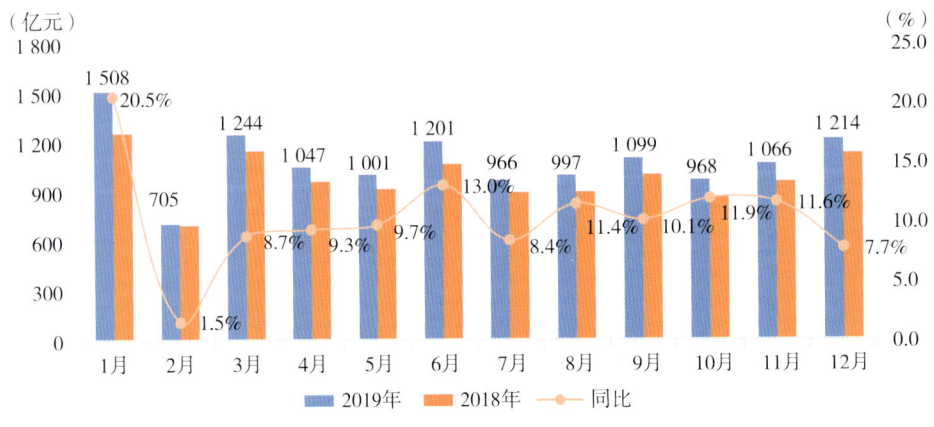

图1-2-4 2019年各月财产险原保险保费收入及同比

资料来源:根据中国银行保险监督管理委员会公开资料整理

财产险公司车险业务仍占最大比重,但依靠非车业务拉动增长。车险市场持续低迷,全年实现原保险保费收入 8 188 亿元,全年增速为 4.52%,仍处于较低水平,占比 62.91%,较 2018 年下降 3.73 个百分点。非车险业务保费增长明显,占比不断提升。其中,与国计民生密切相关的责任保险和农业保险业务继续保持较快增长,分别实现原保险保费收入 753 亿元和 672 亿元,同比分别增长 27.51% 和 17.43%;企财险原保费收入 464 亿元,同比增长 9.69%;保证保险原保费收入 844 亿元,同比增长 30.80%(见表 1-2-4)。

表 1-2-4 财产险公司分险种原保险保费收入

项　目	2019 年(亿元)	增速(%)	占比(%)
原保险保费收入合计	13 016	10.72	100.00
1. 企业财产保险	464	9.69	3.57
2. 家庭财产保险	91	18.82	0.70
3. 机动车辆保险	8 188	4.52	62.91
4. 工程保险	118	-2.44	0.91
5. 责任保险	753	27.51	5.79
6. 保证保险	844	30.80	6.48
7. 农业保险	672	17.43	5.17
8. 健康险	840	47.68	6.46
9. 意外伤害保险	527	26.40	4.05

资料来源:中国银行保险监督管理委员会官网

在全国 36 个省、市、自治区中,保费收入差距明显。其中,广东、江苏、浙江为财险保费收入的前三甲,保费收入分别为 1 071 亿元、941 亿元和 734 亿元;宁夏、青海、西藏位列后三位,保费收入分别为 68 亿元、42 亿元和 25 亿元。各地区财险原保费收入分布见表 1-2-5。

表 1-2-5 2019 年各地区财产险原保险保费收入分布表

原保费收入区间	地区数量(个)	占比(%)
1 000 亿元以上	1	2.77
[500 亿元,1 000 亿元)	7	19.44
[300 亿元,500 亿元)	5	13.89
[100 亿元,300 亿元)	17	47.22
[50 亿元,100 亿元)	4	11.11
50 亿元以下	2	5.56

资料来源:根据中国银行保险监督管理委员会公开资料整理

2. 车险业务降费成果凸显

2019年监管部门不断强化财产险特别是车险的市场秩序，车险"报行合一"执行严格、监管处罚力度加大，使车险综合费用率降幅较大，虽然赔付率有所上升，但赔付率升幅低于费用率降幅，使得车险业务的综合成本率有所下降，进而带动财险公司综合成本率下降。2019年，产险公司综合成本率99.98%，同比下降0.15个百分点。其中，综合费用率38.31%，同比下降2.43个百分点；综合赔付率61.67%，同比上升2.27个百分点。2019年产险公司承保利润为2.15亿元，同比增加15.75亿元，承保利润率也由2018年的-0.13%转增至0.02%。其中，机动车辆保险实现承保利润103.60亿元，同比大增近9倍，承保利润率1.36%。

3. 财产险公司发展情况总体稳健，但头部集中态势仍然显著

截至2019年底，共88家财产险公司经营业务。其中，中资公司66家，外资公司22家。原保费收入同比正增长的有68家，负增长的有20家。在68家正增长的公司中，有44家增速高于或等于市场平均增速，24家增速低于市场平均增速。

从市场集中度来看，"老三家"（人保、太保、平安）财险公司的市场份额合计为64.14%，和2018年基本持平，仅提升0.1个百分。其中，人保财险市场份额为33.16%，平安财险市场份额为20.81%，太保财险市场份额为10.16%。此外，前十家财险公司市场份额合计为84.93%，同比下降0.28个百分点，集中度依然较高。

从各家公司保费收入来看，全行业88家财产险公司中，保费在1 000亿元以上的为3家，低于1亿元的公司有7家，具体分布见表1-2-6。

表1-2-6　　　　　　　　　　　2019年财险公司原保费收入分布

原保费收入区间	数量（家）	占比（%）
1 000亿元以上	3	3.41
[500亿元，1 000亿元)	1	1.14
[300亿元，500亿元)	3	3.41
[100亿元，300亿元)	6	6.82
[50亿元，100亿元)	9	10.23
[30亿元，50亿元)	11	12.50
[10亿元，30亿元)	19	21.59
[5亿元，10亿元)	15	17.05
[1亿元，5亿元)	14	15.91
1亿元以下	7	7.95

资料来源：根据中国银行保险监督管理委员会公开资料整理

(五) 2019 年人身保险发展特点

1. 承保业务恢复扩张，保费结构不断优化

2019年人身险行业积极落实监管要求，切实推进产品结构调整，持续削减对新业务价值和承保利润贡献少的中短存续期产品，持续提升风险保障和长期储蓄业务占比，业务发展由依赖新单转向新单、续期双轮驱动。2019年，人身险业务原保险保费收入30 995亿元，同比增长13.76%。

从各月来看，保费收入和人身险业务的经营节奏一致。2019年一季度，保费增长较快，且在全年总保费中占有较大比例，实现原保险保费收入12 865亿元，同比增速为17.02%，高于全年整体增速，且占全年保费的比例为43.96%（见图1-2-5）。

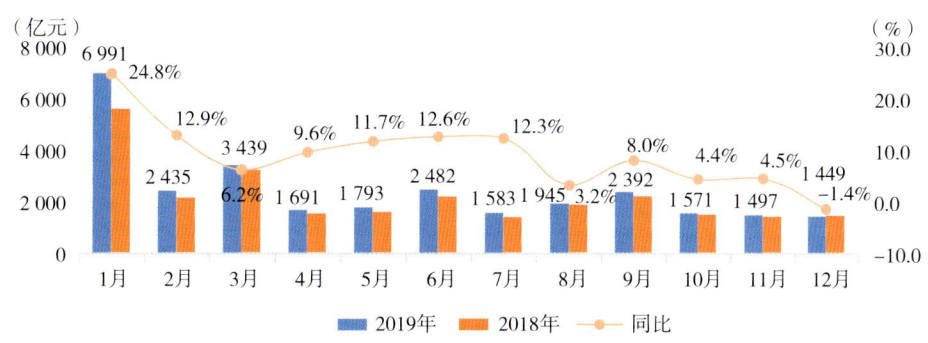

图1-2-5 2018年、2019年各月人身险原保险保费收入及同比

资料来源：根据中国银行保险监督管理委员会公开资料整理

在全国36个省、市、自治区中，人身险业务保费收入差距同样明显。广东、江苏、山东位列各地区前三甲，原保费收入分别为3 041亿元、2 809亿元和2 087亿元；宁夏、青海、西藏位列后三位，保费收入分别为130亿元、57亿元和12亿元（见表1-2-7）。

表1-2-7　　　　　2019年各地区人身险原保费收入分布表

原保费收入区间	地区数量（个）	占比（%）
1 000亿元以上	11	30.56
[500亿元，1 000亿元)	10	27.78
[300亿元，500亿元)	7	19.44
[100亿元，300亿元)	6	16.67
100亿元以下	2	5.56

资料来源：根据中国银行保险监督管理委员会公开资料整理

2. 以深化改革推动转型升级

2019年,中国银保监会稳步推进人身保险费率形成机制改革,把定价权还给市场,解决了企业经营自主权的核心问题。人身险公司更加聚焦价值,积极在产品和渠道端采取相关措施,大型头部公司率先进入转型红利期,中小人身保险公司不断探索"特色化经营、差异化竞争"的发展路径,推动行业增速迅速回暖。

2019年,人身险公司业务结构持续优化。普通寿险保费增速稳步提升,分红寿险回落,健康险保持高速增长,保障性特征更加突出。健康险保费收入同比增长27.60%,维持高速增长,市场占比21.01%,同比提高2.43个百分点,拉动行业增长5.1个百分点,是行业第一拉动力;意外险保费收入649亿元,与上年同期基本持平(见表1-2-8)。

表1-2-8　2019年人身险公司分险种原保险保费收入

险种	2019年(亿元)	增速(%)	占比(%)
原保险保费收入	29 628	12.82	100.00
(1)寿险	22 754	9.80	76.80
(2)意外险	649	-1.57	2.19
(3)健康险	6 226	27.60	21.01

资料来源:中国银行保险监督管理委员会官网

3. 人身险公司发展可持续性进一步提升

截至2019年底,人身险公司共91家①。其中,中资公司63家,外资公司28家。除4家养老险公司外,72家公司同比正增长,其中61家公司增速超越行业平均增速,多为中小型公司;9家公司增速落后于行业平均增速;15家公司同比负增长。

从行业集中度来看,2019年寿险市场集中度重新开始下降,未保持前两年的提升态势。数据显示,在原保费口径下,前六大寿险公司2019年市场份额合计为56.84%,较2018年减少2.1个百分点;若按总保费计算,六大寿险公司市场份额为49.02%,同比下滑2.49个百分点。

(六)风险防范与对外开放

经过2017~2018两年的强监管、归本源,2019年保险监管机构进一步深化行业和机构改革,加大防风险力度,加快落实对外开放,有效推动保险行业在高质量发展的

---
① 其中,友邦合计包括友邦上海、友邦广州、友邦深圳、友邦北京、友邦苏州、友邦东莞和友邦江门。

道路上稳步前行。

从监管环境层面来看，2017年保险监管坚持保险姓保，扎实推进保险业的转型和改革，以落实"1+4"系列文件为抓手，重拳治理市场乱象。2017年5月颁发的《关于规范人身保险公司产品开发设计行为的通知》要求，寿险业的主销产品"年金+万能快返"产品必须在当年10月1日前停售，同时规定"生存保险金给付应在保单生效满5年之后"且"不得以附加险形式设计万能型保险产品或投资连结型保险产品"，大大降低了原来开门红产品"快速返现""高利益演示"的吸引力。

2018年4月，中国银保监会正式成立，保险业在新的监管体制下进一步回归本源。中国银保监会先后发布《保险公司股权管理办法》《保险机构独立董事管理办法》等公司治理方面的规章制度，督促保险机构持续健全法人治理结构，不断提高公司治理有效性，打好防控金融风险攻坚战，真正实现从高速增长向高质量发展转变。同时，强化资产负债匹配监管，成立保险资产负债匹配监管委员会，发布《保险资产负债管理监管规则（1-5号）》，推进资产负债管理体系建设。

2019年，中国银保监会持续加大保险业防风险力度，进一步整治行业乱象并加强资产负债管理。5月，中国银保监会印发《关于开展"巩固治乱象成果 促进合规建设"工作的通知》，巩固前期整治工作成果，防止市场乱象反弹回潮，推动保险机构提升发展质量、减少风险隐患。8月，中国银保监会发布《保险资产负债管理监管暂行办法》，形成"5+1"的资产负债管理制度体系，明确了监管机构对保险公司资产负债管理的评估方式和监管措施，为行业的发展提供硬约束。9月，中国银保监会发布《保险公司关联交易管理办法》，从完善关联方认定标准、科学制定监管指标、加强穿透监管、完善内控和问责机制、加强信息披露、强化监管职能六个方面加强关联交易监管，强化保险公司内部控制。2019年，中国银保监会还建立了人身保险产品通报制度，定期通报产品监管行业问题；防范年金险的利差损风险，调整部分险种的评估利率水平；推进安邦集团风险处置，加强保稳定、资产处置、产品结构调整等工作，重组设立大家保险集团。

从保险业对外开放看，2017年11月，我国宣布进一步扩大金融业的对外开放，范围涉及证券、基金管理、期货、银行、金融资产管理、保险等各类金融机构。其中，在保险领域的具体政策是"三年后将单个或多个外国投资者投资设立经营人身保险业务的保险公司的投资比例放宽至51%，五年后投资比例不受限制。"

2018年，我国保险业对外开放按下"快进键"。习近平主席在博鳌亚洲论坛宣布："在服务业特别是金融业方面，去年年底宣布的放宽银行、证券、保险行业外资股比限制的重大措施要确保落地，同时要加大开放力度，加快保险行业开放进程。"作为落实举措，中国银保监会发布了15条新的开放政策，包括取消、放宽外资持股比例，放宽外资机构准入条件，优化外资机构监管规则等。

2019年，监管机构进一步加快保险业对外开放进程。7月，国务院公布进一步扩大金融业对外开放的11条措施，其中5条与保险业相关，包括允许境外金融机构投资设立、参股养老金管理公司；自2020年1月1日起，正式取消经营人身保险业务的合资保险公司的外资比例限制；取消外资保险公司准入需30年经营年限要求等。12月，中国银保监会修订发布《外资保险公司管理条例实施细则》，落实保险业最新开放举措要求，明确放宽外资人身险公司外方股比限制，将外资人身险公司外方股比放宽至51%，并为2020年适时全面取消外方股比限制预留制度空间。

三、2019年保险资产管理业发展情况概述

2019年，国内经济形势错综复杂，受全球经济增长动能趋缓、中美贸易战不确定性提升等多重因素影响，国际资本市场震荡加大。国内经济坚持向高质量转型升级，下行压力有所企稳、通货膨胀有所提升，金融市场利率以震荡为主，信用风险没有显著改善。从资产管理领域看，金融改革加速，表外融资继续减少，资管新规稳步推进，资产管理业整体竞争加剧，以及2019年收益率快速下行，资本市场受内外部环境影响加剧，非标优质资产供给不足，这些都对保险资金运用提出新的压力和挑战。面对行业发展过程中的新形势、新变化，保险资产管理业坚守传统投资优势，同时加快创新步伐，整体保持了稳健发展态势，并为服务保险主业和实体经济发展提供了重要支持。

（一）总体保持平稳向好态势

2019年，在金融供给侧结构性改革有序推进的背景下，保险业回归本源的监管导向继续强化。保险公司积极优化业务结构，保险新业务价值实现整体改善，主打产品从利润率低的理财型产品向内含价值高的保障型产品转型，保险业资产总规模稳步提升。同时，受益于保险投资端较强的组合配置和风险管理能力的提高，保险资产管理业仍保持着平稳发展。截至2019年末，保险资金运用余额达到18.53万亿元，较年初增长12.91%，增速增加2.95个百分点；保险资产管理业管理资产规模达到18.11万亿元[①]，同比增长16.45%，为近四年来的最高增速。

---
① 数据来源于《中国保险资产管理业发展报告（2020）调研问卷》，指的是35家参与调研的机构管理规模。

2019年以来，保险公司治理监管持续规范，保险资金运用风险管控进一步加强，保险资金投资能力持续提升，资产配置结构更趋合理，投资收益表现稳定。同时，保险资金长期稳健的投资和风险管理的优势进一步得到市场的认可，保险资产管理业第三方资产管理规模持续增加。总体来看，2019年保险资产管理业面对压力和挑战，积极把握发展新机遇，努力提升市场竞争能力，行业整体运行呈现出稳健向好的发展趋势。

（二）资产配置结构更趋合理

长期以来，保险资金运用配置结构以固定收益类投资为主。同时，具体投资标的多元化趋势愈加明显，并形成了跨市场、多资产、多品种、多策略的大类资产配置格局。从投资资产分布来看，2019年末，保险资金资产配置中债券资产占比34.56%，比2018年小幅提升0.2个百分点；银行存款占比13.62%，比2018年下降1.23个百分点；股票和证券投资基金占比13.15%，比2018年提升1.44个百分点；其他类资产占比38.67%，比2018年下降0.41个百分点，主要通过基础设施债权投资计划、股权投资计划以及保险资管产品等形式，直接或间接服务于实体经济融资需求。得益于2019年权益市场具有较好的投资机会，保险资金配置股票和证券投资基金占比呈现上升。整体来看，我国保险机构已经逐步形成了独具特色的大类资产配置能力和专长，保险资金配置结构更趋合理，风险抵御能力得到持续增强。

（三）投资收益率有所提升

保险资金运用始终坚持稳健审慎的投资理念，把风险防范放在更加突出的位置，追求长期稳健的绝对收益。2019年，全球经济增长同步放缓，中美经贸摩擦反复成为最大扰动因素，保险资管行业深入研究国内外宏观经济形势，精准研判资本市场走势，通过大类资产配置及动态调整、精细化资产负债管理等措施，在复杂多变的市场环境下，取得了不俗的投资业绩。2019年，保险资金运用实现投资收益8 824.13亿元，比上年增长29.08%；资金运用平均收益率4.94%，在市场利率下行背景下，较2018年高出0.61个百分点，体现出保险资金投资能力与水平的扎实提升。当前，投资收益已经成为保险公司整体盈利的重要来源之一，为整个保险行业利润总额在2019年首次突破3 000亿元"关口"做出了重要贡献。

（四）风险管控能力持续增强

2019年，保险业延续严监管态势，保险资管机构以主体监管为主的监管框架更加完善，保险资管机构不断夯实资金运用风险管理能力、持续推进全面风险管理体系建设，风险防范效果显著，整体经营能力得到有效提升。在制度层面，修订完善保险资金运用监管制度，加强对保险公司资金运用投前、投中、投后管理的监管；在公司层面，同时开展保险机构 SARMRA 评估、公司治理评估以及资产负债管理能力评估三项现场评估，推动保险机构完善合规体系，促进稳健经营，提高治理效率；在资金运用层面，中国银保监会对保险资金运用、保险资产管理业务等加大现场检查力度，同时加大对违规问题的处罚和整改力度；在保险资产管理公司层面，推出保险资产管理公司监管评级办法，从治理和内控、资产管理能力、全面风险管理、交易与运营保障、信息披露等几个方面对保险资产管理公司进行评估，强化和提升保险资产管理公司的分级监管。

2019年，保险资金运用领域的风险得到有效控制，风险防范主体责任得到有效夯实，行业风险抵御能力得到明显增强，保险资金运用总体风险可控。

（五）资产管理行业竞争更加激烈

资管新规及其相关配套文件的落地，确立了保险资产管理机构的市场主体地位。2019年以来，打破刚性兑付和多层嵌套，防控资金池风险、期限错配风险等方面的监管延续了保险资金监管的既有政策，保险资产管理行业整体受到资管新规的政策冲击相对较小。但是，统一监管背景下，随着商业银行理财子公司快速获批成立，并具备了较为齐全的业务资质，信托、券商等机构也在重点发展资产管理业务，并具有较强的客户资源和市场化机制优势。穿透式监管逐步加强，大规模通道业务的清理，快速发展的万能险业务将会大幅收缩，中小保险机构的投资渠道受限，投资收益率承受下行压力。此外，随着我国金融行业对外开放进程的加快，国际资产管理机构以多种形式进入中国市场，并利用其在量化投资、高频交易等领域的优势发行差异化的低费率产品抢占市场。而科技公司、电商平台以及实体企业等借助自身在金融科技、客户资源等方面的比较优势，纷纷参与到资产管理市场中来。保险资产管理机构面临更为激烈的市场竞争形势。资管新规在资金渠道和投资资产配置方面都带来了新的挑战，来自银行、信托的第三方委外资金面临收缩压力，保险资产管理行业需要积极探索新的业务模式，尤其是寻求组合类资产管理产品创新，寻找新的规模和业绩增长点。另外，保险资管在大资管行业中整体市场化竞争能力仍有待加强，在权益类投资和金融衍生品投资方面优势不足，保险资管机构需要不断提升综合投资能力。

（六）大资管格局下竞合同在，机遇与挑战并存

2019年，伴随资管新规及相关细则的进一步落地，在统一监管的背景下，保险资管机构与其他行业主体面临更广泛的竞争与合作，其中也蕴含着机遇与挑战。

机遇方面，在资管新规统一市场竞争标准、明确保险资管机构市场主体地位的基础上，保险资管产品管理相关制度的颁布将进一步细化保险资管机构开展资产管理业务的监管要求，奠定资管业务开展的制度基础。合格个人投资者业务的放开将拓宽管理资金来源，推动行业整体专业化、市场化程度及公众认知度的提升。在资产负债管理、大类资产配置、固定收益投资等方面的优势，为保险资管机构构筑了管理具有负债属性资金、长期资金、追求绝对收益资金的能力护城河。这类资金是未来资管行业规模增长的重要发力点。

挑战方面，银行理财子公司、外资资管机构和深耕科技的金融服务公司的入局，从资金、渠道、客户、科技、运营等方面，对资管行业产生了全方位深刻的冲击和影响。银行理财子公司在资金、渠道、客户和资产方面优势显著，与母行协同将形成完备、具有竞争力的资管业务闭环，其发展定位与业务模式在很大程度上将决定资管行业的生态，以及未来的发展趋势。随着金融业的不断开放，成熟的外资机构已布局国内资管行业，其在投资管理、科技应用、管理运营等方面具备领先的全球经验。深耕科技的服务公司，无论是已形成金融品牌的头部公司还是基于场景应用的新入局者，其科技先进、渠道独立及客户黏度强的优势将进一步加剧资管行业的竞争。

第二章
2019 年保险资产管理业运行与发展

一、保险资产管理业市场主体

2019 年，保险资产管理业继续保持着稳健的发展势头，金融开放和监管改革也为行业带来了新的机遇，促进了专业能力的提升，使保险资金能够更有效地发挥服务保险主业、助推资本市场、支持实体经济的作用。作为行业构成的具体市场主体，保险机构继续呈现稳步扩容和开放趋势。

（一）保险公司（集团）情况

截至 2019 年末，在我国开展业务的保险机构达 241 家[①]。其中，保险集团控股公司 14 家，较 2018 年增加 2 家，分别是大家保险集团有限公司和外资机构安联（中国）保险控股有限公司；财产险公司 88 家，较 2018 年增加 1 家，即大家财产保险有限公司；人身险公司 97 家，比 2018 年增加 1 家，其中 1 家外资机构恒安标准养老保险有限公司新获批准，正在筹建；再保险公司 12 家，较 2018 年增加 1 家，即外资机构大韩再保险公司上海分公司；保险资产管理公司 28 家，较 2018 年增加 1 家，其中 1 家外资机构获准筹建；保险互助社 3 家；出口信用保险公司 1 家（见图 2-1-1）。此外，保险业的外资保险代表处有 192 家。整体来看，2019 年保险机构新增数量和获准筹建数量较 2018 年有所下降，但各类保险机构扩大开放的态势明显。随着经济发展和市场发展的需求，监管部门逐步稳健地增加保险业竞争主体，同时在有效防范风险前提下，继续加大对外开放的力度，引入优秀的外资机构，促进金融业和实体经济高质量发展。

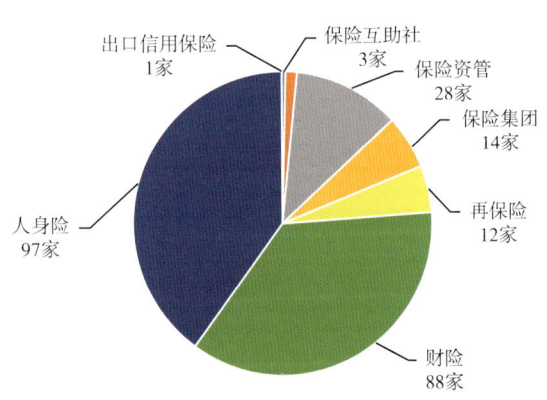

图 2-1-1 在我国开展业务的保险机构情况
（未包括非法人机构）

资料来源：中国银行保险监督管理委员会官网

---

① 该数据不包含 2019 年末正在筹建的恒安标准养老保险有限公司和中信保诚资产管理有限责任公司。

（二）保险资产管理公司情况

截至 2019 年末，我国已有正在营业的综合型保险资产管理公司 28 家（含批筹机构 1 家）。其中，工银安盛资产管理有限公司和交银康联资产管理有限公司于 2018 年获得批准筹建，并于 2019 年正式营业；中信保诚资产管理有限公司于 2019 年 12 月获批开业；招商信诺资产管理有限公司于 2019 年 12 月获得批准，处于筹建阶段。以上 4 家保险资产管理公司均有外资背景，充分印证了中国金融业持续开放的决心和信心（见表 2 - 1 - 1）。

表 2 - 1 - 1　　　　　　　　　　　保险资产管理公司列表

序号	机构名称	设立时间
1	中国人保资产管理有限公司	2003 年 7 月
2	中国人寿资产管理有限公司	2003 年 11 月
3	华泰资产管理有限公司	2005 年 1 月
4	中再资产管理股份有限公司	2005 年 2 月
5	平安资产管理有限责任公司	2005 年 5 月
6	泰康资产管理有限责任公司	2006 年 2 月
7	新华资产管理股份有限公司	2006 年 6 月
8	太平洋资产管理有限责任公司	2006 年 6 月
9	太平资产管理股份有限公司	2006 年 9 月
10	大家资产管理有限责任公司	2011 年 5 月
11	生命保险资产管理有限公司	2011 年 7 月
12	光大永明资产管理股份有限公司	2012 年 2 月
13	合众资产管理股份有限公司	2012 年 3 月
14	民生通惠资产管理有限公司	2012 年 10 月
15	阳光资产管理股份有限公司	2012 年 11 月
16	中英益利资产管理股份有限公司	2013 年 4 月
17	中意资产管理有限责任公司	2013 年 5 月
18	华安财保资产管理有限责任公司	2013 年 8 月
19	长城财富资产管理股份有限公司	2015 年 3 月
20	英大保险资产管理有限公司	2015 年 3 月
21	华夏久盈资产管理有限公司	2015 年 4 月
22	建信保险资产管理有限公司	2016 年 4 月
23	百年保险资产管理有限公司	2016 年 11 月
24	永诚保险资产管理有限公司	2017 年 8 月

续表

序号	机构名称	设立时间
25	工银安盛资产管理有限公司	2018年5月
26	交银康联资产管理有限公司	2018年7月
27	中信保诚资产管理有限责任公司	2019年12月
28	招商信诺资产管理有限公司	2019年12月（批准筹建）

资料来源：中国银行保险监督管理委员会官网，按成立时间先后排序，包含批筹机构

（三）其他机构情况

截至2019年末，除保险资产管理公司外，我国还设有其他另类投资专业机构14家（见表2-1-2），主要从事股权、债权、不动产等方面的专业化投资；9家保险资产管理公司通过设立公募基金业务事业部（泰康资产和人保资产）或设立并购公募证券投资基金公司开展公募业务（见表2-1-3）；保险系私募基金16家（见表2-1-4）。

表2-1-2　　　　　　　　　　其他另类投资专业机构列表

序号	机构名称	序号	机构名称
1	国寿健康产业投资有限公司	8	泰康之家（北京）投资有限公司
2	国寿投资控股有限公司	9	太平产业投资管理有限公司
3	人保投资控股有限公司	10	太平投资控股有限公司
4	人保远望产业投资管理有限公司	11	太平养老产业管理有限公司
5	人保资本投资管理有限公司	12	太平洋保险养老产业投资管理有限责任公司
6	平安不动产有限公司	13	新华卓越健康投资管理有限公司
7	泰康健康产业投资控股有限公司	14	阳光纵横投资管理股份有限公司

资料来源：根据公开资料整理，按公司名称首字母排序

表2-1-3　　　　　设立的公募基金事业部或并购的公募证券投资基金公司列表

序号	机构名称	序号	机构名称
1	国联安基金管理有限公司	6	太平基金管理有限公司
2	国寿安保基金管理有限公司	7	泰康资产管理有限责任公司（公募基金事业部）
3	泓德基金管理有限公司	8	兴证全球基金管理有限公司
4	华泰保兴基金管理有限公司	9	中国人保资产管理有限公司（公募基金事业部）
5	平安基金管理有限公司		

资料来源：根据公开资料整理，按公司名称首字母排序

表 2-1-4　　　　　　　　　　保险系私募基金公司列表

序号	保险系私募基金名称	序号	保险系私募基金名称
1	北京泰康投资管理有限公司	9	平安基础产业投资基金管理有限公司
2	国寿股权投资有限公司	10	人保资本股权投资有限公司
3	合源资本管理有限公司	11	泰康健康产业基金管理有限公司
4	华安汇富资本投资管理有限公司	12	太平保利投资管理有限公司
5	华泰宝利投资管理有限公司	13	太平创新投资管理有限公司
6	建信股权投资管理有限责任公司	14	阳光融汇资本投资管理有限公司
7	久盈资本投资管理有限公司	15	远见共创资本管理有限公司
8	平安创赢资本管理有限公司	16	中再资本管理有限责任公司

资料来源：根据公开资料整理，按公司名称首字母排序

（四）保险机构设立资产管理（香港）子公司情况

截至 2019 年末，我国保险机构共设立资产管理（香港）子公司 11 家，与 2018 年相比持平（见表 2-1-5）。

表 2-1-5　　　　　　　　保险机构设立的资产管理（香港）子公司列表

序号	机构名称	序号	机构名称
1	太平资产管理（香港）有限公司	7	安邦资产管理（香港）有限公司
2	中国人寿资产管理（香港）有限公司	8	生命资产管理（香港）有限公司
3	中国平安资产管理（香港）有限公司	9	新华资产管理（香港）有限公司
4	泰康资产管理（香港）有限公司	10	中国人保香港资产管理有限公司
5	华泰资产管理（香港）有限公司	11	中再资产管理（香港）有限公司
6	中国太保资产管理（香港）有限公司		

资料来源：根据公开资料整理，按成立时间先后排序

（五）养老保险公司情况

截至 2019 年末，我国共有养老保险公司 9 家（含批筹机构 1 家），较 2018 年增加 1 家，即正处在筹备阶段的恒安标准养老保险有限责任公司，也是首家外资养老保险公司（见表 2-1-6）。养老保险公司主要是提供企业年金、职业年金、基本养老基

金、养老保障管理产品等养老资产管理服务和以企业员工福利保障、城乡居民大病保障为主的保险业务。

表 2-1-6　　养老保险公司列表

序号	机构名称	设立时间
1	平安养老保险股份有限公司	2004 年 12 月
2	太平养老保险股份有限公司	2004 年 12 月
3	中国人寿养老保险股份有限公司	2007 年 1 月
4	长江养老保险股份有限公司	2007 年 5 月
5	泰康养老保险股份有限公司	2007 年 8 月
6	大家养老保险股份有限公司	2013 年 12 月
7	新华养老保险股份有限公司	2016 年 9 月
8	中国人民养老保险有限责任公司	2017 年 10 月
9	恒安标准养老保险有限责任公司	2019 年 3 月（批准筹建）

资料来源：中国银行保险监督管理委员会官网，按成立时间先后排序

二、投资能力情况

自 2013 年底起，保险机构和保险资产管理机构具备相应领域投资能力后，可在符合监管部门具体规定的范围和要求下开展各项投资管理活动。投资能力主要包括：股票投资能力、无担保债券投资能力、股权投资能力、不动产投资能力、基础设施投资计划产品创新能力、不动产投资计划产品创新能力和衍生品运用能力等。

（一）综合型保险资产管理公司投资能力情况

2019 年，参与调研的 26 家保险资产管理公司数据显示：

一是保险资产管理公司投资能力建设全面提升。数据显示，具有 7 项和 6 项投资管理能力的保险资产管理公司分别为 9 家，均比上年增加 1 家；而具有 5 项投资管理能力的有 4 家（见图 2-2-1 和见图 2-2-2）。因此，接近九成的保险资产管理公司具备 5 项及以上的投资能力。具备能力绝对数量的增加表明，保险资产管理公司重视投资管理能力建设，不同公司在投资管理能力上差异较小。

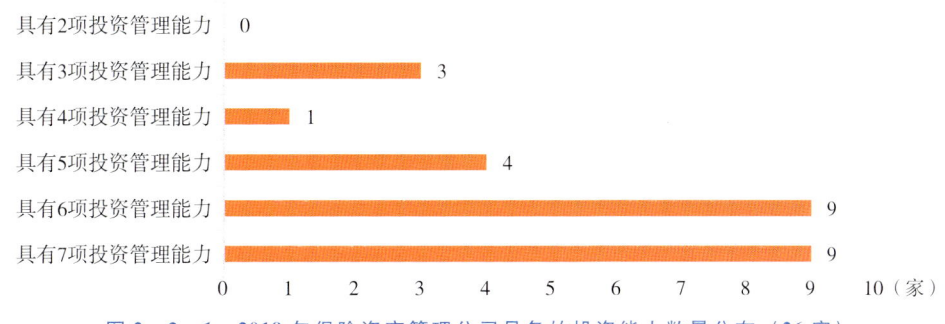

图 2-2-1　2019 年保险资产管理公司具备的投资能力数量分布（26 家）

资料来源：《中国保险资产管理业发展报告（2020）调研问卷》

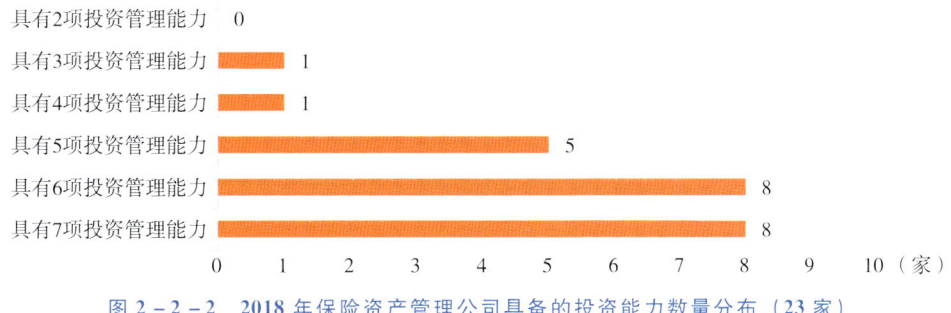

图 2-2-2　2018 年保险资产管理公司具备的投资能力数量分布（23 家）

资料来源：《中国保险资产管理业发展报告（2019）调研问卷》

二是传统投资和另类领域投资能力基本实现全覆盖。数据显示，26 家保险资产管理公司均具备无担保债券投资能力、股票投资能力，与上年情况一致；具备基础设施投资计划产品创新能力的保险资产管理公司为 23 家，较上年增加 1 家；具备不动产投资计划产品创新能力的保险资产管理公司为 21 家，较上年减少 1 家（见图 2-2-3 和见图 2-2-4）。反映出保险资产管理公司普遍具备开展传统股票、债券市场投资，另类资产创设、投资的基础能力。

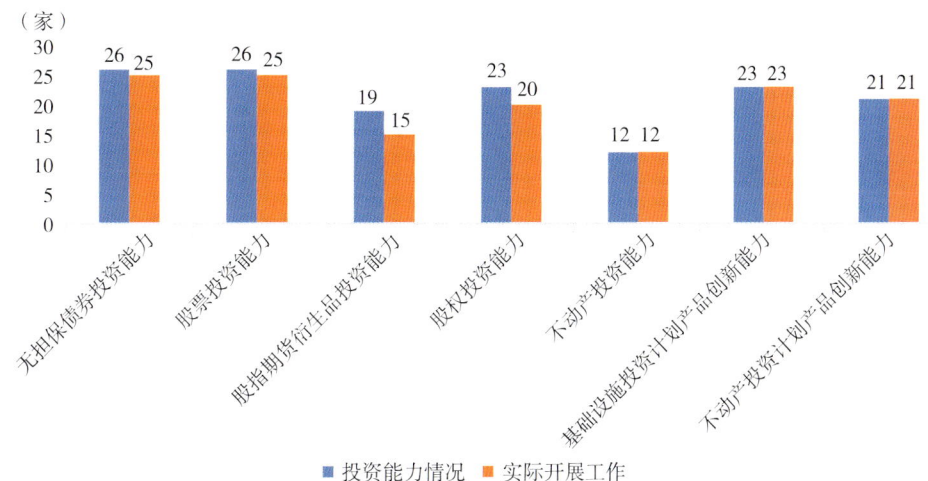

图 2-2-3　2019 年保险资产管理公司具备的不同投资能力（26 家）

资料来源：《中国保险资产管理业发展报告（2020）调研问卷》

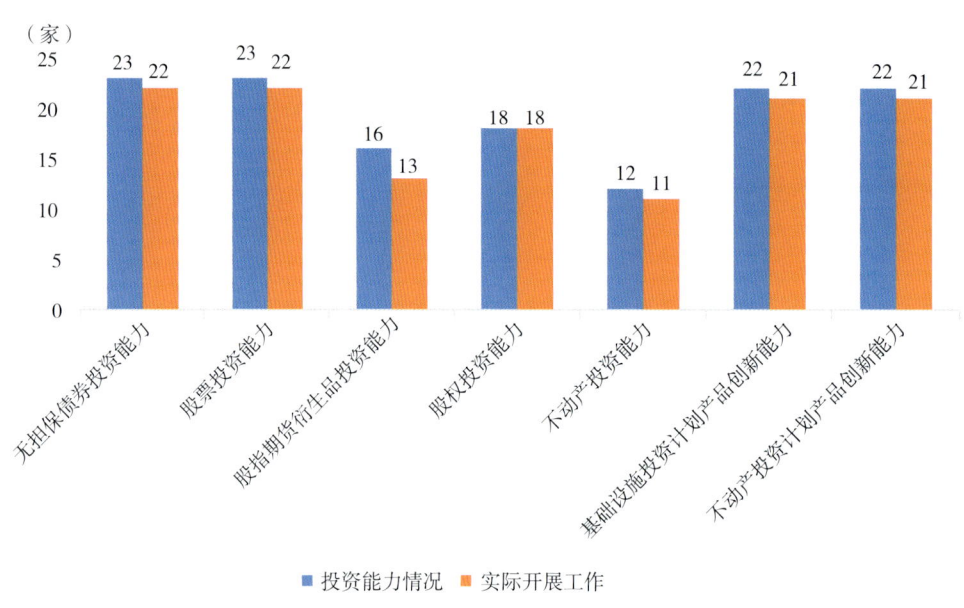

图 2-2-4 2018 年保险资产管理公司具备的不同投资能力（23 家）

资料来源：《中国保险资产管理业发展报告（2019）调研问卷》

三是具备相关投资能力的保险资产管理公司基本实际开展了投资工作。已获得不动产投资能力、基础设施投资计划产品创新能力、不动产投资计划产品创新能力的保险资产管理公司均已开展相关投资工作；已获得信用风险管理能力和股票投资能力的 26 家保险资产管理公司中仅有 1 家未实际开展工作；已获得股权投资能力的 23 家保险资产管理公司中有 3 家未实际开展工作。绝大多数具备相应投资能力的保险资产管理公司都已经开展了能力范围内的投资工作；只有股指期货衍生品投资能力，有约 30% 具备能力的机构尚未实际开展工作。

（二）其他专业型机构投资能力情况

2019 年，参与调研的 9 家其他专业型机构数据显示：

一是其他专业型机构投资能力建设有待提升。参与调研的 9 家机构中，具有 7 项投资管理能力的仅有 1 家；具有 6 项和 4 项投资管理能力的分别为 1 家和 2 家；具有 3 项及以下投资管理能力的为 5 家，超过半数（见图 2-2-5）。与上年相比，其他专业型机构投资管理能力建设变化不大，不同公司在投资管理能力上具有较大差异（见图 2-2-6）。

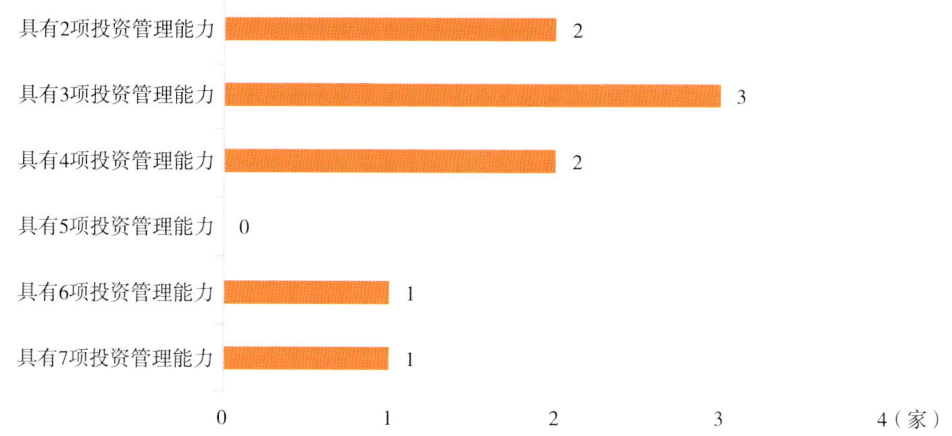

图 2-2-5　2019 年参与调研的其他专业型机构投资能力数量分布（9 家）

资料来源：《中国保险资产管理业发展报告（2020）调研问卷》

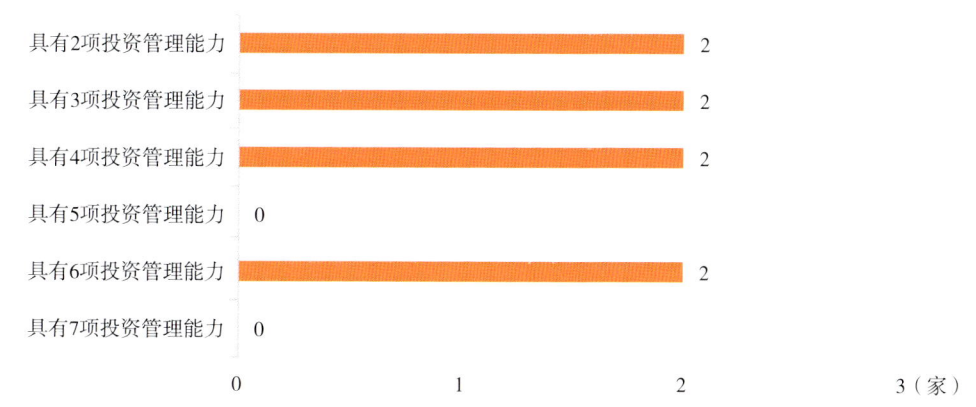

图 2-2-6　2018 年参与调研的其他专业型机构投资能力数量分布（8 家）

资料来源：《中国保险资产管理业发展报告（2019）调研问卷》

二是其他专业型机构普遍具备开展传统债券市场投资、另类资产投资的基础能力。数据显示，有 8 家其他专业型机构具备无担保债券投资能力，较上年增加 1 家。具备股权投资能力、不动产投资能力和不动产投资计划产品创新能力的分别为 6 家、5 家、4 家，与上年情况一致；具备基础设施投资计划产品创新能力、股票投资能力和股指期货衍生品投资能力的分别为 5 家、4 家、2 家，均较上年增加 1 家（见图 2-2-7 和见图 2-2-8）。

三是具备相关投资能力的其他专业型机构基本实际开展了投资工作。已具备无担保债券投资能力、股票投资能力、不动产投资能力、基础设施投资计划产品创新能力、不动产投资计划产品创新能力的机构均已开展相关投资工作；已具备衍生品投资能力的 2 家机构中有 1 家未实际开展工作；已具备股权投资能力的 6 家机构中有 1 家未实际开展工作；已具备不动产投资能力的 5 家机构中有 2 家未实际开展工作。

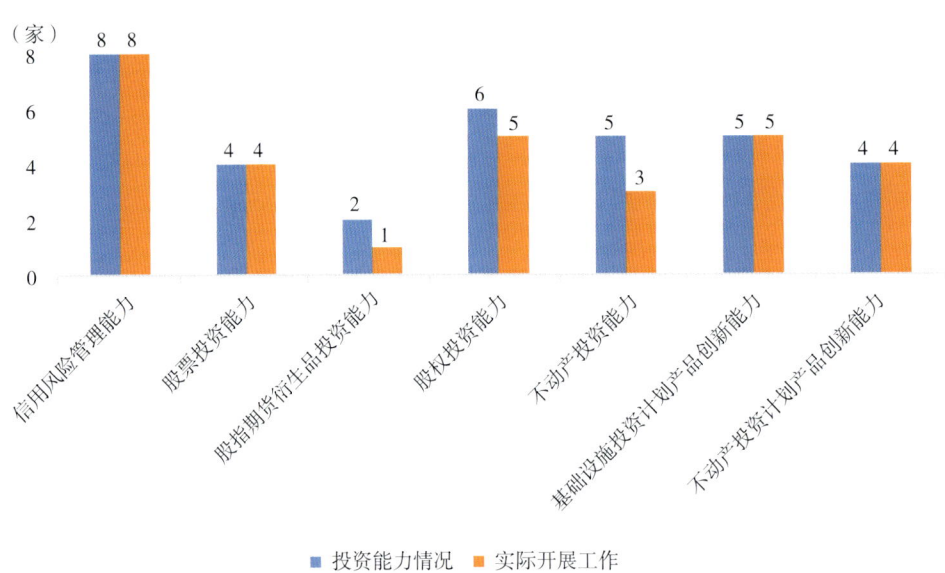

图 2-2-7 2019 年参与调研的其他专业型机构具备的不同投资能力（9 家）

资料来源：《中国保险资产管理业发展报告（2020）调研问卷》

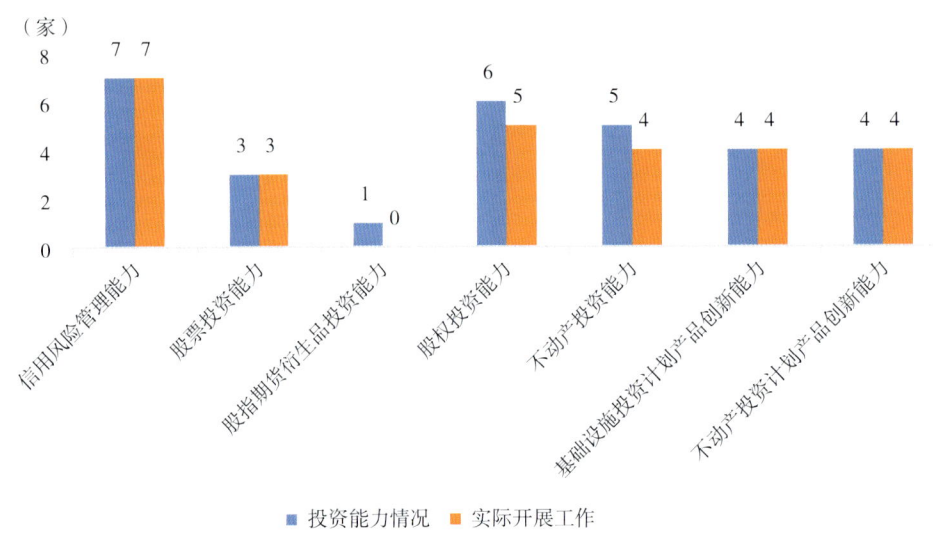

图 2-2-8 2018 年参与调研的其他专业型机构具备的不同投资能力（8 家）

资料来源：《中国保险资产管理业发展报告（2020）调研问卷》

三、保险资金投资与管理

（一）2019 年保险资金运用总体情况

2019 年，我国保险资金运用积极贯彻落实国家各项政策，主动深化供给侧结构性改革,持续加大服务实体经济能力,坚持防范金融风险。2019年,在全球主要经济体增速放缓、国内经济韧性较强但下行压力显现,叠加海外市场波动和中美贸易摩擦等风险事件冲击,我国保险资金运用深刻研判市场形势,坚持"稳中求进",秉承资产负债匹配原则,遵循从战略资产配置(SAA)、战术资产配置(TAA)到交易资产配置的全流程投资体系,受益于保险业特别是人身险业周期复苏以及A股市场的上涨,经受住了复杂环境下的挑战,保险资金运用余额增速回升,资产配置结构持续优化,投资收益率回暖。但同时,负债久期持续拉长、优质金融产品供给下降、信用风险防范要求提升等因素也加大了保险资产配置难度。

1. 保险业总资产及保险资金运用余额稳步增长,总资产规模突破20万亿元

2019年底,我国保险业总资产20.56万亿元,同比增长12.18%,总资产规模首次突破20万亿元大关;保险资金运用余额18.53万亿元,同比增长12.91%(见图2-3-1)。全年总资产和保险资金运用余额增速均有所增长,一方面受益于负债端人身险保险周期的底部复苏,保费增速的回暖支持了资金运用规模增速的回升;另一方面受益于资产端投资收益的上升,公允价值的上升提升了投资组合账面市值。从月度资金运用余额数据看,年初和下半年增速较高,二季度为增速低点,一季度增速较高主要与"开门红"及A股春节行情有关,二季度受A股回调影响增速回落;下半年在人身险保费收入增速实现反弹上行后,随之实现了增速的缓慢回升(见图2-3-2)。

图2-3-1 我国保险资金运用余额及同比增速

资料来源:中国银行保险监督管理委员会官网

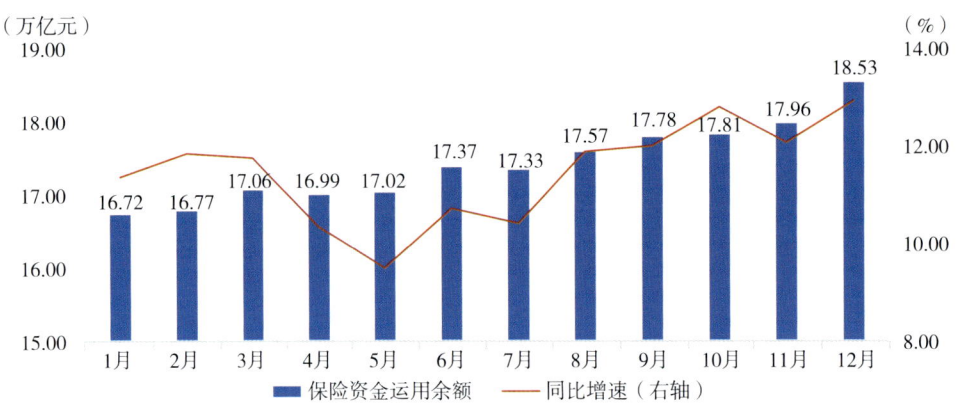

图 2-3-2　2019 年月度保险资金运用余额及同比增速情况

资料来源：中国银行保险监督管理委员会官网

2. 保险资金配置结构更加稳定和多元化

2019 年底，保险资产配置结构中，银行存款 2.52 万亿元，占比 13.62%；债券 6.40 万亿元，占比 34.56%；股票和基金 2.44 万亿元，占比 13.15%；其他资产 7.16 万亿元，占比 38.67%。总体上，自 2012 年投资端一系列市场化改革新政实施以来，资产配置结构逐渐趋于稳定，逐步形成了银行存款、债券、股票和基金等核心资产加私募股权投资、投资性房地产等多元化配置结构（见图 2-3-3）。其中，银行存款、债券和债权金融产品等核心固收类资产占比稳定在 70% 左右，不包含长期股权投资的上市权益资产稳定在 10%~15%；同时，私募股权、投资性房地产和境外资产等多资产类别丰富了保险资金投资渠道。

图 2-3-3　我国保险资金历年资产配置结构情况

资料来源：中国银行保险监督管理委员会官网

3. 投资收益波动率降低，收益率稳定

近年来，随着保险资产配置结构更趋多元化，银行存款、债券和债权金融产品等固收类资产对投资组合收益率贡献有所提高，叠加长期股权资产贡献了较高的财务收益以及股票和基金配置比例的长期区间稳定,多重因素使我国保险资金财务投资收益率的波动率降低,投资收益率对权益资产依赖度逐步降低,进一步彰显了我国保险资金投资理念的不断成熟和能力的不断提升。截至2019年底,我国保险资金平均财务投资收益率为4.94%,较2018年回升0.64个百分点,主要受益于资本市场特别是A股市场的震荡回暖。事实上,如果不考虑保险机构跨年度的盈余调节行为,全年综合口径下的投资收益率有望更高(见图2-3-4)。

图2-3-4 我国保险资金历年财务投资收益率情况

资料来源:根据公开资料整理。

4. 风险抵御能力有所增强

2019年,中国银保监会发布《保险资产负债管理监管暂行办法》,引导保险机构资产负债管理由"软约束"向"硬约束"转变,从制度层面有效防范了资产负债错配风险。此外,还通过优化人身险责任准备金评估利率形成机制,将普通型养老年金和10年以上长期年金责任准备金评估利率上限由4.025%调整为3.5%,主动引导新增业务负债成本的下调,对防范低利率环境下利差损风险起到了积极作用。同时,随着2019年人身险行业的复苏,投资端的现金流压力较过去两年大幅缓解。

(二)保险资金配置结构变化情况

2019年,我国保险资金配置结构中,股票和基金占比上升,债券占比小幅上升,其他资产占比小幅下降,银行存款占比下降幅度较大,总体资产配置结构保持了稳定。

银行存款占比下降。截至2019年底,银行存款2.52万亿元,占比13.62%,占比较2018年下降1.23个百分点,但绝对配置金额仍较年初增长3.55%。分月看,上半年配置比例显著高于下半年,其中3月和6月为配置高峰(见图2-3-5)。原因在于2019年银行存款特别是协议存款报价收益率较2018年下降较快,较其他大类资产配置价值相对下降。特别是受包商银行事件冲击,银行同业市场信用分层加剧,大行的协议存款报价利率进一步下行,2019年下半年以来保险资金配置意愿有所降低。

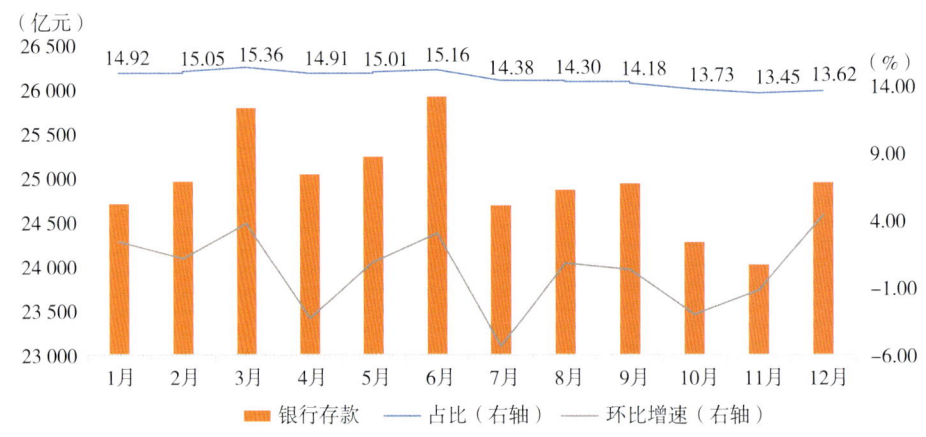

图2-3-5 2019年我国保险资金银行存款月度投资情况

资料来源:中国银行保险监督管理委员会官网

债券占比上升,加大长债配置力度。2019年底,债券资产6.40万亿元,占比为34.56%,较2018年底占比上升0.2个百分点(见图2-3-6);绝对配置金额较年初上升13.48%。其中,保险机构重点在二季度和四季度债券收益率高位加大配置。虽然2019年主要债券品种收益率已经降至历史中位数水平以下,但为防范低利率环境下的再投资风险,保险机构纷纷在二季度和四季度债券收益率相对高位加大了对长久期资产的配置力度。2019年底,保险机构利率债配置金额同比增长19%,而在信用违约风险较高的环境下,谨慎下沉信用评级并降低了企业债配置比例。

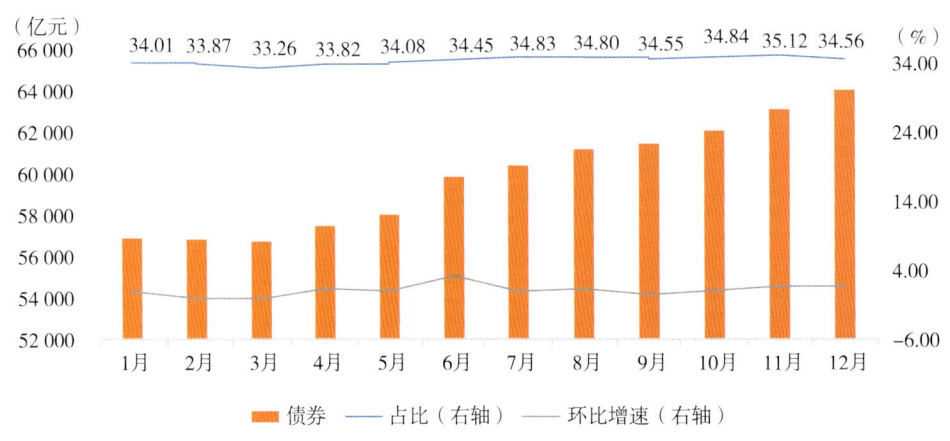

图2-3-6 2019年我国保险资金债券月度投资情况

资料来源:中国银行保险监督管理委员会官网

股票和基金占比上升,主要由于公允价值上升和险资的主动加仓。2019年底,股票和基金投资金额2.44万亿元,占比13.15%,较年初上升1.44个百分点;绝对配置金额较年初增长26.77%。根据中国保险资产管理业协会2019~2020年综合调研数据显示,上市普通股票投资金额同比上升42%,基金投资金额同比上升6%。考虑到基金中包含货基和债基,在同期沪深300指数上涨36.07%的背景下,不考虑已经兑现的股票和基金资本利得收益,表明股票和基金占比的上升主要来自于公允价值的上升,以及保险机构的主动加仓操作。此外,从月度数据看,股票和基金配置金额在2月、6月和12月增速较快,与沪深300指数的运行趋势基本一致,保险机构股票基金投资能力显著增强(见图2-3-7)。

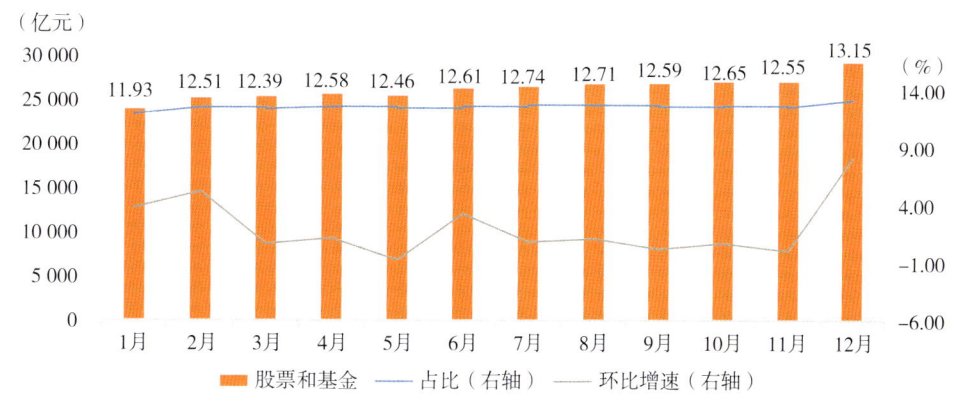

图2-3-7 2019年我国保险资金股票和基金月度投资情况

资料来源:中国银行保险监督管理委员会官网

总体来看,近年来股票和基金比例一直稳定在10%~15%,较好地发挥了保险资金作为长期机构资金在资本市场上的稳定器作用,还显著增厚了保险资金投资收益,2005~2019年行业平均收益率达5.41%,有效防范了行业资产负债成本收益错配风险。

其他资产占比连续两年下降。其他资产主要包括买入返售金融资产、长期股权投资、组合类保险资管产品、贷款和投资性房地产等。截至2019年底,其他资产7.16万亿元,占比38.67%,较年初下降0.41个百分点,自2017年底(40.19%)以来已经连续两年下滑(见图2-3-8)。从月度数据看,下半年以来保险资金明显加大了其他资产的配置,主要与长期利率中枢持续下移背景下加大了非标债权金融产品的配置有关。

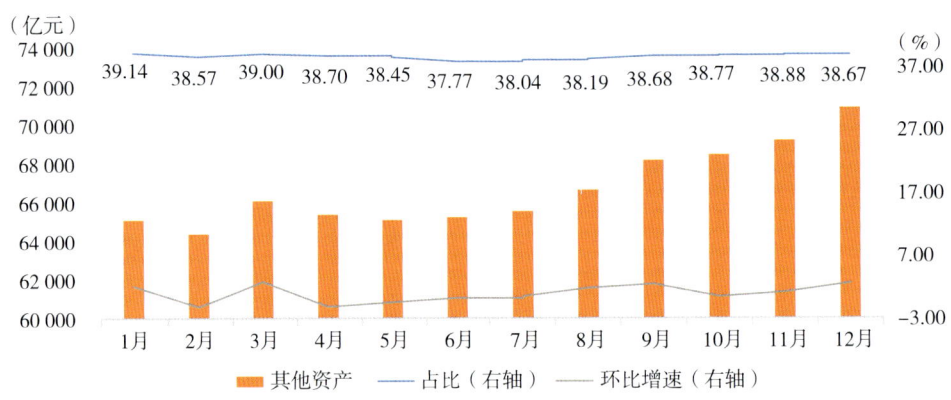

图 2-3-8 2019 年我国保险资金其他资产月度投资情况

资料来源：中国银行保险监督管理委员会官网

（三）保险资金资产配置思路回顾

为积极应对资产负债管理新规和新金融工具会计准则的实施，缓解低利率环境下的配置压力，近年来保险资金投资行为出现了一些新变化。

一是持续拉长资产久期以缩小期限错配缺口。近年来，受我国保险业持续向高质量发展转型影响，行业负债久期持续变长，叠加长期利率中枢的持续下行下固收资产久期的自然衰退，来自资产负债两端的压力加大了期限匹配难度。特别是随着《保险资产负债管理监管暂行办法》和《保险资产负债管理监管规则》的实施，保险机构的资产负债管理更加制度化和规范化。为防范低利率环境下的再投资风险，2019 年保险机构继续逢高配置了国债、地方债、政策性金融债等长久期债券，特别是在二季度和四季度收益率高位加大了拉长资产久期的力度，一定程度上缓解了资产负债久期错配带来的潜在利差损风险。

二是高股息率股票投资策略越来越受到重视。在 IFRS9 下，高股息率股票可以指定为 FVTOCI 科目，从而规避股价波动对利润表的冲击，稳定的高分红收益成为各保险公司应对新会计准则主动调整权益配置结构的重要策略之一。特别是在 2019 年长期利率低位震荡和资本市场处于较低估值水平的环境下，高股息股票的配置价值更为明显。高股息率股票的配置有助于依托高股息率股票的类固收属性稳定投资组合收益率水平，缓解低利率环境下的配置压力。同时，高股息率策略中被投资标的分红不稳定风险和卖出后资本利得无法进入利润表等问题仍需要深入研究。

三是财务投资上市公司股票。2019 年随着监管引导保险资金参与化解上市公司股票质押流动性风险和鼓励保险资金投资优质上市公司股票，保险机构为积极应对新会计准则的实施、降低权益投资对当期利润的冲击，加大了对优质上市公司的财务投资力度，以实现"权益法"核算划入长期股权投资科目。部分大型保险公司投资万达信息、中广核电力、中国太保H、申万宏源H、华夏幸福和上海临港等股票超过5%。本轮"举牌"主要以中国人寿和中国平安等稳健型保险公司为主。同时，为避免给资本市场带来冲击，举牌更多的是估值更低的港股股票，而且采取了定增、协议转让、大宗交易、基石投资等方式，行业主要集中在日常消费、餐饮旅游等抗周期行业和与保险主业上下游产业链具有一定协同价值的金融、房地产、医疗和信息技术等行业（见表2-3-1）。

表2-3-1 2019年主要保险公司举牌情况

公司名称	举牌标的	交易市场	举牌时间	举牌方式	持股比例	所属行业
中国人寿	万达信息	A股	2019.10	协议转让、二级市场增持	18.17%	信息技术
	中广核电力	H股	2019.07	二级市场增持	17.87%	公用事业
	中国太保	H股	2019.08	二级市场增持	5.08%	保险业
	申万宏源	H股	2019.04	基石投资	6.91%	证券业
中国平安	华夏幸福	A股	2019.02	协议转让	25.25%	房地产
	中国金茂	H股	2019.07	协议转让	15.02%	房地产
中国太保	上海临港	A股	2019.12	定向增发	5.33%	房地产

资料来源：根据公开资料整理

四是投资模式更加多元化。随着我国保险资金运用"委托—受托—托管"三方管理模式的日益成熟，保险资金除了自主投资、委托至关联保险资管机构和非关联方保险资管机构投资三种模式外，近年来行业也出现了一些新的投资管理模式。一方面，部分保险机构为提升内部投资的激励作用，开始将一部分资产委托至外部市场化的公募基金等投资管理人，以此增加内部资产投资的业绩比较基准，构建优胜劣汰的良性互动机制。另一方面，以个别大型金融保险集团为代表的机构将主动管理的股票整体以MOM形式委托至公募基金管理，依托公募基金在MOM层面的组合管理能力，降低股票投资收益的波动性。

五是绿色投资理念不断深入。自2017年我国政府首次将"绿色金融"议题纳入G20峰会以来，我国保险业积极践行绿色投资理念。2018年中国保险资产管理业协会发布《中国保险资产管理业绿色投资倡议书》，随后越来越多的保险机构开始重视绿色投资特别是责任投资。国寿资产2018年11月成为保险业首家UNPRI（联合国支持的负责任投资原则）签署成员；中国平安也于2019年8月成为国内第一家加入UNPRI的资产所有者；泰康资产香港也于2019年7月加入International Corporate Governance Network（ICGN），标志着其ESG投研体系与国际标准接轨。其中，中国平安还通过

ESG 纳入法、可持续主题法、影响力投资法等七种责任投资策略评估被投资企业的 ESG 风险和机遇，在投资决策中纳入绿色投资理念。此外，保险资管机构还积极通过创新方式设立与绿色金融相关的另类保险资管产品，为绿色项目提供融资支持。总体上，我国保险资金绿色投资理念持续深入，绿色投资力度也不断加大。

2019 年，我国保险资金配置结构延续了近几年的配置趋势，逐渐形成了包括银行存款、债券、股票、股权和金融产品等多资产构成的多元化配置结构，并在近四年配置结构逐渐趋于稳定。后续随着黄金、私募债和 REITs 等创新投资领域的逐渐放开，预计我国保险资金配置结构将更为均衡、合理。同时，在当前低利率环境背景下，我国保险资金运用或将更加注重配置结构的主动调整。一方面，优质资产缺乏加剧了配置难度。保险资金运用面临负债端久期持续的变长，在资产负债管理"硬约束"下为防范潜在利差损风险拉长资产久期的趋势或仍将延续，所以，加大对债权类金融产品等非标资产的配置力度和交易类债券资产投资力度，或在未来一段时间内成为保险机构的选择偏好，以期通过交易性资本利得提升投资组合收益水平。另一方面，保险资金将更加积极地参与权益投资。随着未来权益投资比例的进一步放宽，保险资金或将继续加大高股息率股票和长期股权资产投资，在增厚自身投资收益同时，为资本市场提供更多长期资金支持，优化股票市场投资者结构，发挥资本市场稳定器作用。

四、保险资产管理情况

（一）资产管理总体情况

2019 年，参与调研的 35 家机构资产管理规模为 18.11 万亿元。其中，26 家保险资产管理公司资产管理规模为 15.30 万亿元[①]，9 家其他专业型机构资产管理规模为 2.81 万亿元（见图 2-4-1）。

参与调研的机构数量和管理规模均有增长。2019 年参与调研的机构数量新增 4 家，资产管理规模增加 2.55 万亿元，增速为 16.45%。不同规模的机构数量分布较为平均。2019 年，管理规模在 5 000 亿元以上的机构 12 家，占 35 家机构管理规模总额的 82.42%；管理规模在 1 000 亿元以上 5 000 亿元以下的机构 13 家，管理规模占比 14.78%；管理规模在 1 000 亿元以下的 10 家，管理规模占比仅为 2.80%（见

---
① 此处资产管理规模包含自有资金、受托保险资金、受托非保险资金等。

图2-4-2)。行业头部效应明显。规模最大的前5家机构管理资产规模达10万亿元,管理规模占比55.23%(见图2-4-3)。

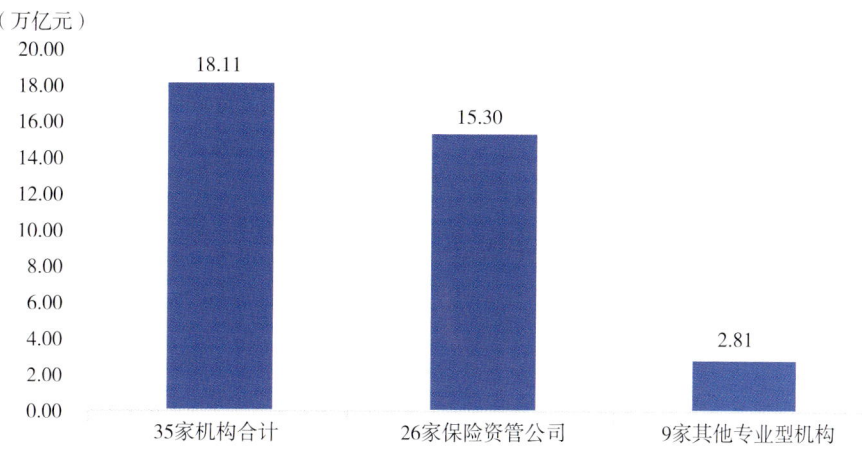

图2-4-1 保险资产管理规模情况

资料来源:《中国保险资产管理业发展报告(2020)调研问卷》

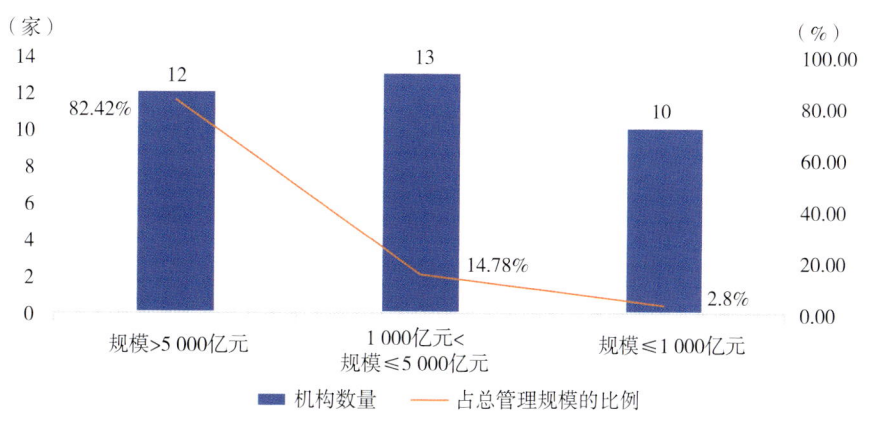

图2-4-2 不同规模的机构数量分布情况

资料来源:《中国保险资产管理业发展报告(2020)调研问卷》

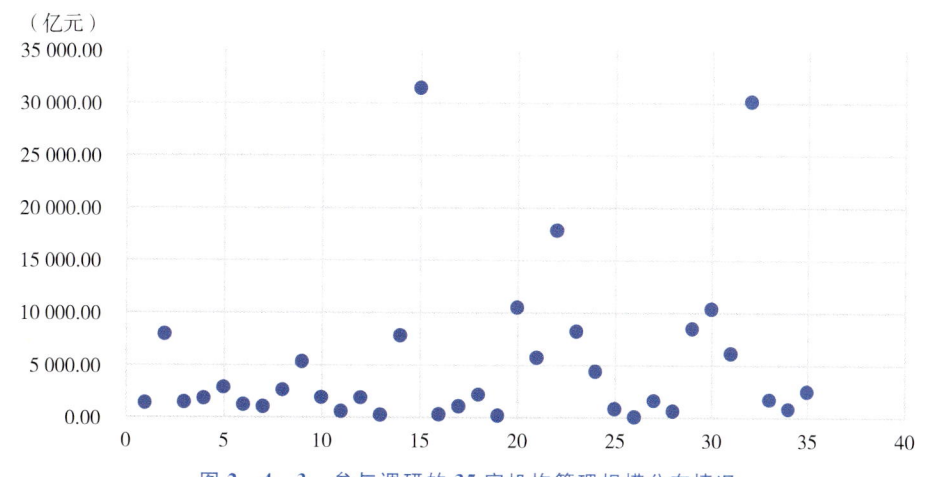

图2-4-3 参与调研的35家机构管理规模分布情况

资料来源:《中国保险资产管理业发展报告(2020)调研问卷》

系统内保险资金[①]始终是保险资产管理行业的主要资金来源。截至 2019 年末,35 家机构管理系统内保险资金为 14.01 万亿元,占比 73.95%,比 2018 年小幅提升 1.59 个百分点;管理业内第三方资金 1.17 万亿元,占比 6.16%;管理业外资金 3.77 万亿元,占比 19.89%,同比增加 3.19 个百分点(见图 2-4-4),并持续两年呈上升趋势。

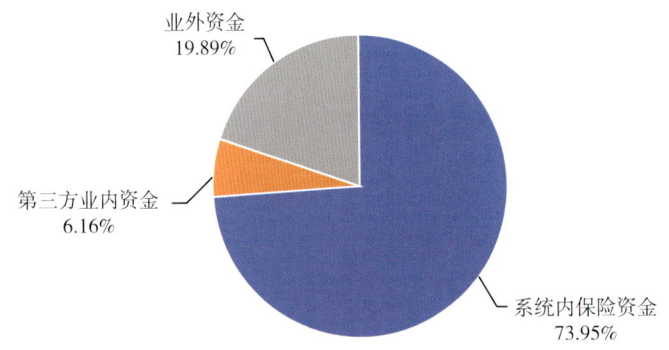

图 2-4-4 参与调研的 35 家机构管理资金来源情况

资料来源:《中国保险资产管理业发展报告(2020)调研问卷》

规模越大的机构系统内资金来源占比越高,业内第三方占比越少。管理规模在 5 000 亿元以上的机构中,系统内保险资金占比为 75.54%,管理业内第三方资金占比仅为 3.62%,管理业外资金占比为 20.84%。管理规模在 5 000 亿元及以下 1 000 亿元以上的机构中,系统内保险资金占比为 68.15%,管理业内第三方资金占比为 16.38%,管理业外资金占比为 15.47%。管理规模在 1 000 亿元以下的机构,业内第三方资金占比相对较大,系统内保险资金占比为 54.38%,管理业内第三方资金占比为 33.89%,管理业外第三方资金占比为 11.73%(见图 2-4-5)。

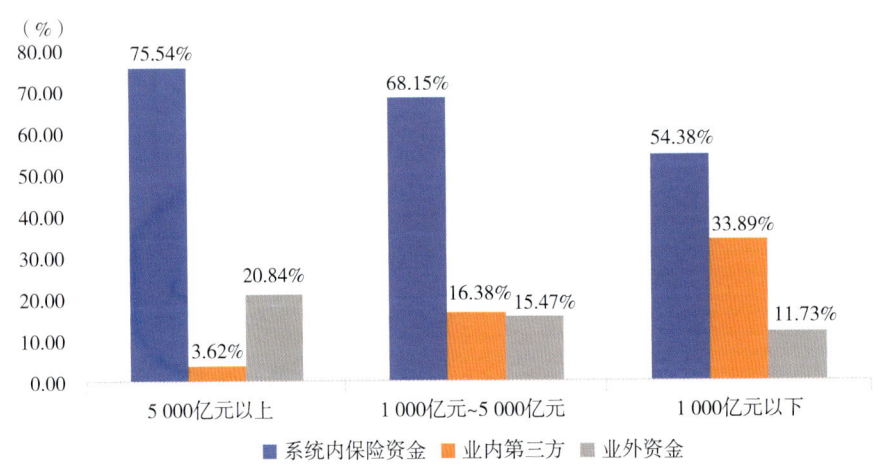

图 2-4-5 不同规模的机构管理资金来源情况

资料来源:《中国保险资产管理业发展报告(2020)调研问卷》

[①] 本报告中"系统内保险资金"指关联方保险资金,"业内第三方资金"指非关联方保险资金,"业外资金"指非保险资金。

保险资管公司管理资金主要来源于系统内资金。26家保险资管公司中,系统内保险资金占资金来源超70%的机构有16家,系统内保险资金占比在40%~70%的有5家,占比在30%以下的有5家(见图2-4-6)。

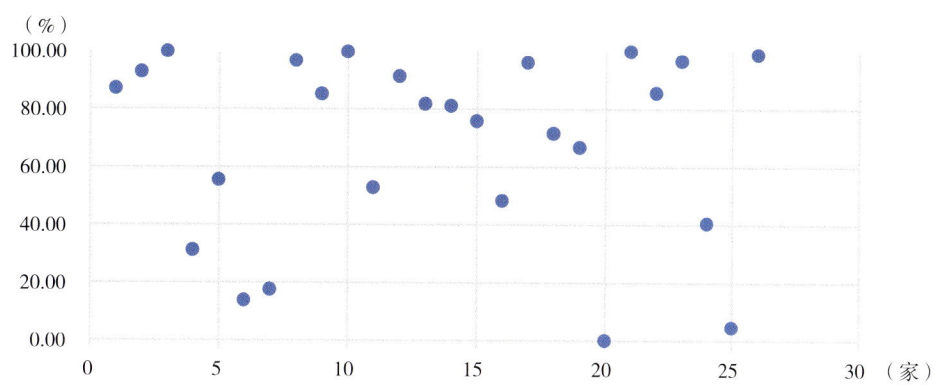

图2-4-6 26家保险资管公司系统内保险资金占比散点图

资料来源:《中国保险资产管理业发展报告(2020)调研问卷》

管理费收入增长较快。2019年,35家机构管理费收入为252.73亿元,较2018年管理费收入增长37.27%,同比增加38.59个百分点,达近三年增速峰值。26家保险资产管理公司中,管理费收入超过10亿元的有5家,管理费收入在5亿元到10亿元之间的有4家,管理费收入在1亿元至5亿元之间的有13家,管理费收入不到1亿元的有4家(见图2-4-7)。

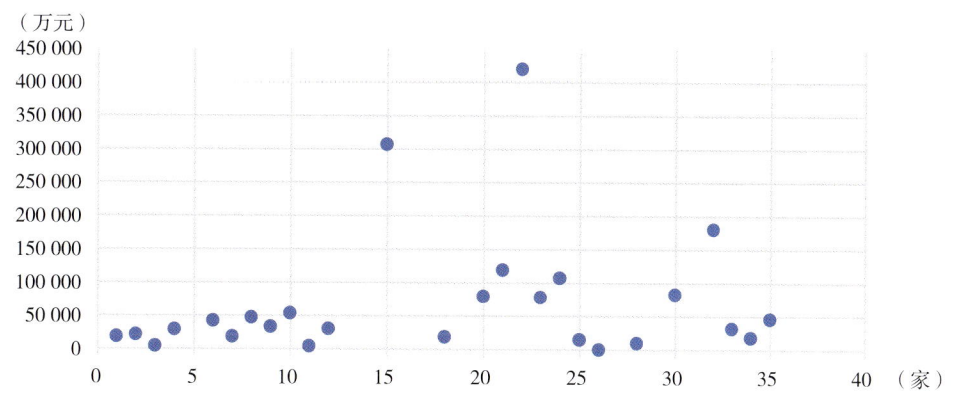

图2-4-7 26家保险资产管理公司管理费收入分布情况

资料来源:《中国保险资产管理业发展报告(2020)调研问卷》

2019年,保险资产管理机构投资依然维持稳健投资策略。从投资资产规模和比例来看,排名前三的债券、金融产品和银行存款占总资产七成以上。其中,债券为

67 504.40 亿元，占比 37.73%；金融产品①为 34 610.21 亿元，占比 19.35%；银行存款为 23 793.25 亿元，占比 13.30%；股票和证券投资基金为 21 379.19 亿元，占比 11.95%；股权投资为 12 459.83 亿元，占比 6.96%；组合类产品为 7 291.4 亿元，占比 4.08%；其他投资②为 11 854.01 亿元，占比 6.63%（见图 2-4-8）。

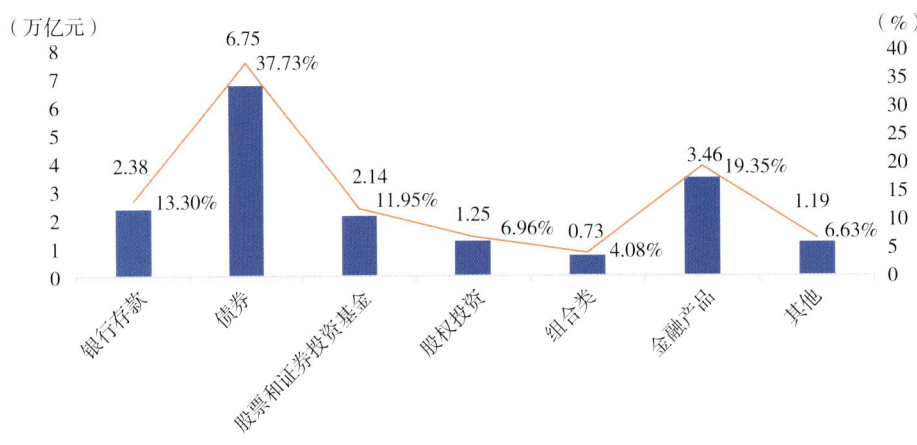

图 2-4-8 参与调研的 35 家机构资产配置情况

资料来源：《中国保险资产管理业发展报告（2020）调研问卷》

不同规模的机构资产配置各有侧重。管理规模在 5 000 亿元以上的机构，在其资产配置结构中，债券投资占比较高，为 40.07%，远高于其他领域资产；金融产品、银行存款、股票和证券投资基金、股权投资位列其后，占比分别为 17.61%、13.05%、12.19% 和 6.60%。管理规模小于等于 5 000 亿元大于 1 000 亿元的机构中，债券占比虽然仍最高，为 27.46%，但占比较大型机构而言降幅明显；位列其后的金融产品、银行存款、股票和证券投资基金、其他投资，分别占比 24.38%、12.07%、11.56%、9.84%。管理规模小于等于 1 000 亿元的机构中，银行存款占比最高，达 34.09%；位列其后的是债券、金融产品、其他、股票和证券投资基金，占比分别为 19.84%、17.23%、11.97% 和 6.17%（见图 2-4-9）。

26 家保险资管公司的投资资产中，债券投资占比 38.70%，股票和证券投资基金占比为 12.80%，金融产品占比为 16.74%，银行存款占比为 13.55%，股权投资占比为 7.28%，组合类占比为 3.78%，其他占比为 7.15%（见图 2-4-10）。

---

① 本部分的"金融产品"是指《关于保险资金投资有关金融产品的通知》（保监发〔2012〕91 号）中所指的商业银行理财产品、金融机构信贷资产支持证券、集合资金信托计划、券商资产支持专项计划、保险资管基础设施及不动产债权投资计划等产品。
② 其他投资包括投资性不动产、金融衍生工具、境外投资和其他资产等。

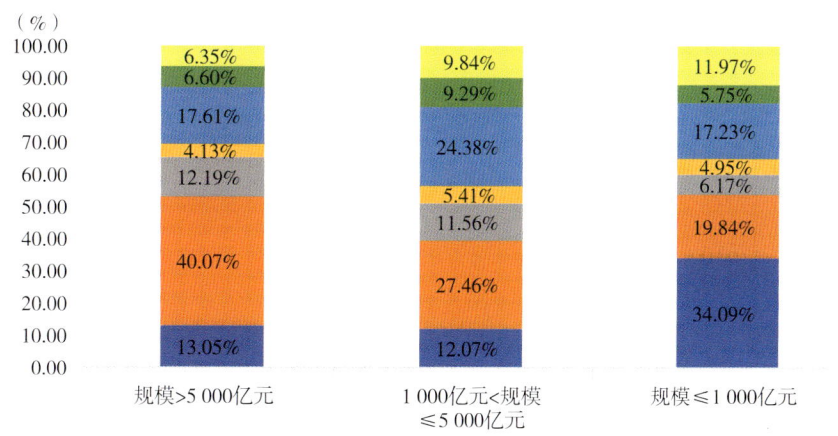

图 2-4-9　不同规模的机构资产配置情况

资料来源：《中国保险资产管理业发展报告（2020）调研问卷》

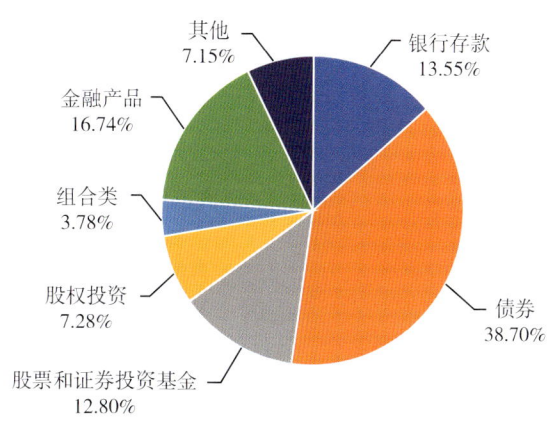

图 2-4-10　26家保险资产管理公司资产配置情况

资料来源：《中国保险资产管理业发展报告（2020）调研问卷》

（二）第三方资产管理情况

第三方业务在不同环境下的界定有所差异，本书将第三方资产管理业务界定为业内第三方保险资金管理业务和业外资金管理业务。

1. 业内第三方保险资金管理情况。业内第三方保险资金管理主要是以专户或产品形式管理其他保险公司保险资金的业务。截至2019年12月末，35家机构中，29家[①]管理业内第三方保险资金11 663.51亿元，占保险资金运用余额的6.16%。第一，不同机构业内第三方保险资金管理规模分布不均（见图2-4-11）。业内第三方保险资金管理规模主要集中在500亿元以下。开展业内第三方保险资金管理业务规

---

① 不包括工银安盛资产、交银康联资产、太平投资、永诚资产、友邦中国、长城财富资产。

模在100亿元以下的机构共有10家，300亿元以下的共有16家，500亿元以下的共有20家（见图2－4－12）。第二，管理规模集中度高。管理业内第三方保险资金超千亿元量级的机构有4家，其管理规模占总规模的比例为43.6%。

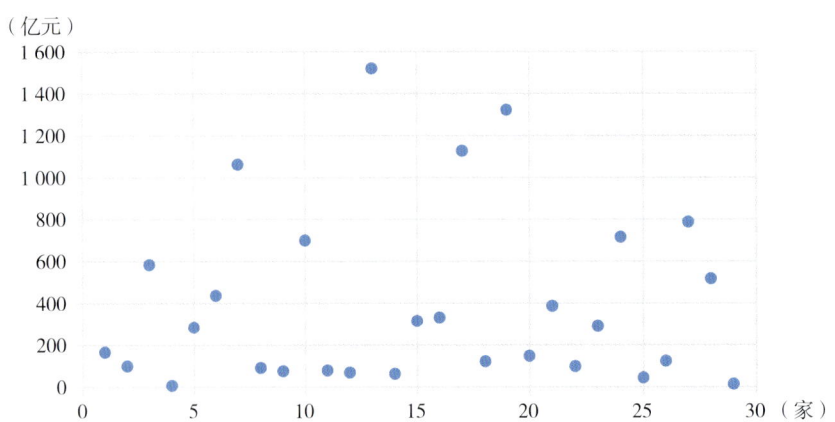

图2－4－11　29家机构管理业内第三方保险资金规模分布

资料来源：《中国保险资产管理业发展报告（2020）调研问卷》

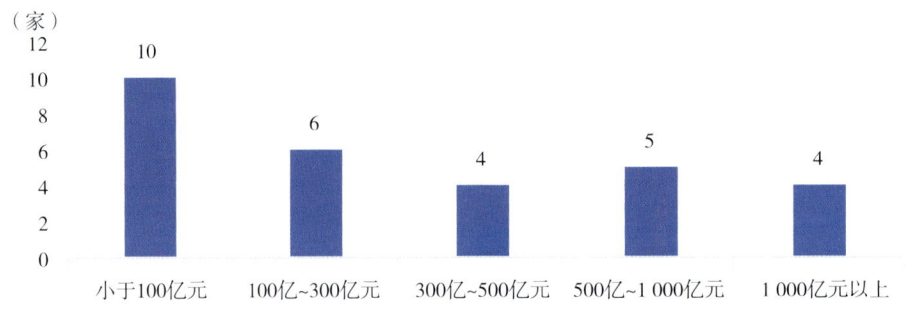

图2－4－12　29家机构管理业内第三方保险资金规模集中度

资料来源：《中国保险资产管理业发展报告（2020）调研问卷》

2. 业外资金管理情况。业外资金管理业务主要是通过专户或保险资产管理产品等形式管理非保险资金。截至2019年12月末，参与调研的35家机构中，31家机构[①]共管理银行资金、养老金（基本养老、企业年金、职业年金、养老保障产品、税延养老金）等业外资金约3.77万亿元。第一，管理的业外资金中，企业年金、养老保障产品和银行资金占比分别为35.27%、24.24%和16.67%，充分体现出业外资金方对保险资产管理行业在长资金、稳健投资和大类资产配置方面的认可（见图2－4－13）。第二，业外资金管理规模分布的差异性较大。管理规模最小的机构，规模约1亿元；管理规模最大的机构，规模超过8 000亿元（见图2－4－14）。第三，多数机构管理业外资金规模相对集中。业外资金管理规模在500亿元以下的有18家保险资管机构，占所

---

① 不包括平安不动产、太平投资、友邦中国、长城财富资产。

有管理业外资金的 58%，业外资金管理规模约 2 142.60 亿元。管理业外资金规模超过 1 500 亿元的机构有 5 家，合计管理规模约 27 796.08 亿元，集中度较高（见图 2-4-15）。第四，资产管理总规模与业外资金管理规模成正比。资产管理规模小于 1 000 亿元的机构共管理业外资金 518.09 亿元。资产管理规模大于 5 000 亿元的机构管理规模合计超过 2.74 万亿元（见图 2-4-16）。总体来看，综合大型机构在业内第三方保险资金和业外资金投资管理上均具有优势。

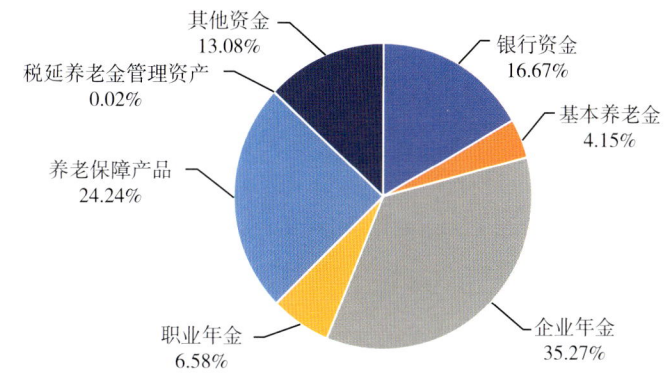

图 2-4-13 31 家机构业外资金来源情况

资料来源：《中国保险资产管理业发展报告（2020）调研问卷》

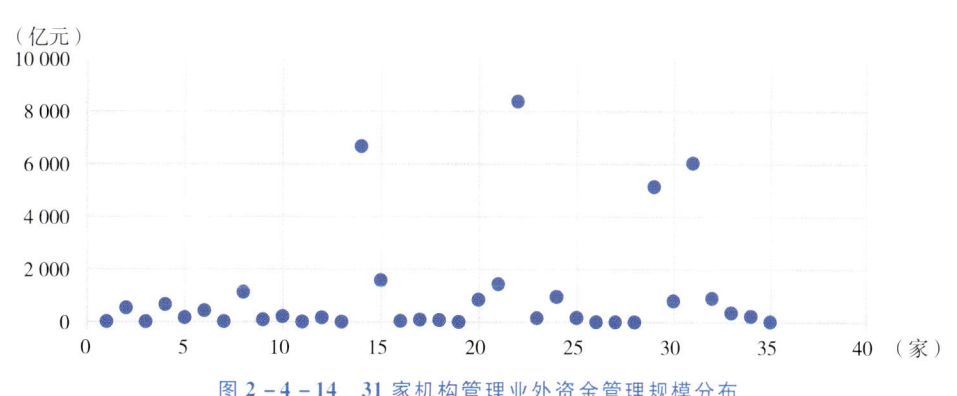

图 2-4-14 31 家机构管理业外资金管理规模分布

资料来源：《中国保险资产管理业发展报告（2020）调研问卷》

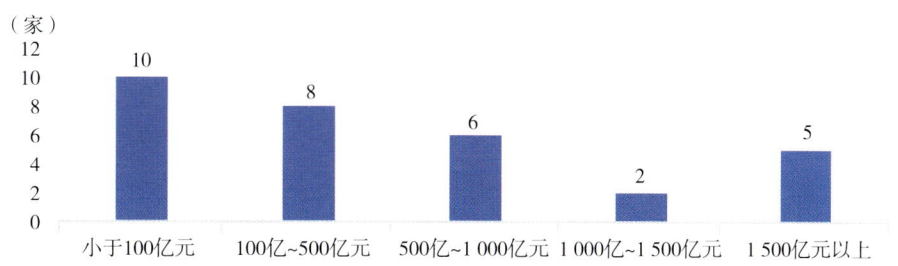

图 2-4-15 31 家机构业外资金管理规模数量分布

资料来源：《中国保险资产管理业发展报告（2020）调研问卷》

图 2-4-16 不同管理规模的机构管理业外资金总体情况

资料来源:《中国保险资产管理业发展报告(2020)调研问卷》

企业年金是保险资产管理业外资金管理的重要组成部分。截至 2019 年末,人力资源和社会保障部的数据显示,共有 22 家金融机构具备企业年金基金管理人资格。其中,保险机构共计 8 家,基金公司共计 11 家,证券公司共计 2 家,养老金管理公司 1 家(见表 2-4-1)。

表 2-4-1 企业年金基金管理机构

机构类型	机构名称
保险机构	平安养老保险股份有限公司、太平养老保险股份有限公司、长江养老保险股份有限公司、中国人寿养老保险股份有限公司、中国人民养老保险有限责任公司、新华养老保险股份有限公司 华泰资产管理有限公司、泰康资产管理有限责任公司
基金公司	海富通基金管理有限公司、华夏基金管理有限公司、南方基金管理有限公司、易方达基金管理有限公司、嘉实基金管理有限公司、招商基金管理有限公司、富国基金管理有限公司、博时基金管理有限公司、银华基金管理有限公司、国泰基金管理有限公司、工银瑞信基金管理有限公司
证券公司	中国国际金融股份有限公司、中信证券股份有限公司
养老金管理公司	建信养老金管理有限责任公司

资料来源:人力资源与社会保障部官网

在管理的企业年金组合数量方面,截至 2019 年末,保险机构共管理的组合数为 2 718 个,较 2018 年增加 252 个,占全部金融机构管理组合数的 65.83%,比上一年增加 0.33 个百分点。总体来看,保险机构是企业年金组合数最多的金融机构,规模优势显著(见图 2-4-17 和图 2-4-18)。

在管理组合资产金额方面,截至 2019 年末,保险机构共管理组合资产规模 9 526.97 亿元,较上年同期增加 3 101.14 亿元。从管理规模看,保险机构仍是企业年金最主要投资管理人,管理规模比基金公司高出约 3 323.47 亿元,占比高出约 19.18 个百分点。具体来看,在保险机构中,6 家养老保险股份公司共管理组合资产 6 490.79 亿元,较 2018 年增长 1 243.43 亿元,增幅 23.70%;2 家保险资产管理公司共管理组合资产 3 036.18 亿元，较 2018 年同期增长 461.75 亿元，增幅 17.94%（见图 2-4-19 和表 2-4-2）。

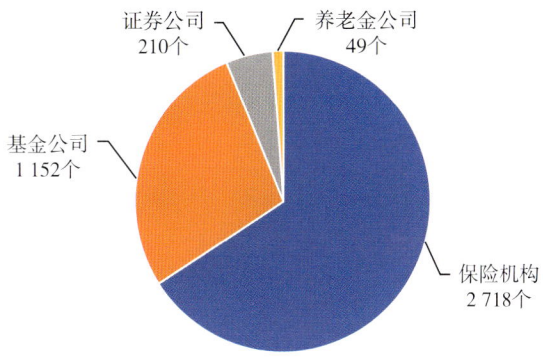

图 2-4-17 2019 年各类金融机构管理的企业年金组合数量分布

资料来源：人力资源与社会保障部官网

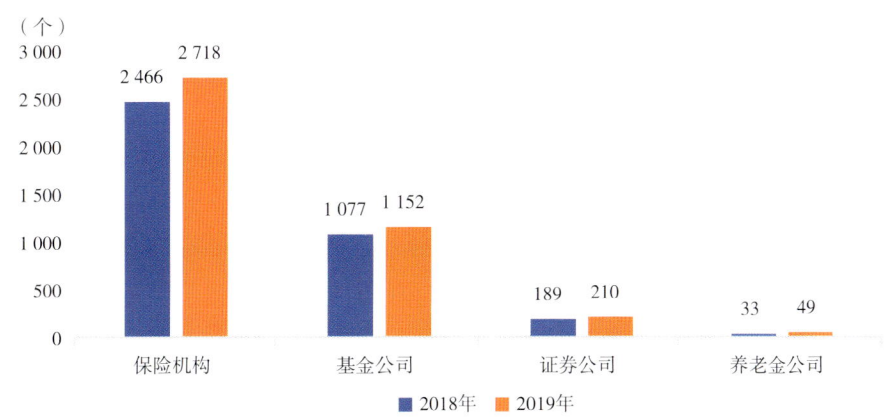

图 2-4-18 近两年各类金融机构管理的企业年金组合

资料来源：人力资源与社会保障部官网

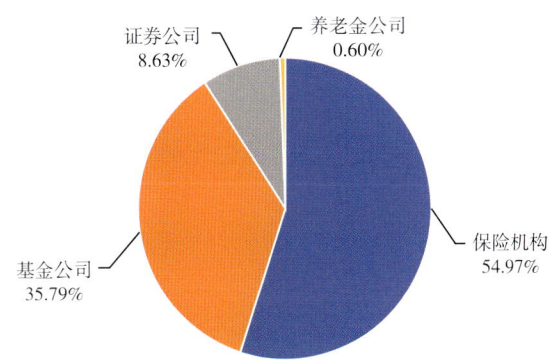

图 2-4-19 2019 年各类金融机构管理的企业年金组合资产规模

资料来源：人力资源与社会保障部官网

表 2-4-2　　2019 年企业年金基金投资管理情况

企业年金基金管理机构	组合数（个）	组合资产额（万元）	当年加权平均收益率（%）					
			单一计划		集合计划		其他计划	
			固定收益类组合	含权益类组合	固定收益类组合	含权益类组合	固定收益类组合	含权益类组合
海富通基金管理有限公司	82	4 577 148.79	5.35	7.95	—	6.87	—	—
华夏基金管理有限公司	191	10 470 641.66	5.50	7.89	—	8.41	—	—
南方基金管理股份有限公司	150	6 708 968.69	5.08	8.08	—	—	—	—
易方达基金管理有限公司	160	8 657 650.09	7.63	10.07	—	10.97	—	—
嘉实基金管理有限公司	97	5 389 921.34	6.39	8.55	4.64	6.42	—	—
招商基金管理有限公司	47	2 628 386.80	7.71	8.71	2.99	8.42	—	—
富国基金管理有限公司	74	4 332 218.73	6.37	9.61	—	9.25	—	—
博时基金管理有限公司	98	4 791 121.19	6.89	8.94	9.05	8.64	—	—
银华基金管理股份有限公司	38	911 325.56	6.08	10.26	—	9.62	—	—
中国国际金融股份有限公司	70	7 414 323.89	7.15	8.71	—	9.93	—	—
中信证券股份有限公司	140	7 550 633.46	6.15	8.88	6.40	7.85	—	—
华泰资产管理有限公司	31	1 805 560.62	4.73	10.00	5.33	—	—	—
平安养老保险股份有限公司	762	23 298 511.11	5.53	7.70	5.77	7.38	2.19	6.15
太平养老保险股份有限公司	394	10 353 451.50	5.71	9.69	6.70	9.38	6.26	8.93
国泰基金管理有限公司	41	1 016 840.29	6.75	8.37	—	7.45	—	—
工银瑞信基金管理有限公司	174	12 550 744.40	5.04	10.44	6.98	9.92	—	—
泰康资产管理有限责任公司	701	28 556 276.67	5.95	9.77	5.65	9.43	—	12.06
长江养老保险股份有限公司	138	7 976 416.25	5.41	7.52	5.10	8.72	—	—
中国人寿养老保险股份有限公司	590	19 569 932.01	5.51	8.51	6.08	7.89	—	—
建信养老金管理有限责任公司	49	1 040 767.97	6.44	8.24	5.33	4.00	—	—
中国人民养老保险有限责任公司	99	3 637 375.46	5.02	7.42	5.16	6.75	—	—
新华养老保险股份有限公司	3	72 186.77	—	—	—	—	—	—
合　计	4 129	173 310 403.25	5.65	8.92	5.73	8.49	5.68	8.56

资料来源：人力资源与社会保障部官网

五、保险资产管理产品投资情况及注册情况

(一) 保险资产管理产品投资情况

从参与调研的 35 家机构总体资产配置情况来看,保险资管产品①投资总额 2.53 万亿元,占投资资产的比重为 14.12%。其中,组合类产品占比为 4.08%,债权投资计划占比为 8.39%,股权投资计划占比为 1.29%,资产支持计划占比为 0.36%(见图 2-5-1)。

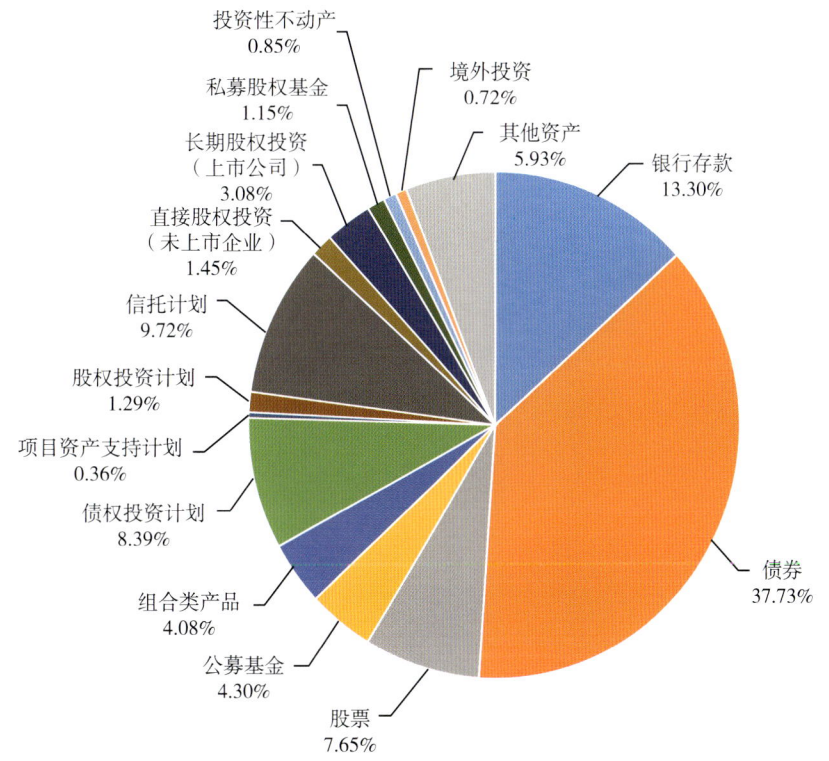

图 2-5-1 参与调研的 35 家机构资产配置总体情况

资料来源:《中国保险资产管理业发展报告(2020)调研问卷》

从保险资管产品投资情况来看,市场集中度较高。排名前五大机构的保险资管产品投资总额为 1.28 万亿元,市场占比 50.58%;排名后 10 家机构的保险资管产品投资总额不足 500 亿元,市场占比 1.96%(见图 2-5-2)。

---

① 本报告中"保险资管产品"包括债权投资计划、股权投资计划、资产支持计划、组合类保险资产管理产品四种类型,数据截至 2019 年末。自 2020 年 3 月 25 日《保险资产管理产品管理暂行办法》通知下发后,"保险资管产品"指债权投资计划、股权投资计划和组合类产品三种类型。

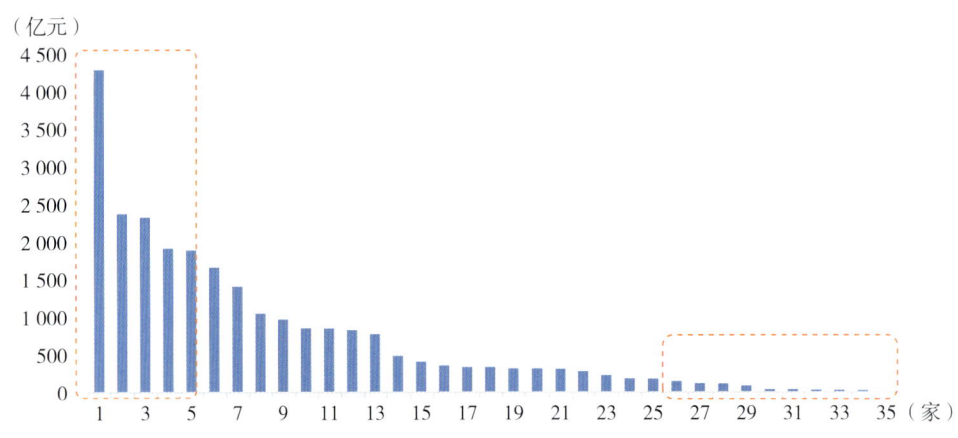

图2-5-2 参与调研的35家机构保险资管产品投资情况

资料来源：《中国保险资产管理业发展报告（2020）调研问卷》

从保险资管产品投资类型来看，超过八成投向债权投资计划和组合类产品。其中，债权投资计划投资总额1.50万亿元，占保险资管产品投资总额的59.42%；组合类产品投资总额0.73万亿元，占比28.87%（见图2-5-3）。

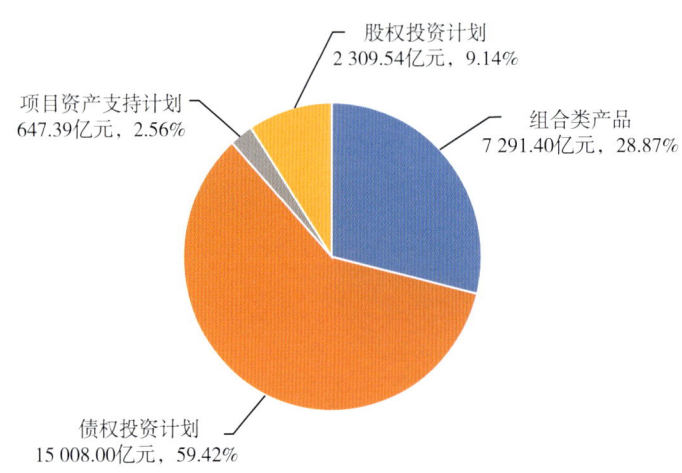

图2-5-3 参与调研的35家机构各类保险资管产品投资占比

资料来源：《中国保险资产管理业发展报告（2020）调研问卷》

（二）保险资管产品注册情况

2019年保险资产管理产品注册工作围绕中央经济工作会议精神，坚守合规底线，加强风险监测，优化产品注册机制，搭建产品全周期管理体系，进一步推动保险资管行业发挥支持实体经济发展的积极作用。截至2019年底，累计注册（备案）[①]各类债

[①] 本报告数据信息截至2019年底，相关保险资管产品实行注册（备案）。自2020年9月11日《债权投资计划实施细则》和《股权投资计划实施细则》发布后，债权投资计划和股权投资计划实行登记制。

权和股权计划 1 311 项，合计金额 29 938.05 亿元。

1. 2019 年注册基本情况

2019 年，29 家机构注册债权投资计划和股权投资计划共 255 项，合计注册规模 4 636.65 亿元，分别同比上升 20% 和 2%。其中，基础设施债权投资计划 154 项，规模 3 358.44 亿元，分别同比上升 27% 和 14%；不动产债权投资计划 97 项，规模 1 225.81 亿元，分别同比上升 9% 和下降 2%。债权投资计划合计注册 251 项，规模 4 584.25 亿元，分别同比上升 20% 和 10%。股权投资计划 4 项，规模 52.4 亿元，分别同比上升 33% 和下降 85%（见图 2-5-4 和图 2-5-5）。

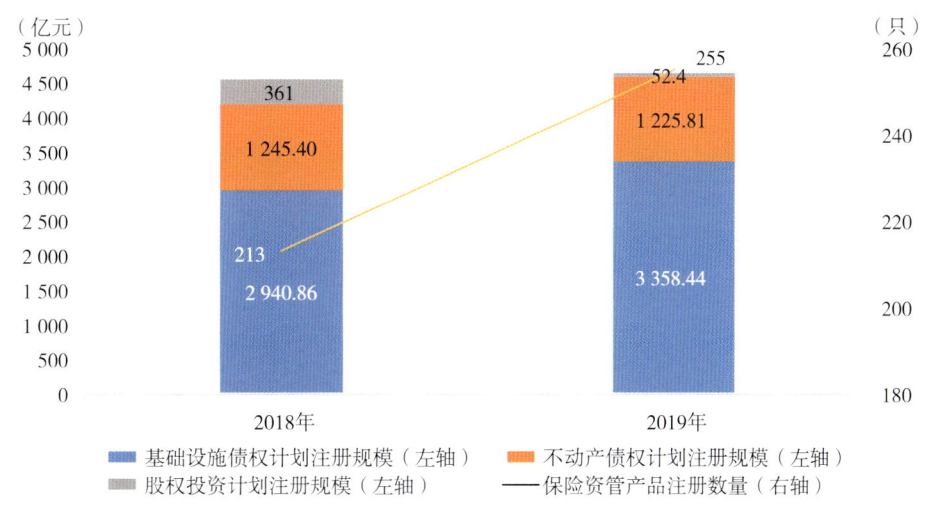

图 2-5-4 2018 年、2019 年各类产品注册数量和规模

资料来源：中国保险资产管理业协会

图 2-5-5 2013~2019 年各类产品注册数量和累计规模

资料来源：中国保险资产管理业协会

2. 2019 年产品注册的特点

（1）继续通过产品创设服务实体经济。保险资管产品是保险资金服务实体经济、

支持国家战略的有效途径,并在很多领域发挥重要作用。"一带一路":从2013年9月至2019年12月底,保险资金以债权、股权投资计划形式,支持"一带一路"倡议,注册规模达13 005.46亿元。长江经济带:从2014年9月至2019年12月底,保险资金以债权投资计划形式,支持长江经济带建设,注册规模达6 482.11亿元。棚户区改造:自2013年至2019年12月底,保险资金以债权投资计划形式支持棚户区改造,注册规模达1 950.96亿元。京津冀协同发展:从2014年2月至2019年12月底,保险资金以债权投资计划形式,支持京津冀协同发展,注册规模达2 591.20亿元。振兴东北老工业基地:从2009年9月至2019年12月底,保险资金以债权投资计划形式,支持振兴东北老工业基地政策,注册规模达574.19亿元。绿色金融:截至2019年12月底,保险资金实体项目投资中涉及绿色产业的债权投资计划的注册规模达8 714.98亿元,项目涵盖清洁交通、清洁能源、资源节约与循环利用、污染防治等多个领域。

(2)产品注册效率显著提高。2019年,协会端债权投资计划平均注册时长从5.55个工作日进一步下降至4.91个工作日。特别是自2019年5月进一步优化注册工作机制后,机构补充材料次数大大减少,会员端平均时长由9.97个工作日缩短为2.31个工作日,注册整体平均时长由15.22个工作日缩短为7.10个工作日,注册效率提升53.4%(见图2-5-6)。

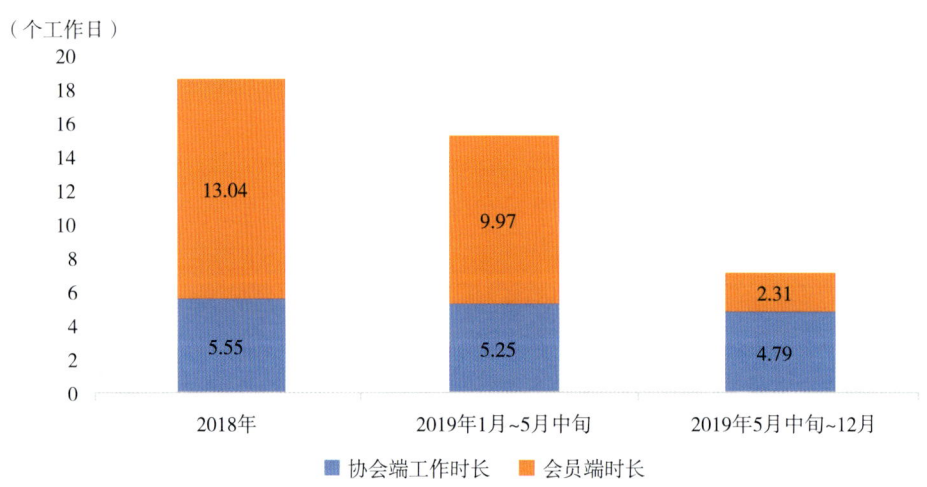

图2-5-6 2019年注册债权投资计划协会端及会员端平均时长情况

资料来源:中国保险资产管理业协会

(3)平均投资期限上升,注册及发行投资收益率下降。2019年注册债权投资计划的平均投资期限为6.72年,较2018年上升0.61年。其中,基础设施债权投资计划平均期限7.60年,同比上升0.86年;不动产债权投资计划平均期限5.31年,同比上升 0.06 年。注册平均投资收益率 6.1%，较 2018 年下降 28BPS。其中，基础设施债权投资计划为 5.9%，同比下降 30BPS；不动产债权投资计划为 6.4%，同比下降 18BPS。经要素变更后，2019 年注册并已发行产品的实际投资收益率为 6%，较注册时下降 14BPS。其中，基础设施项目为 5.8%，不动产项目为 6.2%，较注册时分别下降 11BPS、16BPS。

（4）产品资金投向基本保持稳定，商业不动产占比下降。债权投资计划全年资金投向仍以交通、能源及商业不动产为主，注册规模分别为 1 665 亿元、1 200.72 亿元、880.61 亿元，三项合计占比 81.7%。其中，商业不动产占比下降 6 个百分点。此外，棚户区改造占比为 7%，市政占比为 6.6%，水利占比为 2.5%。债权投资计划前十大交易对手[①]以能源及基建投资类企业为主，注册规模合计为 1 213.47 亿元，占比为 26.5%（见图 2-5-7）。

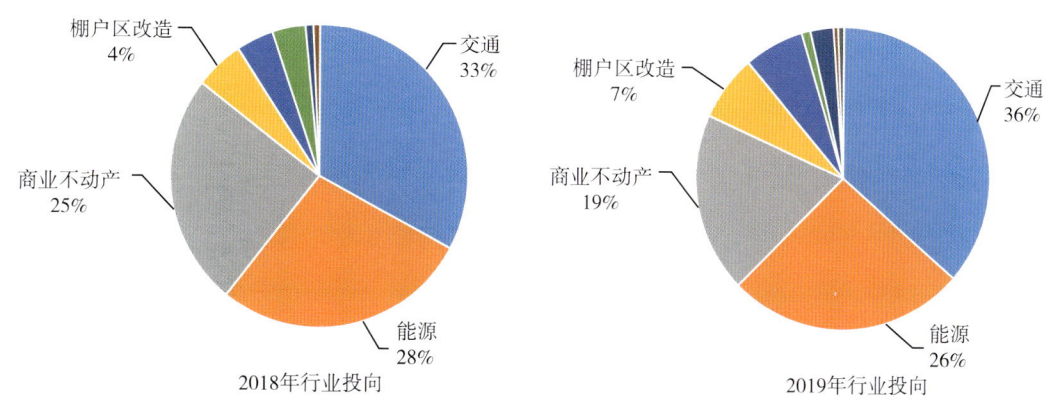

图 2-5-7　2018 年、2019 年注册债权投资计划行业分布情况

资料来源：中国保险资产管理业协会

（5）产品增信方式以企业担保为主，免增信项目明显减少。债权投资计划企业担保数量 169 只，数量占比 67.3%，同比上升 4 个百分点；规模 2 421.55 亿元，规模占比 52.8%，同比基本持平。免增信数量 65 只，数量占比 25.9%，同比下降 6 个百分点；规模 1 932.62 亿元，规模占比 42.2%，同比下降 3 个百分点。银行担保[②]数量 14 只，数量占比 5.6%；规模 166.08 亿元，规模占比 3.6%。仅民生银行（7 只）、北京银行（3 只）和杭州银行（4 只）提供担保。抵（质）押担保数量 3 只，数量占比 1.2%；规模 64 亿元，规模占比 1.4%（见图 2-5-8）。

---

① 2019 年债权投资计划前十大交易对手依次为四川发展、华能国际、云南交投、成都轨交、招商局集团、国家能投、天津轨交、万科股份、中国铁建、齐鲁交通。

② 自 2020 年 9 月 11 日《债权投资计划实施细则》发布后，银行担保方式已不再纳入债权投资计划担保方式。

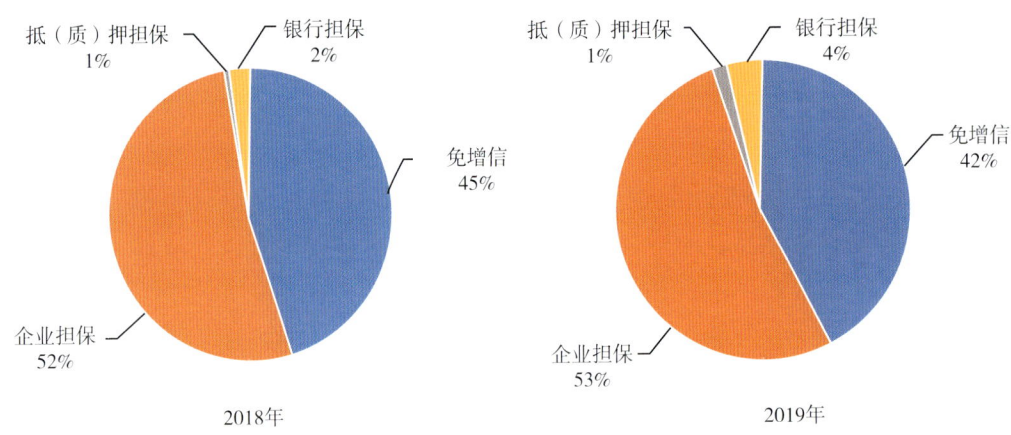

图 2-5-8　2018 年、2019 年注册债权投资计划各增信方式规模占比

资料来源：中国保险资产管理业协会

（6）融资主体信用有所下沉，产品总体保持高信用水平。债权投资计划融资主体层面，信用有所下沉，AAA 主体 71 只，数量占比 28.3%，同比下降 7 个百分点；AA+主体 25 只，数量占比 10%，同比上升 3 个百分点；AA 及以下主体 155 只，数量占比 61.8%，同比上升 4 个百分点。产品债项层面，持续保持高信用等级特点，AAA 级产品 221 只，数量占比 88%，占比同比上升 3 个百分点，整体风险可控（见图 2-5-9 和图 2-5-10）。

（7）涉及相关融资机构的产品连续两年减少，层级有所下沉。全年注册的债权投资计划中，涉及地方政府融资的 25 只，注册规模 356.75 亿元，数量、规模分别同比下降 13.8%、27.9%，层级结构有所下沉。省级机构注册规模占比 22.1%，同比下降 20 个百分点；市级机构占比 75.5%，同比上升 18 个百分点；新增 1 只交易对手为区县级机构的产品，由北京银行提供保证担保（见图 2-5-11）。

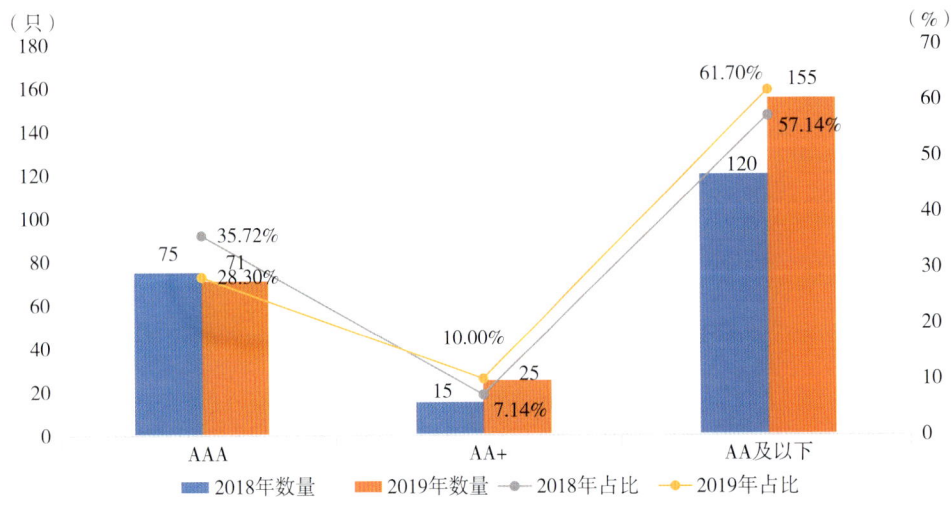

图 2-5-9　2018 年、2019 年注册债权投资计划融资主体评级分布情况

资料来源：中国保险资产管理业协会

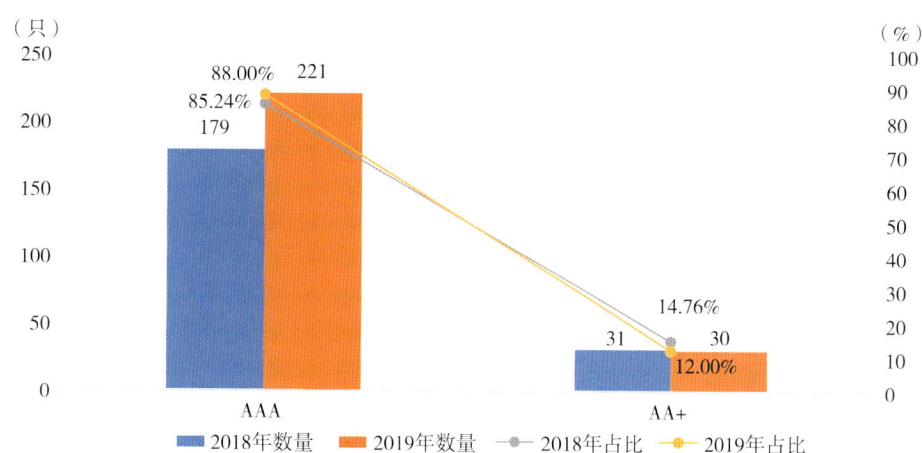

图2-5-10 2018年、2019年注册债权投资计划债项评级分布情况

资料来源：中国保险资产管理业协会

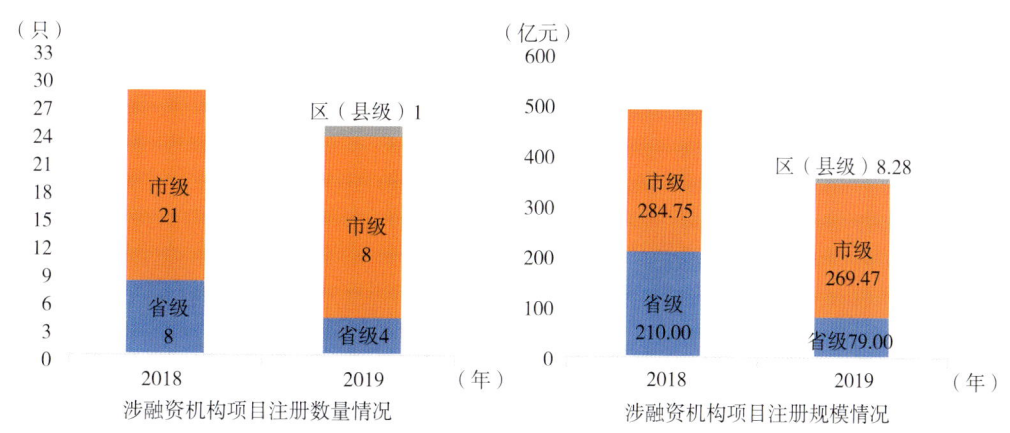

图2-5-11 2018年、2019年注册债权投资计划相关融资机构情况

资料来源：中国保险资产管理业协会

（8）产品投资区域及发行主体集中度有所上升。从投资区域看，债权投资计划前五大投资省份依次为四川省、山东省、云南省、江苏省、湖北省，注册规模合计1 844.73亿元，占比40.2%，集中度同比上升1个百分点。从发行主体看，债权投资计划注册规模前五大机构为平安资产、太保资产、国寿资产、泰康资产、华泰资产，注册规模合计2 084.69亿元，占比45.5%，集中度同比上升3个百分点，新增1家机构国寿养老，成功注册1只债权投资计划（见图2-5-12和图2-5-13）。

（9）托管银行和中介机构集中度较高。2019年，共有21家托管银行为债权投资计划提供托管服务，托管行前五位分别为广发银行、招商银行、平安银行、民生银行和华夏银行，规模占比合计56.9%。共有42家律师事务所和7家评级机构为债权投资计划提供中介服务，律师事务所前五位分别为北京市天元律师事务所、上海市通力律师事务所北京分所、北京市安理律师事务所、北京大成（上海）律师事务所、上海市

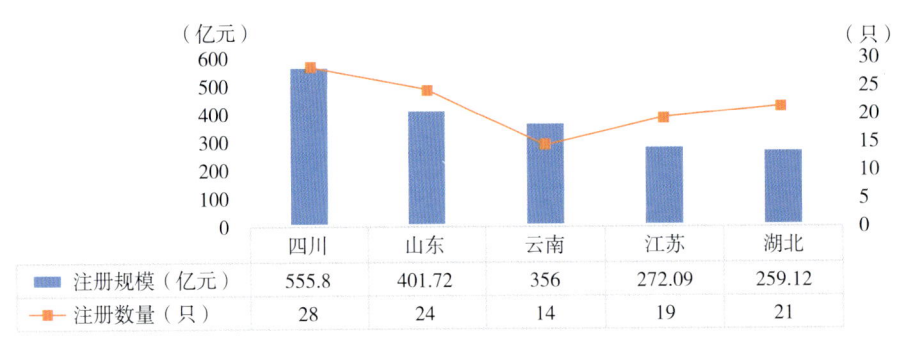

图 2-5-12 2019年注册债权投资计划投资区域情况

资料来源：中国保险资产管理业协会

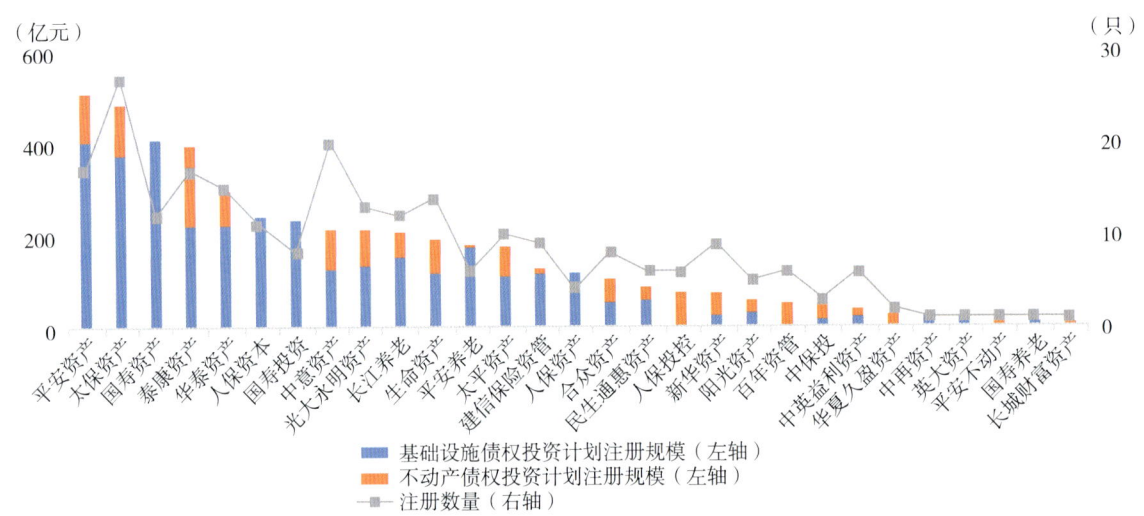

图 2-5-13 2019年注册债权投资计划发行主体情况

资料来源：中国保险资产管理业协会

锦天城律师事务所，数量占比合计约40%；评级机构前三位分别是中诚信国际信用评级有限责任公司、中诚信证券评估有限公司、联合资信评估有限公司，数量占比合计超过85%（见图2-5-14和表2-5-1）。

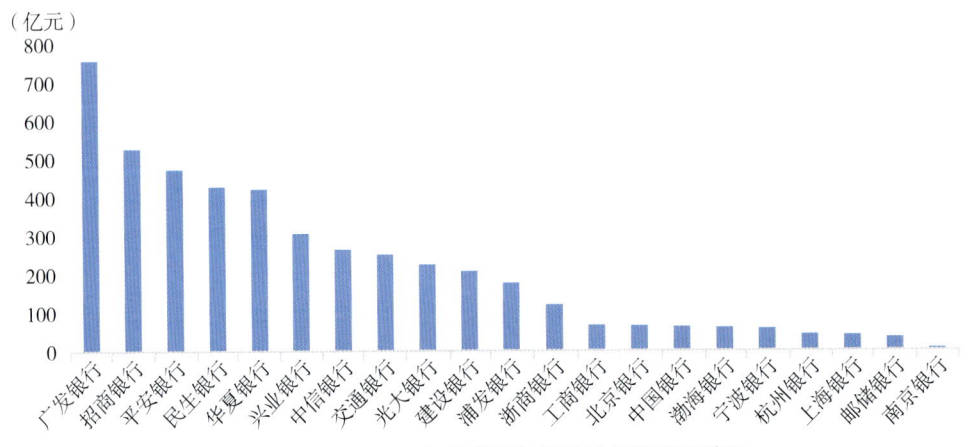

图 2-5-14 2019年注册债权投资计划托管行情况

资料来源：中国保险资产管理业协会

表 2-5-1　　2019年注册债权投资计划主要律师事务所和评级机构情况

排名前五的律师事务所	注册数量（只）	数量占比（%）
北京市天元律师事务所	29	11.55
上海市通力律师事务所北京分所	20	7.97
北京市安理律师事务所	19	7.57
北京大成（上海）律师事务所	18	7.17
上海市锦天城律师事务所	14	5.58
中诚信国际信用评级有限责任公司	116	46.22
中诚信证券评估有限公司	68	27.09
联合资信评估有限公司	34	13.55

资料来源：中国保险资产管理业协会

（三）市场潜在问题及协会工作措施

2019年，市场环境依然严峻。一方面利率下行，结构性资产荒显现；另一方面，违约事件频发，信用风险加剧，这对机构的投资行为及产品业务产生较大影响。一是"重项目、轻合规"，出现产品"带病申报"问题。部分受托人以低价竞争、低合规要求等非正常手段获取项目，并带着"闯关心态"，重复提交存在明显合规问题的"带病"项目。二是"重规模，轻风控"，信用风险事件时有发生。在"资产荒"环境下，部分机构通过降低信用标准获取业务，加大了信用风险隐患，而相应的风险管理能力却没有跟上。三是"重发行，轻管理"，后续管理流于形式。部分受托人不重视后续管理信息报送，存在信息填报错误、重要信息未予充分披露、重大风险事项隐报瞒报等问题；同时，协会通过后端风险监测发现多起债权投资计划募集资金被违规挪用混用，以及受托人在发生重大风险事件后应对不力、不及时的情况。

针对上述问题，中国保险资产管理业协会围绕做好金融风险监测和服务实体经济的工作主线，采取以下工作措施：

第一，支持重大工程建设，助推险资服务实体经济。基础设施项目注册规模同比上升14%，投向"一带一路"倡议、京津冀协同发展等国家重大工程的绿色通道项目合计注册291.60亿元，并支持了中集蓝鲸海洋工程装备、中国建材新型显示材料等高新技术项目；成立"保险资管对接实体经济办公室"，在强化项目对接平台功能和效用的基础上，进一步为保险资金对接实体项目提供更大便利，做好服务工作。

第二，坚守合规底线，优化注册机制。严格按照完备性、合规性查验标准，针对故意闯关的带病项目，牢牢坚守住合规底线。2019年对3只不合规债权投资计划不予注册，对24只不合规债权投资计划暂缓注册，对82只不合规债权投资计划予以退回，合计 109 只，比 2018 年增加 71 只。同时，优化注册工作思路及机制，严守合规底线的同时将信息披露责任交还市场，并发布《债权投资计划注册系列问题与解答》《债权投资计划查验标准 1-3》等自律规则，向行业明确注册查验口径，将合规风险控制前置，提高注册效率。

第三，建立后续管理信息报送机制，加强后端风险监测。上线债权计划风险监测系统，强化事中事后监测，形成覆盖注册申请、存量管理及投后监测等全周期的系统化管理体系。建立信息定期报送机制，持续跟踪监测产品合规情况及重大风险事件，日常监测中发现 8 只债权投资计划存在募集资金用途不明、项目运营异常情况，向 6 家受托机构发送风险问询函，并视情节严重程度，采取自律措施或上报监管部门。

第四，强化监测预警，提升风险管理能力。加强对不动产投资的风险管控，自 2018 年 3 月出台不动产新查验标准以来，不动产投资得到有效控制，注册规模持续下降，2018 年下降 41%，2019 年进一步下降约 2 个百分点。完善风险监测机制，通过行业注册通报、联合信用风险专委会研究机制等工作，制定行业集中度风险监测机制，向市场通报了集中度情况，从源头控制"垒大户"现象，增强风险防范的前瞻性和主动性。此外，组织机构排查中信国安、天房、海航、中民投等存量产品风险情况，并督促落实整改措施。

第五，推进注册文本标准化，提升机构信息披露质量。在文本标准化方面，推进产品及文本标准化建设，完成《募集说明书披露指引》《后续管理工作规范指引》和《合同法律文本指引》征求意见与完善工作。在数据治理方面，优化股权投资报告系统功能，制定保险机构及管理人年报、季报标准化指引，规范股权投资报送要素口径，建立股权投资信息定期报送机制。对股权投资信息报告系统数据进行全面核查，敦促机构修正与完善。

六、保险业偿付能力情况

2019 年，保险业积极应对经济下行压力，进一步加强保险业偿付能力监管和风险防控，偿付能力充足率始终保持在合理区间，杠杆率稳中有降，风险综合评级结果稳定，保险业风险总体可控，风险抵御能力进一步增强，推动了保险业高质量发展，持续提升了服务实体经济的质效。

（一）2019 年保险业偿付能力监管的主要工作

2019 年，中国银保监会继续推动行业偿付能力建设，部署偿付能力监管和风险防控工作，完成了 2019 年偿付能力评估和风险综合评级（IRR），继续推进"偿二代"二期工程测试项目，不断加强偿付能力风险动态分析监测，积极开展偿付能力监管与合作的国际交流。全年主要工作包括：

1. 偿付能力数据真实性检查机制常态化。2019 年，中国银保监会进一步全面巩固乱象治理工作成果，加大偿付能力数据真实性、偿付能力信息披露真实性及完整性检查力度，形成常态化偿付能力数据真实性检查机制。

2. 开展"偿二代"二期工程第一支柱联动定量测试。为有序推进"偿二代"二期工程建设，在全行业开展了"偿二代"二期工程第一支柱联动定量测试，确保保险公司平稳过渡。

3. 明确部分资产的偿付能力监管规则。为服务实体经济，防范化解金融风险，扩大保险资金配置空间，明确了无固定期限资本债券、科创板股票偿付能力监管规则。

4. 每季度召开偿付能力监管委员会工作会议。每季度召开偿付能力监管委员会工作会议是中国银保监会强化偿付能力风险分析监测的常规性工作。会议分析研究保险业偿付能力和风险状况，审议保险公司风险综合评级结果和对部分公司的监管措施，安排部署下一阶段偿付能力监管和风险防控工作。2019 年，按照审慎监管原则，会议对保险公司风险综合评级进行客观评估，保险公司整体风险评级保持稳定。

5. 推进与亚洲等新兴市场国家和地区国际交流与合作。2019 年 10 月，中国银保监会成功举办第四届亚洲偿付能力监管与合作研修班，对进一步增强监管合作与交流形成了增强互学互监、加强务实合作和强化协调合营等共识。

（二）2019 年保险业偿付能力基本情况

2019 年保险行业偿付能力充足，流动性稳定，全年保持在合理区间，总体运行平稳。2019 年末，178 家保险公司平均综合偿付能力充足率为 247.7%，平均核心偿付能力充足率为 236.8%，相比 2018 年末分别上升了 5.7% 和 6.2%。自 2016 年"偿二代"实施以来至 2018 年四季度末，保险业综合偿付能力充足率一直呈下降趋势。2017 年二季度之前，下降速度略快，每季度平均下降 5.5 个百分点。2017 年二季度之后，下降速度明显放缓，每季度平均下降 2 个百分点。2019 年一季度起，保险业综合偿付能力充足率首次上升,实现了正增长,且每季度关键指标均稳步上涨,改变了过去行业综合偿付能力充足率持续下行的趋势,反映了行业转型发展取得了一定成效。保险业激进经营和市场乱象得到了有效遏制,转型发展取得明显成效,保险保障功能增强,保险业风险总体收敛(见图2-6-1)。

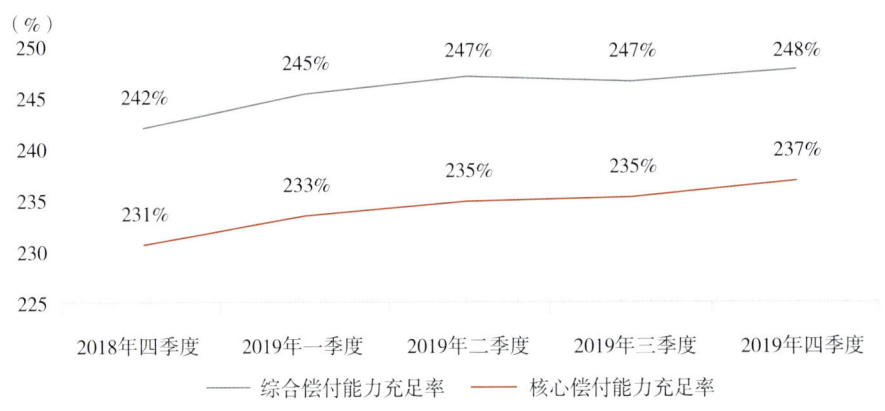

图 2-6-1 2019 年保险行业偿付能力指标情况

资料来源:中国银行保险监督管理委员会官网

截至 2019 年末,财产险公司、人身险公司、再保险公司的平均综合偿付能力充足率分别为 284.2%、240.7% 和 304.1%。全年来看,各类保险公司整体偿付能力水平均稳步提升。其中,再保险公司提升幅度最大,其平均综合偿付能力充足率较 2018 年同期水平提高了 22.1%;财险公司平均综合偿付能力充足率较 2018 年同期水平提高了 10.2%;人身险公司平均综合偿付能力充足率较 2018 年同期水平提高了 5.7%(见图 2-6-2)。

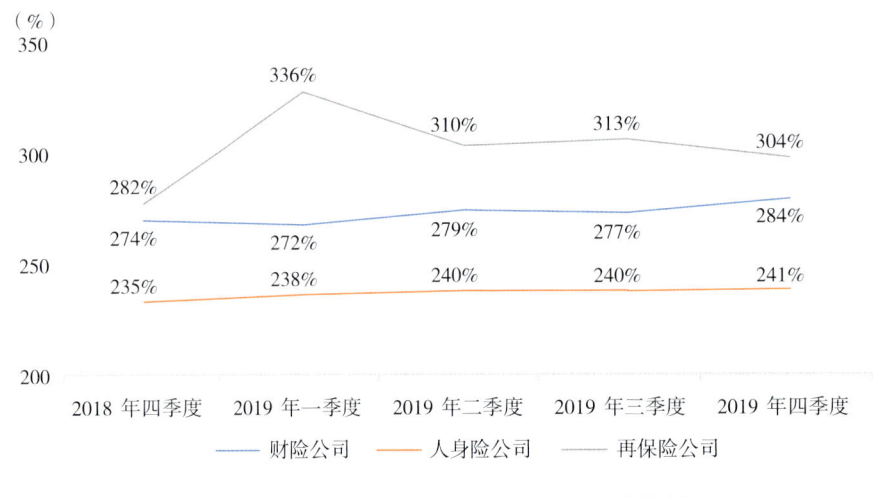

图 2-6-2 2019 年各类保险公司偿付能力指标情况

资料来源:中国银行保险监督管理委员会官网

风险综合评级结果整体稳定。2019年的风险综合评级结果显示，178家保险公司中，103家保险公司风险综合评级被评为A类，69家被评为B类，4家被评为C类，1家被评为D类。其中，A类公司的占比略有下降，从2018年末的58.76%降低至2019年末的58.19%；B类公司的占比保持不变，2019年末继续维持与2018年末相同的38.98%；C类公司全年增加了2家，D类公司全年减少1家，后两类整体差别不大。这与外部经济环境复杂严峻、国内经济存在下行压力、保险业整体增速放缓、经营压力加大、保费收入增速下降等因素有关（见图2-6-3）。

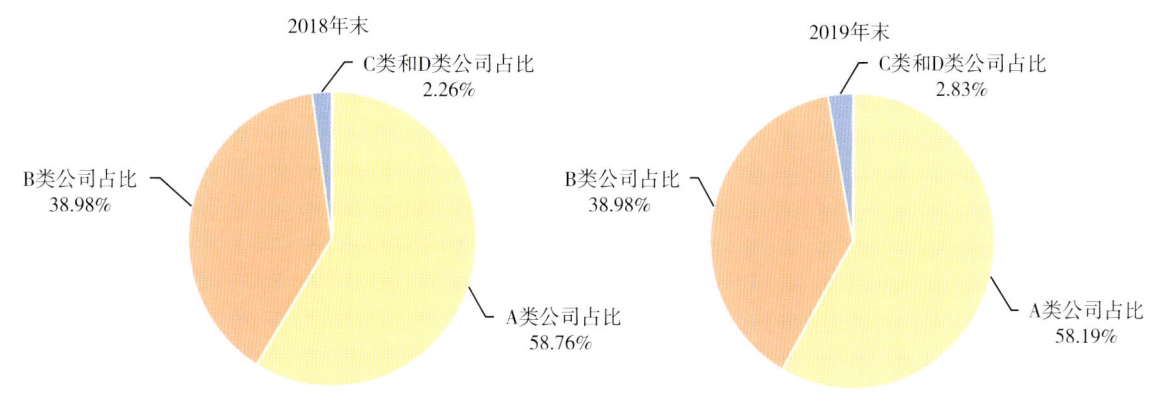

图2-6-3 风险综合评级结果分布情况

资料来源：中国银行保险监督管理委员会官网

个别公司仍面临偿付能力不足的考验。根据中国银保监会发布的数据，截至2019年末，综合偿付能力充足率在300%以上的保险公司为64家，相比2018年末增加了5家；综合偿付能力充足率介于200%～300%的公司有50家，相比2018年末减少了10家；综合偿付能力充足率介于120%～200%的公司有52家，相比2018年末增加了8家；极少部分公司趋近监管120%的重点核查线，1家公司低于120%监管重点核查线，1家公司低于100%监管线，其综合偿付能力充足率为负值。综合偿付能力充足率高于200%的保险公司占比达67.9%，偿付能力不足的公司数量较2018年小幅减少。总体来看，保险行业整体运行平稳，风险控制水平良好。

七、保险资产管理业境外投资情况

2019年，随着我国资产市场双向开放的水平不断提升，境外投资政策不断完善，保险机构境外投资保持理性、稳健、安全、有序发展。资金来源多样化，形成了以QDII额度为主，辅之以内保外贷、境外发债、境外上市融资、ODI额度、外币保费等多种渠道。资产配置呈现多元化特点，形成了以权益类资产及股权投资为主，以货币市场产品、固定收益产品、不动产为辅的资产配置格局，能较好地助力行业全球化发展目标。中国保险资产管理业协会开展的2019年度境外调研覆盖52家具有中国银保监会境外投资资格的保险机构。按机构类型划分，包括人身险公司23家，财产险公司15家，保险集团10家，再保险公司2家和保险资管公司2家。

（一）境外投资运行情况

调研显示，截至2019年末，52家保险机构总资产16.94万亿元人民币，资金运用余额15.36万亿元人民币，占行业整体规模约82%。

从境外投资业务运行看，52家保险机构中有41家机构实际开展了境外投资业务；另11家保险机构虽具有境外投资资格，但基于专业投资团队建设、内部配置策略等因素的考虑，并未实际开展境外投资。

截至2019年末，所调研的保险机构境外投资余额约700亿美元，折合人民币约4700亿元，占行业上季末总资产的2.75%。

（二）机构投资比例情况

从保险机构自身出发，由于各家特点不同、配置策略不同，导致境外投资的偏好和参与程度也不同。调研结果显示，行业整体境外投资配置比例为2.75%。52家保险机构中，大部分机构离15%的监管比例上限较远。其中，境外投资余额占机构上季末总资产比例超过10%的有2家机构；境外投资余额占机构上季末总资产比例在5%~10%之间的有3家机构；境外投资余额占机构上季末总资产比例在2.75%~5%之间的有7家机构，其余40家机构境外投资余额占上季末总资产比例均低于行业平均数（见图2-7-1）。

从保险机构对比看，各机构资产配置策略各有侧重，境外投资"头部集中"效应明显。大型寿险公司在境外配置的力度较大。据统计，前五家境外投资规模较大的机构其境外投资总额约占调研机构整体境外投资规模的2/3。其中，大型保险机构投资品种多样，不仅有公开市场投资，而且股权、不动产等非公开市场品种均有涉及。中小型保险机构投资品种较为集中，更为青睐港股投资。

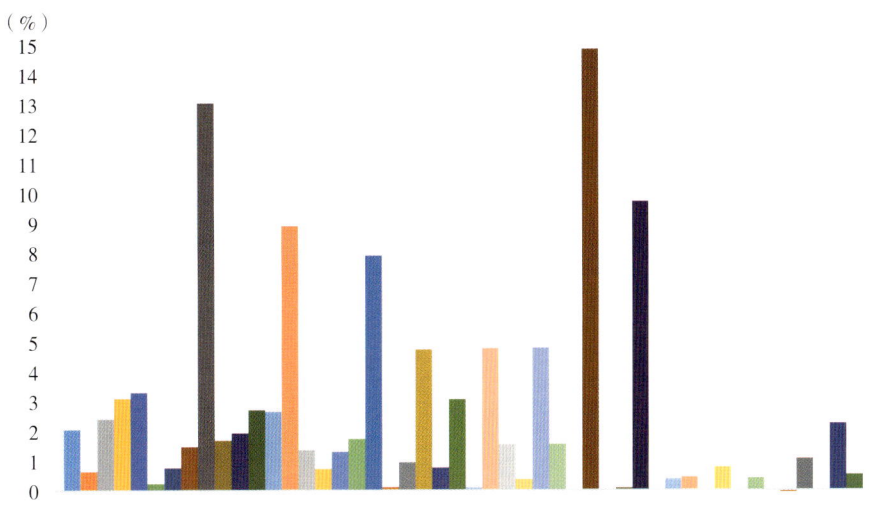

图 2-7-1 各保险机构境外投资余额占上季度末总资产百分比情况

资料来源：中国保险资产管理业协会《2019 年度保险机构境外投资情况调研》

（三）境外投资资金来源情况

2019 年境外投资资金来源主要以国家外汇管理局批复的 QDII 额度为主，约占总资金来源的 59%。据统计，52 家具有境外投资资格的保险机构中，有 43 家保险机构获得 QDII 额度，共计 367.23 亿美元。此外，因 QDII 额度相对有限，不能完全满足保险机构的境外投资需求，部分保险机构主动拓宽资金来源渠道，通过内保外贷、境外发债等方式在境外融入资金，保险机构境外投资的资金来源日益多元（见图 2-7-2）。

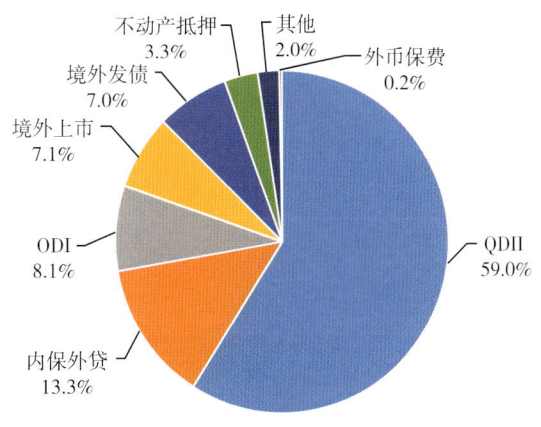

图 2-7-2 境外投资资金来源情况

资料来源：中国保险资产管理业协会《2019 年度保险机构境外投资情况调研》

(四）境外投资配置情况

从资产配置来看，与境内保险资金主要配置固定收益类资产不同，保险资金境外投资以权益类产品及股权投资为主。权益类产品中股票投资占比最大，占权益类产品的 90.28%。

从地区投向分布看，保险机构境外投资可投市场广泛，涉及 45 个国家和地区市场。随着保险机构境外投资领域日趋广阔，各保险机构由主要投向我国香港地区扩展到北美、欧洲及亚太等地区，保险资金境外投资地区分布更加多样化。2019 年，各保险机构的地区投向主要集中在中国香港以及美国。其中，38 家保险机构境外投资涉及中国香港市场，21 家保险机构境外投资区域涉及美国市场。除中国香港和美国这两个相对集中的市场之外，33 家保险机构投资地区还涉及其他地区。在投资规模上，2019 年保险资金境外投资中国香港的金额占全部境外投资规模的 49%，投资美国市场的金额占全部境外投资规模的 20%，其余的 31% 的规模则分散在其他国家和地区的市场（见图 2-7-3）。

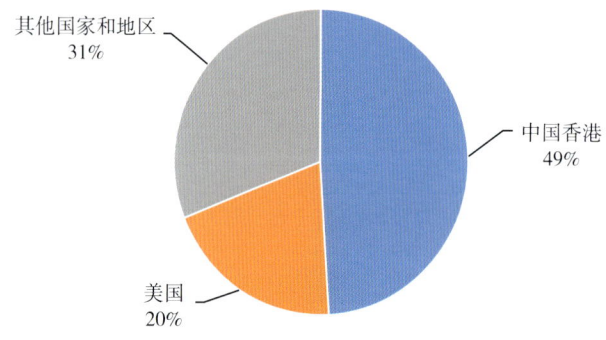

图 2-7-3　2019 年保险机构投资各地区的资金规模占比情况

资料来源：中国保险资产管理业协会《2019 年度保险机构境外投资情况调研》

（五）境外投资其他管理情况

从托管情况来看，截至 2019 年末，共有 40 家银行机构①托管保险资金，合计约 4 560 亿元人民币，托管资金占境外投资余额的 97.9%，基本实现全托管。外资银行以其完善的全球托管网络和成熟的托管服务，取得了较大的托管份额。

从自主投资及委托投资情况来看，各保险机构较好地构建了自主投资加委托投资

---

① 按照银行法人主体进行统计计算。

的双重投资体系。据统计，2019年，共有41家保险机构开展自主投资及委托投资。其中，27家保险机构进行全委托投资，3家保险机构进行全自主投资，11家保险机构两种方式均涉及。其中，5家委托投资规模大于自主投资，6家自主投资规模大于委托投资。保险机构的自主投资主要通过申请并获得相应的能力资格来实现，通过聚焦某些投资领域来发挥自身投资优势。而委托投资是保险机构开展投资业务的重要方式，保险机构虽然不具备相关领域的投资能力资格，但是通过委托保险资产管理公司或其他专业金融投资机构以实现相关领域的投资覆盖。在实际操作中，保险机构会根据公司发展目标，审慎选择委托投资的资产领域，坚持审慎投资和价值投资的理念。

从受托机构来看，共有47家受托机构服务保险机构境外投资，分为境外受托机构及境内受托机构。其中，29家机构为境外受托机构，占比62%；18家机构为境内受托机构，占比38%。大部分保险公司偏向于境外机构，其中主要委托在中国香港设立的保险资产管理机构进行境外投资（见图2-7-4）。

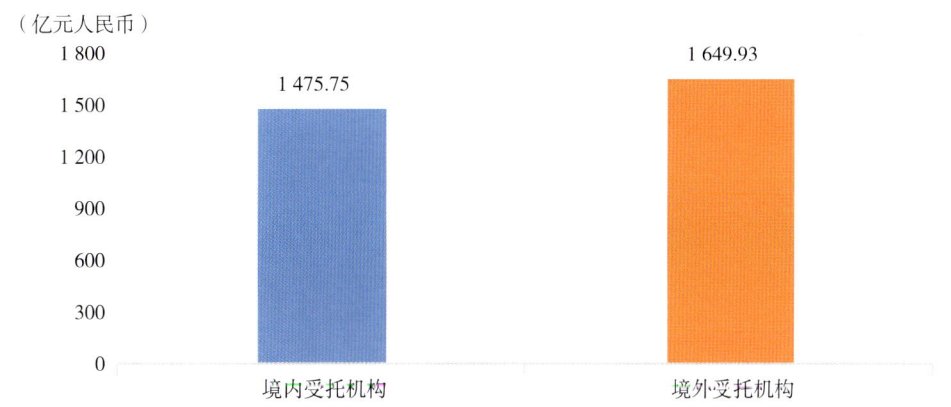

图2-7-4　2019年受托机构受托管理规模情况

资料来源：中国保险资产管理业协会《2019年度保险机构境外投资情况调研》

按受托管理规模划分，受托规模在400亿元人民币以上的机构有1家，受托规模在300亿~400亿元人民币的机构有1家，受托规模在200亿~300亿元人民币的机构有4家，受托规模在100亿~200亿元人民币的机构有4家，受托规模在10亿~100亿元人民币的机构有20家，受托规模少于10亿元人民币的机构有17家。按委托方数量划分，受托1家保险机构开展境外投资的受托机构数量占全部受托机构数量的74%，受托2家保险机构开展境外投资的受托机构数量占全部受托机构数量的11%，受托3家保险机构开展境外投资的受托机构数量占全部受托机构数量的15%。

按受托机构类型划分，大部分保险机构委托在中国香港设立的保险资产管理公司进行境外投资,部分机构委托全球知名的投资管理机构进行境外投资。从受托管理规模占比上来看,主要以中国香港注册的保险资管公司和境内保险资管机构为主(见图2-7-5)。

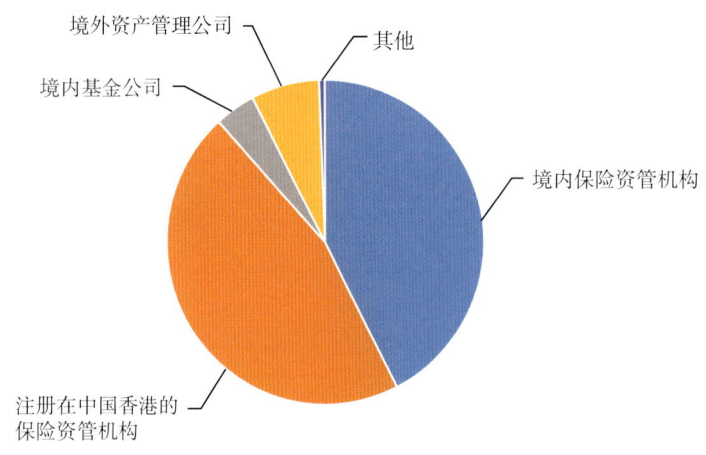

图2-7-5 不同类型受托人受托资金占比情况

资料来源:中国保险资产管理业协会《2019年度保险机构境外投资情况调研》

八、保险资产管理行业人才建设

保险资管行业历来重视人才建设,强大的人才资源是开展资产管理业务的基石,对保险资管行业投资绩效提升带来很大影响。2019年,保险资管行业进一步完善保险资管行业人才体系建设,吸引一大批行业优秀人才加入保险资管行业。

(一)2019年保险资产管理业人才体系情况

2019年保险资产管理业人才队伍保持持续较快增速,与行业管理规模保持同步增长。数据统计,截至2019年末,35家参与调研的机构中:一是经营管理层决策机构覆盖条线更广,功能更全。33家[①]机构共设置投资决策、风控合规信评、运营支持、管理服务四大类经营管理层委员会205个,同比增长23.49%;委员1 539人次,同比增长24.11%。平均每家机构设有6.4个经营管理层委员会,同比增加12个,每个委员会平均有7.5人次。二是高管队伍总体稳定,并不断优化调整。35家机构共有高级管

---
① 不包含长城财富、国寿养老数据。

理人员240名，平均每家机构约7名，基本与上年持平。2019年共12家机构负责人发生变化，与上年相比变动有所加大。三是行业人才伴随行业管理规模保持同步增长。2019年，调研的35家机构共有行业人才7 782人，同比增长11.73%，较上年增速增加4.67个百分点。与前两年不同，2019年行业管理规模增速比行业人才增速高4.72个百分点，行业规模与人才呈同步稳定增长趋势。可以看出，行业已从人才队伍快速扩张阶段转入稳定增长阶段。四是行业人才队伍进一步扩容，人力效能继续提升。一方面，行业的整体增长体现在行业人才队伍主体的扩容。2019年新成立并开业的保险资管机构有2家，为行业整体人才队伍增长率贡献明显。另一方面，行业人才的人力效能继续提升，行业人均管理规模连续3年稳步上升，2019年行业人均管理规模达23.28亿元，同比增长约1亿元。五是业务条线设置全面，覆盖行业11个职能条线和37个细分条线。行业人才总数7 782人中，前台、中台、后台人才数量分别为3 513人、1 071人、3 014人，占比分别为45.14%、13.76%和38.73%，与2018年相比，分别增长2.21%、12.62%和26.43%，后台人才增长最为显著。进一步看，机构主要条线人才构成，分布情况主要是：从事投资管理人员约1 344人，交易类人员约301人，研究人员约782人，产品类人员613人，销售人员582人，风控合规信评（包括投后、风控、法律合规、信评等）1 071人，运营支持（包括信息技术、运营保障、品宣、客服等）约1 517人，管理服务（包括高管、财务、人力、行政、审计、党建等）约1 196人，公募业务（包含事业部）约192人，其他类约184人。

综合来看，投资、风控合规信评、运营支持条线构成保险资管行业前台、中台、后台的三大主要条线结构。以投资、研究、产品、营销为主的前台人才占行业总人才约一半，但前台人才增长趋于稳定，中台、后台人才增长较快。从细分条线看，营销、信息技术、运营保障方面的人才配置增长较多。

（二）2019年保险资产管理业人才建设的特点

一是在经营决策机构设置和高级管理人员方面，35家机构中，19家机构的经营决策机构数量大于4个，占比54%，比2018年增加15个百分点，说明保险资管机构在日常经营中，越来越重视通过经营决策机构，细分各条业务工作，保障工作顺利开展。高级管理人员上，高管数量在6（含）~10名区间的机构最为集中，达到21家，占比60%；高管数量在5名（含）以下的机构占比29%；10名（含）以上的机构占比为11%（见图2-8-1、图2-8-2和图2-8-3）。

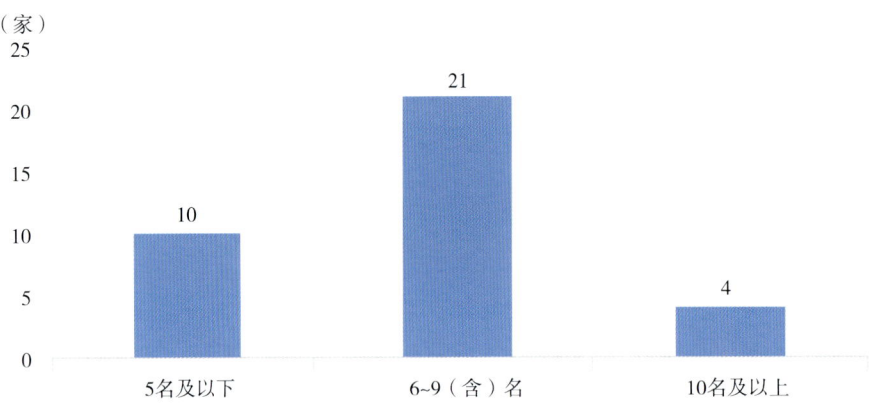

图 2-8-1　参与调研的 35 家机构高管数量分布

资料来源：《中国保险资产管理业发展报告（2020）调研问卷》

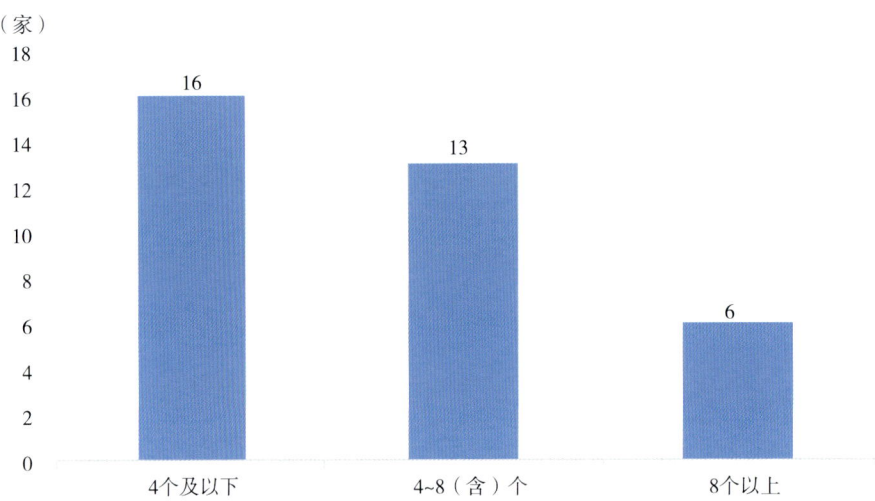

图 2-8-2　参与调研的 35 家机构经营管理层决策机构设置分布

资料来源：《中国保险资产管理业发展报告（2020）调研问卷》

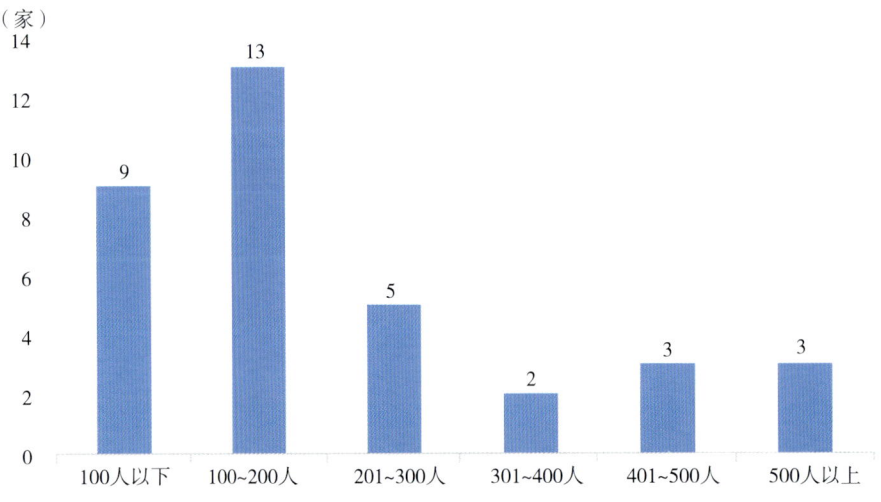

图 2-8-3　参与调研的 35 家机构人员情况分布

资料来源：《中国保险资产管理业发展报告（2020）调研问卷》

二是在从业人员的规模分布上，35家机构中，人员规模处于100～300人区间的最为集中，有18家机构；小于100人的机构有9家；大于300人的机构8家。

三是在细分业务条线人员设置上，保险资管行业前台、中台、后台各条业务线人员配置齐全。35家机构中：在投资条线，位居前三是固定收益类投资、股票投资和股权投资人员，分别为307人、251人和239人，但从事量化投资和公募基金投资的人员相对较少，不足百人。在交易条线，交易人员超过300人。在产品发行条线，开展债权、股权投资计划创设发行的人员超过400人，而组合类资产管理产品人员为170余人。在风控合规信评条线，从事信评的人员最多，超过300人，开展风控、投后和合规的人员均超过200人。在运营支持条线，运营保障和信息技术是保险资管机构各条线中人员占比最大的两部分，人员均在700人左右。但同时，从事品牌宣传和客服的专职人员均仅在40人左右。在管理服务条线，占比最大的分别是行政综合人员和财务领域人员，均在250人左右（见图2-8-4和图2-8-5）。

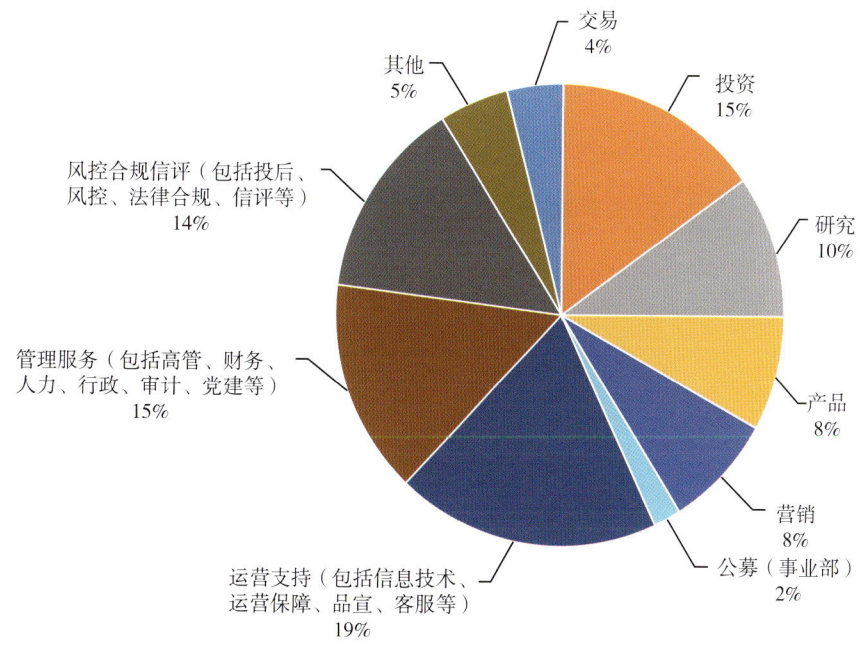

图2-8-4 参与调研的35家机构主要业务条线从业人员结构

资料来源：《中国保险资产管理业发展报告（2020）调研问卷》

（三）2019年保险资产管理业研究体系建设情况

随着保险资管行业管理规模的逐年增长，保险资管行业对研究工作的需求与日俱增。《中国保险资产管理业发展报告》连续第4年跟踪、反馈行业投资研究人才及体系建设情况，推动行业投资研究实力进一步增强。

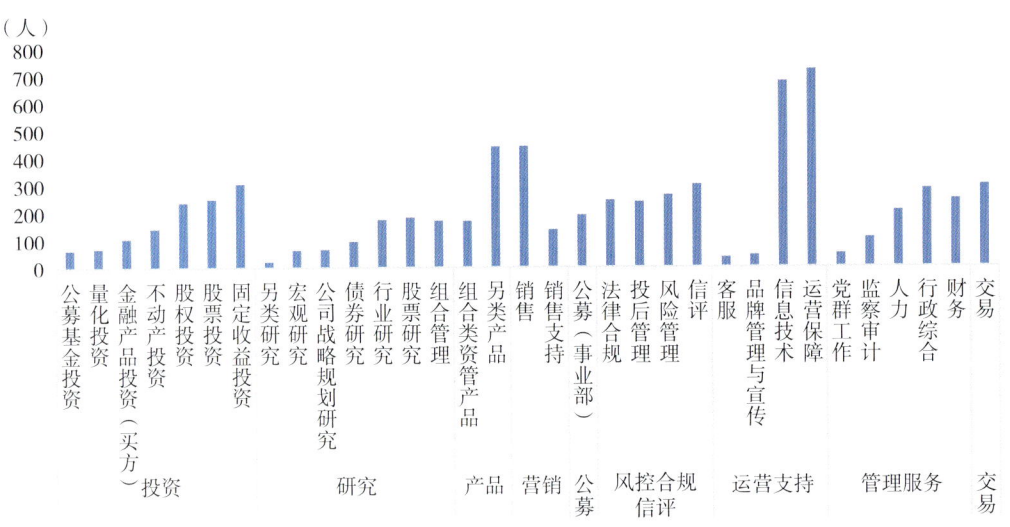

图 2-8-5 参与调研的 35 家机构部分细分条线人员情况

资料来源：《中国保险资产管理业发展报告（2020）调研问卷》

从机构反馈情况看，一是专职研究工作的人员数量持续增加。35 家机构中，2019 年末，研究条线工作的人员数量约 786 人，较 2018 年末增加 40 人，增幅为 5.4%。二是各机构间投资研究人员分布差异化较大。数据显示，35 家机构平均每家拥有专职研究人员 22 名，达到或超过平均人数的机构仅有 14 家，研究人员最多的两家机构人数均在 100 人左右，13 家机构的研究人员在 10 人以下，主要集中在中小保险资产管理公司和其他专业型机构。三是研究领域集中在组合管理、行业研究和股票研究等三个领域，相关研究人员均超过 170 人。保险资产管理行业的核心能力是大类资产配置和组合管理，组合管理、行业研究和股票研究人员一直稳居研究条线前三个细分领域。与 2018 年相比，行业研究的人员增幅最为显著，增加了 24 人，增幅超过 15%。四是研究覆盖面广。数据统计显示，35 家机构中投资研究覆盖达到 4 个领域及以上的有 20 家，占比约 57%，基本与上年持平（见图 2-8-6 和图 2-8-7）。

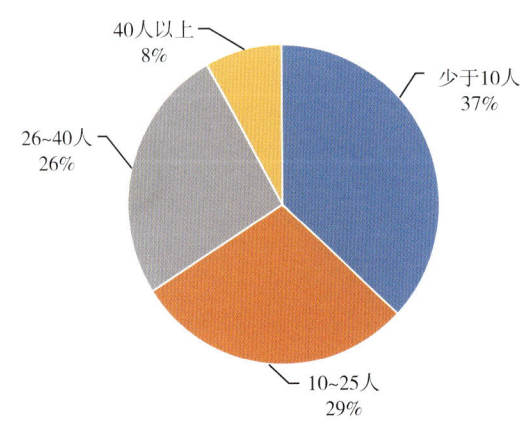

图 2-8-6 参与调研的 35 家机构研究人员区间分布

资料来源：《中国保险资产管理业发展报告（2020）调研问卷》

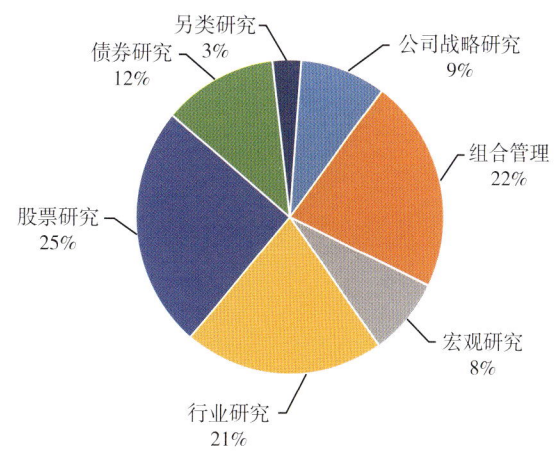

图 2-8-7　参与调研的 35 家机构不同研究领域人员分布

资料来源：《中国保险资产管理业发展报告（2020）调研问卷》

总体上，2019 年保险资产管理业建设持续发展，行业从业人员数量进一步提升。保险资管行业各条业务线覆盖更广、功能更全，与上年相比，行业对投资管理、风险管理、信息科技管理等方面更加重视。在行业研究体系构建上，研究人员稳定增加，是前台部门中仅次于投资条线的重要业务，高质量的研究工作是保险资管行业提升投资管理能力的重要保障。但也可以看到，不同机构研究实力差异较大，规模较大的机构研究领域覆盖全面，其他专业型机构仍需根据公司战略发展重点，做好相关研究领域工作。

九、保险资产管理行业监管情况

2019 年，保险资产管理业监管一如既往坚持抓改革开放、促创新、着力防范、化解风险，稳步推进保险资金运用机制改革，不断提升保险资金服务实体经济质效。

（一）构建顶层设计架构，引导保险资产管理业高质量发展

一是完善保险资产负债管理顶层设计架构。《保险资产负债管理监管暂行办法》发布，从组织体系、控制流程、模型工具、绩效考核、管理报告以及期限结构匹配、成本收益匹配和现金流匹配等方面，加强分类监管，强化资产负债管理监管硬约束。二是明确保险资管业高质量发展目标。《关于推动银行业和保险业高质量发展的指导意见》发布，从金融体系重构、治理水平提升、金融产品创新、系统风险防控、监管能力建设等五个方面，全面部署未来 5 年银行业和保险业高质量发展工作目标，引导保

险资产管理业高质量发展。

（二）坚持保险资金市场化改革，稳步拓展保险资金运用范围

一是稳步拓展保险资金投资渠道。在陆续放开股权、不动产、创业板、优先股、创业投资基金、资产支持计划、保险私募股权投资基金等基础上，2019年《关于保险资金投资银行资本补充债券有关事项的通知》发布，进一步丰富了债券投资品种，支持保险机构投资符合条件的银行二级资本债券和无固定期限资本债券。《关于保险资金参与信用风险缓释工具和信用保护工具业务的通知》发布，丰富了信用风险管理对冲手段，充分调动了保险资金的积极性，发挥了保险资金长期稳健优势，加大了对民企融资的支持力度。同时，鼓励保险公司使用长久期账户资金，增持优质上市公司股票和债券；拓宽专项产品投资范围，允许专项产品通过券商资产管理计划和信托计划，化解股票质押流动性风险，加大专项产品落地力度。目前，保险资金已成为金融市场上投资领域最广阔的金融机构，为分散投资风险、增加投资机会、提高投资能力、构建合理的资产配置结构、促进投资收益率稳定创造了有利条件。

二是积极推进保险资管产品和保险私募基金注册制。2013年，债权投资计划发行由核准制改为注册制；2018年，股权投资计划发行的注册程序进一步简化；2019年，股权投资计划和保险私募基金注册程序进一步简化，将注册权限下放至中国保险资产管理业协会办理。《关于资产支持计划注册有关事项的通知》发布，对保险资产管理机构首单资产支持计划之后发行的支持计划实行注册制管理，并交由中保保险资产登记交易系统有限公司办理，切实推动保险机构更好地服务国家重大改革举措，提升保险资金服务实体经济效能。

三是加快保险业对外开放。2018年4月10日，习近平主席在博鳌亚洲论坛开幕式的主旨演讲中指出要"加快保险业开放进程"。《国务院关于修改〈中华人民共和国外资保险公司管理条例〉和〈中华人民共和国外资银行管理条例〉的决定》于2019年10月15日正式公布。作为配套规定的《外资保险公司管理条例实施细则》进行相应修改，修订后的该实施细则将外资人身险公司外方股比放宽至51%；放宽外资保险公司准入条件，不再对"经营年限30年""代表机构"等相关事项作出规定；在股权管理方面，要求外资保险公司至少有1家经营正常的保险公司作为主要股东，进一步明确主要股东的责任和义务；统一中外资机构监管制度等，为保险业对外开放提供更好的法治保障，进一步激发国内保险资产管理市场活力，引导国内机构吸收借鉴境外优秀经验做法，在充分的市场竞争中推进保险资金运用提质升级。

（三）补齐资管新规拼图，保险资管领域资管新规细则出台

2019 年，《保险资产管理产品管理暂行办法（征求意见稿）》（以下简称《办法》）出台。《办法》基本上遵循了《关于规范金融机构资产管理业务的指导意见》（银发〔2018〕106 号）的基本框架，明确保险资管私募产品定位，首次允许保险资管产品向合格个人投资者发售。在产品投资范围上，明确保险资管产品的投资范围包括债券、存款、公募基金、股票、股权、非标债权等资产，并要求保险资金投资的保险资管产品，其投资范围应当严格遵守保险资金运用的监管规定；非保险资金投资的保险资管产品，其投资范围与其他资产管理产品的投资范围保持一致，满足保险资金运用监管政策和风险管控要求。

（四）强化公司治理，筑牢风险防范底线

2019 年，中国银保监会坚守从严监管高压态势，下发《关于开展"巩固治乱象成果促进合规建设"工作的通知》（银保监发〔2019〕23 号），坚决整治保险资金运用乱象，强化投资能力管理，坚决查处假委托、假资质。《银行保险机构公司治理监管评估办法（试行）》发布，从党的领导、股东治理、董事会治理、监事会和高管层治理、风险内控、关联交易治理、市场约束、其他利益相关者治理等方面共计 163 项评价指标，进行公司治理监管。《保险公司关联交易管理办法》完善修订，加强关联交易穿透监管，强化关联交易内控体系建设及外部监督，保持严厉打击保险机构违规开展通道业务、关联交易等行为的高压态势。此外，针对保险资金投资信托产品、私募股权基金等重点领域，加强穿透监管，防止监管套利。

（五）发挥保险资金优势，服务国家重点战略、支持实体经济发展

服务国家重点战略方面，《关于将澳门纳入保险资金境外可投资地区的通知》发布，支持粤港澳大湾区建设。支持民营和小微实体经济发展方面，党中央、国务院发布《关于加强金融服务民营企业的若干意见》，进一步缓解民营企业融资难融资贵问题。取消保险资金开展财务性股权投资行业范围限制，规范实施战略性股权投资，以股权形式为实体经济发展提供长期资本金，促进直接融资发展。推进符合条件的保险机构新设债转股实施机构，更好地服务结构性降杠杆工作。发挥"保险＋融资"优势，推进保险资金支农支小融资业务新模式，提升农业企业、小微企业的金融可及性。《关

于进一步加强知识产权质押融资工作的通知》发布，充分发挥保险资金的作用，支持保险机构依法合规投资知识产权密集的创新型（科技型）小微企业，发挥质押融资对企业加大科技研发投入、加强科技成果转化的激励作用。《关于支持做好稳定生猪生产保障市场供应有关工作的通知》发布，推进保险资金深化支农支小融资试点，切实服务民生领域。《中国银保监会办公厅关于保险资金投资集合资金信托有关事项的通知》发布，调整了信托公司条件、信托信用等级、关联交易、责任追究等内容，扩大了"保信"合作范围，进一步发挥了信托公司在非标资产方面积累的行业优势，引导保险资金更多地流入实体经济。

十、保险资产管理行业服务工作

中国保险资产管理业协会紧密围绕习近平总书记关于金融工作系列重要讲话精神，深入贯彻落实党中央、国务院及会党委决策部署，紧密围绕保险资产管理业发展改革的中心任务，精准聚焦监管、会员和市场的关心关切，认真履行自律、服务、创新、维权四项核心职能，扎实开展一系列专业务实工作，在部分关键领域实现突破性进展、取得创新性实效。

（一）做好监管服务，助手协同作用有效发挥

1. 产品注册合规高效。一是完善制度规则，制定涵盖注册全流程相关规则20余项，设立专业部门负责债权投资计划、股权投资计划和保险私募基金注册工作，实现注册流程及电子档案"两个全覆盖"，形成全口径数据报告和信息统计监测体系。二是优化注册流程，强化产品后续管理，打造覆盖保险资管产品全周期的管理体系，初步建立债权投资计划后续管理信息定期报送机制。三是引导产品高质量发展，成立服务实体经济跨部门协调机制，加大对国家战略、基础设施、民营企业等重点实体经济项目绿色通道的倾斜力度，加强市场风险监测，确保新增项目风险可控，实现产品发行和存续规模稳步增长。

2. 风险监测全面强化。一是完善风险监测机制，搭建风险预警体系，开展内控、信用风险调研，探索搭建违约主体数据库，累计向监管部门报送信用风险周报160期，债券市场违约及风险事件分析专报30余份，出版保险资金运用法律汇编和大资管纠纷案例汇编。二是加强保险资管产品风险监测，上线债权投资计划风险监测系统，持续

开展日常风险监测与报警预警，增强风险防范的前瞻性和主动性。三是开展舆情风险监测，累计向监管部门报送舆情日报、专报 701 期，建立舆情专家库，有效跟踪研判行业舆情。四是做好信息披露，完成行业大额未上市股权和大额不动产投资信息披露 57 项，有效提升保险资金投资透明度，防范大额投资风险。五是构建协会各部门、专业委员会、市场专业机构相互协调联动的风险监测工作机制。为更好地提升风险监测工作的有效性，协会形成了《行业风险监测与评价体系工作方案（试行）》。

3. 政策研究多点发力。一是对接监管需求开展重大问题研究，累计参与完成重大报告、材料、课题等 90 余项。二是参与监管政策论证起草，发挥协会自身和 18 个专委会专业优势，积极研究保险资金投资国债期货、保险资产配置黄金金融产品、保险资金与银行理财合作等政策，起草保险资产管理产品监管制度及细则、保险资金运用内控指引、保险资产管理公司暂行规定、保险公司关联交易管理办法、养老保险资金运用管理、保险资金参与金融衍生产品投资等制度规则，积极推动政策制度出台。三是夯实基础研究，连续三年编发行业发展报告，累计发行《中国保险资产管理》杂志 25 期，完成 IAMAC 年度课题 127 项、IAMAC 征文 115 篇，出版课题专著、课题集 11 部，撰写报送《IAMAC 参考》94 篇，为监管了解行业声音建立重要渠道。四是召开保险资金运用形势分析会，开展保险公司和保险资管机构综合调研，保险资管年度专项调查、保险资管行业信心调查、养老成本指数发布等专项工作，为监管部门提供决策参考。

4. 配合监管密切协同。一是紧跟监管步伐开展政策宣导，就保险资金运用管理办法、保险资产负债管理监管规则以及保险资金投资基础设施、集合信托、股权等系列政策累计举办解读及培训 20 期，促进监管精神加速传导落地。二是按照监管要求做好个人税延养老保险投资经理和组合经理注册工作，撰写登记注册及后续培训规则，搭建登记注册系统。目前共注册机构有 40 家，注册人员有 212 人。三是配合监管推进内保外贷事前评估，举办会议研讨，修订评估细则，保障保险机构境外投资有序开展。

（二）拓展会员服务，搭建市场平台创造价值

1. 行业自律持续夯实。一是自律主体范围不断扩大。2019 年协会新增会员 140 家，目前会员达到 714 家，基本涵盖保险资产管理和大资管市场各细分领域，囊括保险资金所有交易对手，覆盖保险资金运用全流程。二是完善自律规则体系，建立自律惩戒专家库，制定发布近 30 项自律制度规则。三是持续组织行业力量对外部信用评级机构、业外投资管理人和私募股权投资管理人等市场主体进行自律评价，稳健探索保

险机构信用风险管理能力和托管服务质量评价工作,有效防范交易对手风险,提高行业市场话语权。四是提升基础工作质效,明确内控标准建设方向,研究托管服务标准与规范建设方案。2019 年对 4 家保险资管机构开展信用风险管理能力调研,为实施专项自律工作奠定基础。

2. 交流合作多元深化。一是加强大资管同业合作,打造圆桌论坛、投资沙龙、IAMAC 大视野等 10 余个特色品牌,连续 5 年举办 IAMAC 最受欢迎投资业务合作机构推介,为保险机构优选交易对手提供参考,权威性、专业性得到市场广泛认可。二是开展线上线下项目对接,开发投融资小程序,与 45 家地方政府、金融机构签约,与国家发改委以及省区监管局等 18 家机构合作,开设线上"项目旗舰店",发布项目 6 717 个、资管产品 105 个,累计组织 90 家(次)保险机构进行项目对接考察。三是促进境内外双向交流,与 200 余家国际知名金融机构和组织建立联系,成立 IAMAC 国际专家咨询委员会,举办 IAMAC 资产管理发展论坛,发布《中国银行保险业外资机构投资指南》(中英文版),为外资机构投资中国提供操作指引。

3. 教育培训成果丰硕。一是围绕风险管理、另类投资、养老金投资等热点主题开展线上线下培训,累计完成 223 场,覆盖行业 3.7 万人次,行业人员能力显著提升。二是搭建在线教育培训平台,在 PC 端和微信端开通视频点播、直播等六大模块,上线课程 150 门,音视频 254 小时,文字资料 125 篇,注册用户超过 8 400 人。三是组织跨境专题培训,举办 IAMAC 大视野讲座 57 期、IAMAC 精英实验室境外培训 5 期,来自全球近百位专家参与分享,覆盖行业 3 000 余人次,有效开拓行业国际视野。四是输出培训成果,联合业内外专家编撰《保险资产管理实务》等 4 部书籍,成为行业重要参考材料。

4. 金融科技加速落地。一是加强行业金融科技基础设施研究规划,发布行业金融科技发展报告,完成保险资管产品估值指引,推动资产负债管理技术模型开发。二是加速数据中心建设,融合系统数据,梳理形成 200 余个重点指标,实现数据定期采集、自动更新,促进数据互联互通。三是针对产品注册系统新增 16 项功能,简化操作流程,全面提升系统交互效率。四是完善日常运维设备配套,持续优化系统运行环境,针对 14 个系统构建 15 套数据库容灾体系,确保数据多重备份。五是完善信息安全体系,严格落实网络安全责任制,强化网络安全制度、安全意识和安全评测建设,提升系统应急管理服务和未知风险处置的综合能力。

5. 舆论环境不断改善。一是首次参加银行业保险业例行发布会,介绍保险资管业运行发展、服务实体经济等相关情况,获得国内外 50 余家媒体关注,刊(播)发稿件 1 000 余篇,行业和协会声誉有效提升。二是组织系列宣传活动,联合中证报等 20 余家主流媒体围绕深化金融供给侧改革、保险私募基金等 30 多个热点话题开展宣传报道，累计刊发稿件 430 余篇、近 135 万字。三是利用官网、微信公众号等传播平台，设置专题专栏，常态化宣传监管、行业、会员和协会新闻动态，2019 年共计推送 1 800 余条，关注人数合计近 12 万人，有效辐射业内外、境内外。

十一、保险资产管理业自律工作

2019 年，中国保险资产管理业协会继续推动自律职能纵深发展，逐步形成了与保险资产管理特点相匹配的自律体制机制，为新形势下行业持续稳健发展提供了坚实保障。

（一）完善自律基础建设，推动自律职能纵深发展

1. 健全行业自律规则体系

目前，协会已初步形成以章程及自律公约为支撑、基础管理性自律规则及业务性自律规则为延伸的"一体两翼"自律规则体系。截至 2019 年末，协会已发布行业自律规则 20 余项，纵向涵盖事前注册、事中评估、事后惩戒等全流程，横向包括保险资产管理产品注册、业外管理人及中介机构评价、从业人员管理等业务多个切面。未来，协会将致力于推动行业标准建设，以风险防控为切入点，发挥标准先行先试作用，引导市场预期和发展方向。

2. 完善行业自律工作机制

一是规范协会内部自律工作开展。制定《自律规则制定工作规程》等内部制度，明确协会内部自律管理职责分工，细化自律管理工作要求。二是建立专委会协调联动机制。目前，协会已设立 18 个专业委员会，专注领域从战略发展到投资运营，从风险管理到行业研究，从大健康产业到银保合作，基本涵盖保险资产管理的各重要板块，委员来自保险、银行、基金、证券、信托等泛资管领域及评级、审计、律所等中介机构，初步形成了全覆盖、共参与的行业共建局面。在此基础上，协会逐步建立各专委会协调联动机制。一方面，形成了内设部门与各专业委员会对接的运作模式，鼓励委员深度参与行业自律管理各项工作；另一方面，各专委会之间可根据业务特点联动对接，共同开展工作，群策群力。

3. 提升行业基础设施供给

协会秉承"科技化、数据化、信息化"发展目标，持续推进保险资产管理业基础

设施建设，在监管授权业务、公共技术产品、市场运行配套、内部信息管理等领域搭建产品注册系统、会员服务系统、项目对接系统、信息披露系统、教育培训系统、另类投资管理云服务平台、托管数据交互系统、产品估值模型、基金一站通等子系统，向监管部门和会员单位提供全面、高效的技术信息服务。协会通过组建金融科技子公司，打造资产管理产品信息交互平台、实现产品互惠、资源互通、信息互享。会同保交所、保险资产管理机构等基于区块链技术，共同开发企业年金转移接续平台。

（二）发挥行业协同效应，建立自律服务长效机制

1. 服务行业，提升机构市场竞争力

2019 年，协会深耕服务行业的长效机制，在提供专业服务、规范市场行为等方面卓有成效。一方面，建立健全行业专家库。协会在建立和不断完善债券投资计划专家库、法律专家库、评价专家库的同时，于 2019 年构建了股权投资计划及保险私募基金评估专家库。建立健全制度案例汇编及指引常态化机制。组织法律合规专委会编纂完成新版《保险资金运用相关法律法规及规范性文件汇编》，推动大资管纠纷典型案例研究与汇编撰写工作，组织内控专委会开展保险资金运用内控良好实践研究与撰写工作。

2. 服务社会，同步国家重大战略实施

一是引导会员机构签署各类自律宣言或倡议书（绿色投资、脱贫攻坚、共同抗疫等）。二是对服务国家重大战略的保险资产管理产品注册开通绿色通道（雄安新区、湖北地区债权投资计划等）。三是项目对接，解决资产荒问题（项目对接会、资管通、与地方政府合作等）。

（三）筑牢风险缓释根基，优化自律管理体系建设

1. 初步建立多元化自律评价体系

协会自 2014 年启动信用评级机构评价以来，评价项目已逐渐覆盖至保险资金业外受托管理人（基金公司、证券公司、证券资产管理公司等）、保险资金投资的私募股权投资基金管理人。通过制定评价规则和指标，配套搭建整体规程和管理办法，逐步形成以自律评价为切入点的事中自律管理手段。通过定期开展评价工作，对保险资金运用交易对手和相关专业中介机构的能力和工作成果进行了系统性的评估，评价结果和分析报告已成为监管部门和行业的重要参考。

2. 稳步推进风险监测机制建设

坚持问题和风险导向，注重运用信息化手段和调查研究机制，加强对风险的预警

和研判。将分散的点状监测构建成灵敏有效的风险信息监测网络，对保险资金可投资的境内公开市场相关产品或业务、境内另类投资相关产品或业务、境外相关产品或业务所涉及的信用风险、市场风险、流动性风险、法律政策合规风险、战略风险、声誉风险等，以及保险公司偿付能力与资产负债匹配产生重大影响的系统性风险以及保险资金运用合规风险等形成了全覆盖。

3. 依法合规开展自律惩戒工作

一是制定自律惩戒工作各项规则。包括《中国保险资产管理业协会自律惩戒工作办法（试行）》《中国保险资产管理业协会自律惩戒委员会组织办法（试行）》《中国保险资产管理业协会纪律处分听证程序规定（试行）》等。二是建立健全自律惩戒工作机制。建立自律惩戒专家库，设置听证程序。三是对违反自律规则的机构进行自律惩戒。针对资管业务开展中的不规范现象，适时对多起案件开展了自律核查，对个别资产管理公司采取了自律管理措施。

十二、保险资产管理业服务实体经济

2019 年，监管部门不断推动创新保险资金服务实体经济的渠道载体，保险资产管理业持续加大股权投资力度，为实体经济提供更多长期资本性资金，提升社会直接融资和股权融资比重，切实推动保险机构更好地服务国家重大改革举措，提升保险资金服务实体经济效能。保险资金规模大、久期长、来源稳定的特点，不仅能够满足国家大型基础设施和重大项目建设对长期资金的需求，也能够满足中小企业与绿色金融发展的融资需求。

一是聚焦政策引导。在落实国家重大政策、前沿问题研究等方面密切配合监管部门，优化调整产品注册业务标准，积极引导保险资金投入到国民经济重点方向及领域。在多项举措的推动下，保险资管业服务实体经济发展取得了令人瞩目的成果。在补齐基建短板方面，2019 年全年，基础设施债权投资计划 154 只，注册规模 3 358.44 亿元。在助力高端制造业方面，通过债权、股权及基金等在海洋工程装备、商用大飞机、新一代信息技术产业、集成电路装备等领域，形成一批有特色、有口碑、有影响力的产品条线和明星工程。在支持中小微及民营企业方面，保险资金在风险整体可控的前提下，支持了比亚迪动力电池项目 16 亿元、恒力石化炼化一体化项目 10 亿元等一批民营企业重点实体经济项目。

二是通过积极创设、推动保险资管产品发行，以多元化的产品模式对接各类优质实体经济项目，并在轨道交通建设融资、新型城镇化建设融资等细分领域发挥独特作用。积极参与支持"一带一路"建设、服务高科技园区发展。积极支持优质央企的经营发展，响应京津冀一体化发展规划，通过信托计划助力央企参与京津冀城市圈的建设开发，提升城市品质，为保险资金的配置需求提供优质资产。例如，2019年，中再资产作为受托人设立"中再—闽高速浦南高速公路基础设施债权投资计划"，募集资金20亿元，以债权形式投资于福建省重点高速公路项目，为保险资金支持福建省基础设施建设增添新的动力。

三是多种形式为民营经济提供资金支持。保险资管行业积极落实进一步支持和服务民营经济发展的要求，在加强风险管控的基础上，通过债券、债权投资、股权投资、资产证券化等多种形式为民营经济提供融资服务。在信用风险不断上升背景下，为了维护资本市场稳定，保险资金支持设立纾困专项产品，向暂时出现流动性困难的优质上市公司和民营企业提供融资支持。例如，国寿资产助力民营企业融资纾困，已完成4期凤凰产品投资，合计落地规模26.45亿元；麒麟民企债产品已落地规模20亿元。通过信托计划支持民企融资需求合计134亿元。

此外，部分保险资产管理机构还发挥各自投资专长，加大医疗、养老等领域的投资，服务保险生态圈建设，大力开展绿色投资，积极参与市场化债转股、发展普惠金融等方式助力实体经济发展和服务深化供给侧结构性改革（具体可参见附录三）。

第三章
2019 年保险资产管理业专题报告

专题一 2019~2020 年保险资金运用调研情况

为持续深入地了解与掌握保险资金运用体系和保险资产管理业务运行逻辑，促进保险资金充分发挥体量大、期限长以及资产配置能力强的比较优势，助力实体经济和国家战略，探索资管体系下保险机构投资管理能力的提升方向，加强各类市场主体对保险资管行业的理解与认识，中国保险资产管理业协会（以下简称"协会"）连续第五年开展保险资产管理专题调研工作。

2020 年，协会面向全行业 205 家[①]保险公司开展调研，有 190 家保险公司进行了反馈，反馈率达 93%，其中保险集团 11 家、人寿保险公司 86 家、财产保险公司 83 家、再保险公司 10 家。

（一）保险公司投资治理

1. 组织体系建设

保险公司投资管理业务主要承担资产负债管理、资产配置、信用评级、风险管理、直接投资、委托投资等职能，对应形成了包括股东大会、董事会、董事会下设专业委员会、经营管理层办公会及下设相关执委会、投资业务部门的多级投资治理组织体系。经过多年发展，以董事会为核心，"三会一层"各司其职、有效制衡协调运作的保险公司投资治理结构初步建成。一方面，77.89% 的保险公司在经营层下设 1~2 个具有投资决策/执行职能的专业委员会，资产负债管理理念日趋凸显；另一方面，22.63% 的公司经营层下设风险管理相关职能委员会参与投资决策。

2. 投资能力建设

保险公司投资管理能力包括无担保债投资能力、股票投资能力、股权投资能力、不动产类投资能力、股指期货衍生品投资能力五类。参与调研的 190 家保险公司中共具备 233 项投资能力，排名前三的分别为股权投资能力、无担保债投资能力、不动产类投资能力。其中，68 家公司具备股权投资能力，占比为 35.79%；63 家公司具备无担保债投资能力，占比为 33.16%；47 家公司具备不动产类投资能力，占比为 24.74%；34 家公司具备股票投资能力，占比为 17.89%；21 家公司具备股指期货衍生

---

① 名单来源为中国银保监会官网公布的"保险机构法人名单"（截至 2019 年 12 月底），其中友邦合计包括友邦上海、友邦广州、友邦深圳、友邦北京、友邦苏州、友邦东莞和友邦江门，在统计时友邦计为一家法人主体。

品投资能力，占比为 11.05%（见图 3-1-1）。另一方面，不同类型保险公司的投资管理能力存在一定差异，寿险公司具备投资能力占比高于行业平均水平，产险公司和再保险公司具备投资能力占比相对较低。

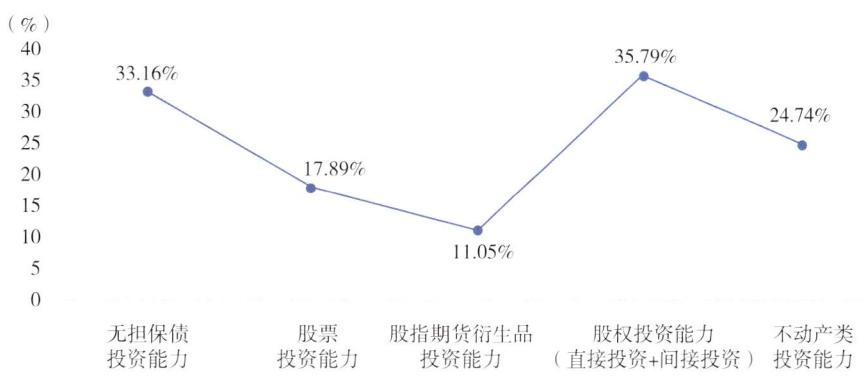

图 3-1-1　保险公司投资能力获取比例

资料来源：《中国保险资产管理业发展报告（2020）调研问卷》。

3. 投资人才管理

一是保险公司投资资产规模及人才规模同步增长，人均管理规模稳步提升。截至 2019 年末，参与调研的 190 家保险公司共有 3 553 名投资人才，较 2018 年同期增长 12.6%，平均每家公司 19 人；保险公司投资管理部门人均管理规模为 49.87 亿元，较上一年同期增长 18.73%。

二是不同类型及规模保险公司人员数量及人均管理规模差异明显。分类型看，寿险公司人均管理规模及投资人才数量均为行业领先，产险公司人均管理规模最低，再保险公司投资人才均数最少；按规模看，超大型保险公司人均管理规模 353.14 亿元，为行业均值的 7 倍。

（二）保险公司资产配置

1. 保险资金资产配置情况

（1）保险公司大类资产配置结构。[①] 2019 年权益市场大幅回暖，保险公司择机增配权益类资产，但整体配置仍以固收类资产为主。与 2018 年相比，存款、债券和金融产品[②]的合计占比从 71% 降至 65%（见图 3-1-2）。

[①] 本部分涉及年间对比，为统一数据口径，选取的数据样本为同时参与 2018 年和 2019 年的 170 家产险、寿险和再保险公司（不含集团）。

[②] 根据原中国保监会 2012〔91〕号文的规定，金融产品包括商业银行理财产品、银行业金融机构信贷资产支持证券、信托公司集合资金信托计划、证券公司专项资产管理计划、保险资产管理公司基础设施投资计划、不动产投资计划和项目资产支持计划。

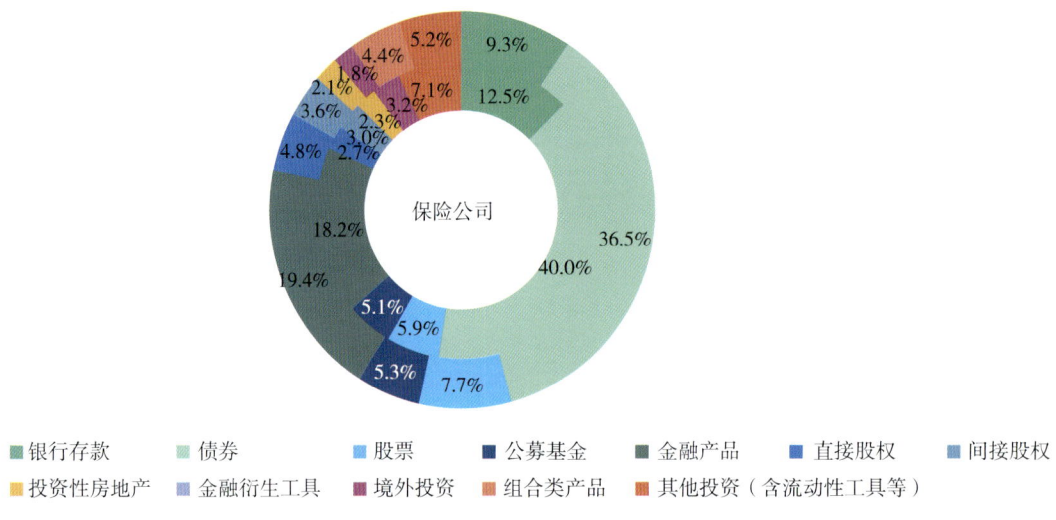

图 3-1-2 保险资金大类资产配置结构

资料来源：《中国保险资产管理业发展报告》历年数据

注：（1）同时参与 2018 年和 2019 年的 170 家产险、寿险和再保险公司；因集团公司的股权投资口径两年间或有差异，年间对比不含集团。（2）2018 年调研报告未把组合类保险资管产品单独分类填报，而是计入其他投资。（3）内环为 2018 年，外环为 2019 年。

一是偏好固收类资产，债券和存款占比为 46%，但较 2018 年下降了 6.7%。保险资金配置中信用债占比最高，达到 18.5%；其次为利率债，占比为 18%。

二是金融产品类资产占比达到 19.4%，较 2018 年上升了 1.1%。其中，信托、基础设施债权计划、不动产债权计划、银行理财产品、证券化产品规模分别为 1.52 万亿元（占比 9.8%）、6 320.2 亿元（占比 4.1%）、4 362.8 亿元（占比 2.8%）、2 840.0 亿元（占比 1.8%）、1 312.1 亿元（占比 0.85%）。

三是股票和公募基金合计占比为 13.0%，比 2018 年增配了 2%。股票资产的配置比例为 7.7%，其中 A 股占比为 5.4%，港股通①占比为 2.3%；公募基金配置占比为 5.3%，其中混合型基金占比为 0.9%，货币基金占比为 0.8%，债券型基金占比为 1.9%，股票型基金占比为 1.6%。

四是股权投资占比 8.4%，比 2018 年增配了 2.8%。直接股权投资占比 4.8%，私募股权基金、保险系私募股权基金和股权投资计划占比分别为 1.75%、0.92%、0.91%。

五是境外投资呈现下降趋势，占比仅为 1.8%，比 2018 年下降了 1.4%，主要是减持了境外股票和境外不动产。

六是投资性房地产占比 2.1%，比 2018 年降低了 0.2%，但投资规模增加了 266.6 亿元，增幅为 9%。

---

① 本调研报告中港股通统指沪港通、港股通和深港通。

相关资料见图3-1-3。

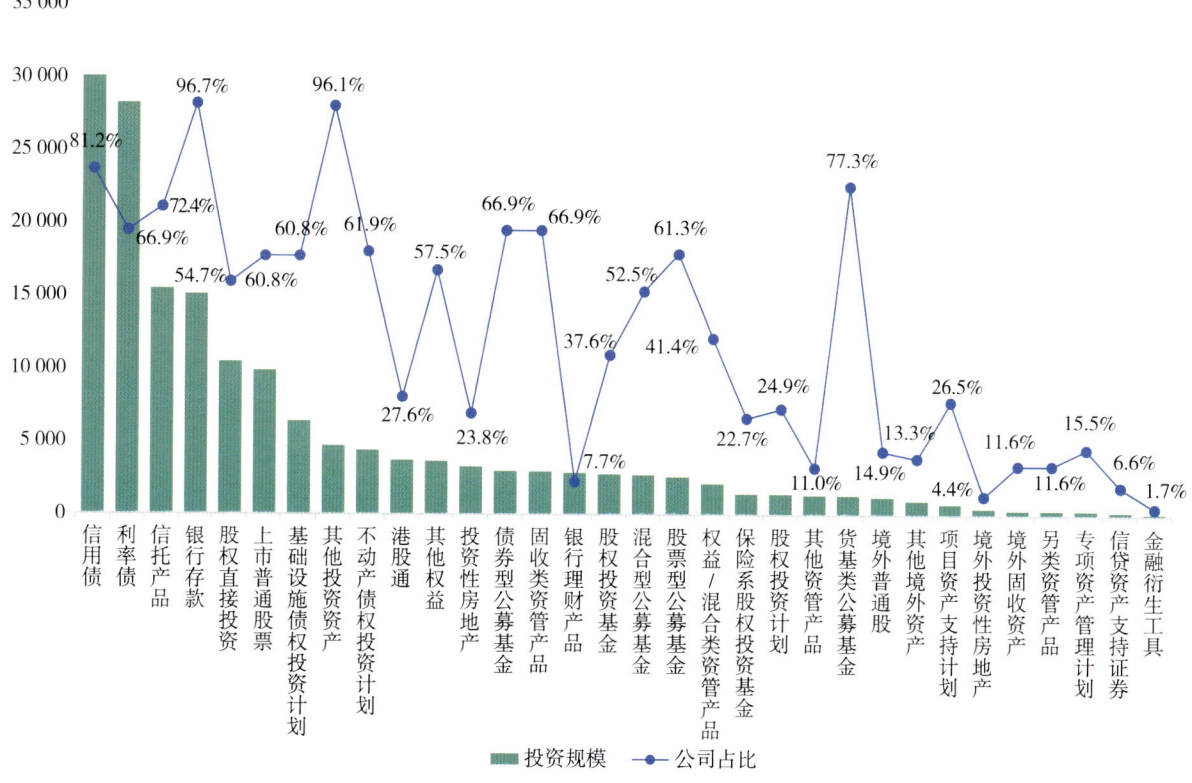

图3-1-3 保险公司（含集团）对各类资产配置的覆盖度情况

资料来源：《中国保险资产管理业发展报告（2020）调研问卷》

（2）保险公司对各类资产配置的覆盖度情况

一是已配置银行存款、信用债、货币基金与信托产品的机构数量最多，覆盖度均在七成以上。其中，97%的保险公司配置了银行存款，81%的保险公司配置了信用债，77%的保险公司配置了货币基金，72%的保险公司配置了信托产品。

二是对多项公开市场品种和金融产品的配置覆盖度较高（覆盖50%~70%的保险公司）。配置资产类别覆盖利率债、上市普通股票、公募基金、债权投资计划、固收类资管产品的机构超过50%。此外，对直接股权投资和其他权益（含优先股、可转债等）的配置覆盖度也在50%以上。

三是少数权益类资产的配置较为普遍（覆盖30%~50%的保险公司），包括私募股权基金与权益类和混合类资管产品。

四是部分资产的配置机构数量较少（覆盖30%以下的保险公司），主要包括港股通、证券化产品、股权投资计划、投资性房地产、保险系私募基金、境外投资、另类资管产品、银行理财以及金融衍生工具。

2. 不同类型保险公司大类资产配置特点

一是寿险公司资产配置结构与行业总体结构趋同。寿险资金一直在保险资金中占主导地位，可投资资产规模占比为84%，因此保险业资产配置结构受寿险公司的影响较大。

二是产险公司更倾向于配置存款和公募基金等流动性较高的资产。产险公司对现金及流动性管理工具[①]的配置占比为6.6%，超出行业总体现金及流动性管理工具3.1个百分点；产险公司存款配置比例达17.8%，远高于其他类型公司；公募基金（不含货基类）作为标准化的高流动性的资产，配置比例达5.9%，高出行业0.9个百分点。

三是再保险公司债券投资占比将近五成，股票和基金配置比例较低。再保险公司债券资产配置比例高达47.1%，超出行业债券资产配置比例11.7个百分点。而股票与股票型/混合型基金配置比例为6.7%，明显低于行业总体水平。

四是保险集团[②]权益类资产（含境外）配置合计占比高达64.1%。保险集团持有保险子公司股权，且本级资金投资一般以实现集团整体战略规划、资本管理为目标，股权类资产大幅高出其他类型的公司。其中，股票和基金、直接股权投资的配置占比均远超行业总体水平，合计超出行业43.2个百分点。

3. 保险公司2020年资产配置计划

一是保险公司对股票、股票型和混合型基金的增配意愿最强。超过50%的保险公司有增配上市普通股票与股票型和混合型基金的计划，30%以上的保险公司对信托产品、债券、债权投资计划和港股通有增配计划。

二是对货币基金、银行存款减配意愿相对较高。10%以上的保险公司有减配活期存款、定期存款、货币基金、债券型基金、固收类保险资管产品的计划，其中对活期存款的减配意愿最显著，达24%。

三是对境外资产、保单贷款、银行理财、资产支持计划的关注度较低，公司增减配意愿均不强。其中，五六成左右的保险公司表示对银行理财、境外资产、投资性房地产基本维持当前水平。

（三）保险公司投资模式

1. 保险公司投资管理基本模式

目前，保险公司投资管理模式已形成了自主投资、委托关联方保险资产管理机构、

[①] 现金及流动性管理工具包含现金、银行活期存款、货币市场基金和其他流动性资产，与原保监发〔2014〕13号文里的流动性资产口径有所不同。

[②] 本部分所指"保险集团"为参与2019~2020年度保险公司（集团）投资管理业务综合调研问卷的11家集团。

委托非关联方保险资产管理机构[1]以及委托业外管理人的四种基本投资方式。从投资规模来看，这四类投资方式相应投资资产合计分别为 44 255.02 亿元、127 086.42 亿元、1 169.18 亿元及 4 693.88 亿元（见图 3-1-4）。从机构数量来看，有 173 家（占比 92%）的机构进行了自主投资，有 150 家（占比 79%）的机构选择委托投资，有 114 家（占比 60%）的机构选择委外投资。

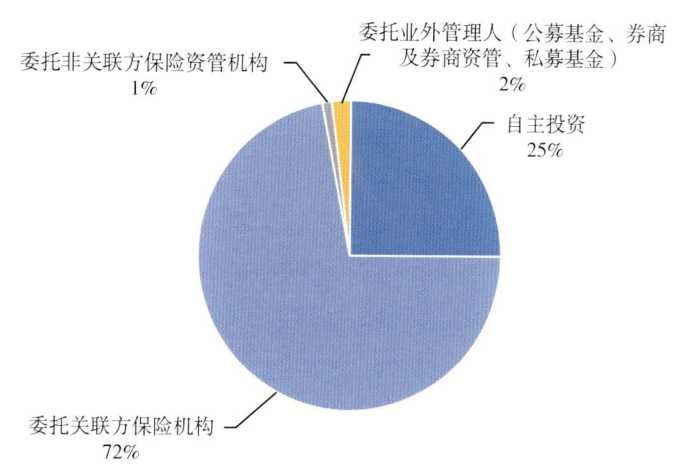

图 3-1-4　不同基本投资模式下涉及资金规模占比

资料来源：中国保险资产管理业协会

2. 保险公司投资模式选择

各保险公司在实际运行中，根据公司自身的特性与偏好，在上述四种基本投资模式中进行组合选择。目前在参与调研的保险公司中，共有 5 大类 11 小类的投资模式选择组合。

其中，第一类为"全部自主投资"，共涉及 39 家保险公司，投资资产合计 5 630.77 亿元；第二类为"自主投资＋委托关联方保险资管"，共涉及 25 家保险公司，投资资产合计 18 818.39 亿元；第三类为"自主投资＋委托关联方保险资管＋委外"[2]，共涉及 25 家保险公司，投资资产合计 119 897.77 亿元；第四类为"自主投资＋委外"，共涉及 84 家保险公司，投资资产合计 20 585.64 亿元；第五类为"全部委托投资"，共涉及 16 家保险公司，投资资产合计 12 271.91 亿元。

整体来看，选择机构数量上，"自主投资＋委外"是保险公司选择最多的投资模式组合，共 84 家，占比 44%。资金规模占比上，有近七成的保险资金选择"自主投资＋委托关联方保险资管＋委外"的模式。相关资料见图 3-1-5。

---

[1]　分别简称为"关联方保险资管""非关联方保险资管"。
[2]　此类委外包含仅委托非关联方保险资管、仅委托业外管理人及同时委托以上两者这三种情况。

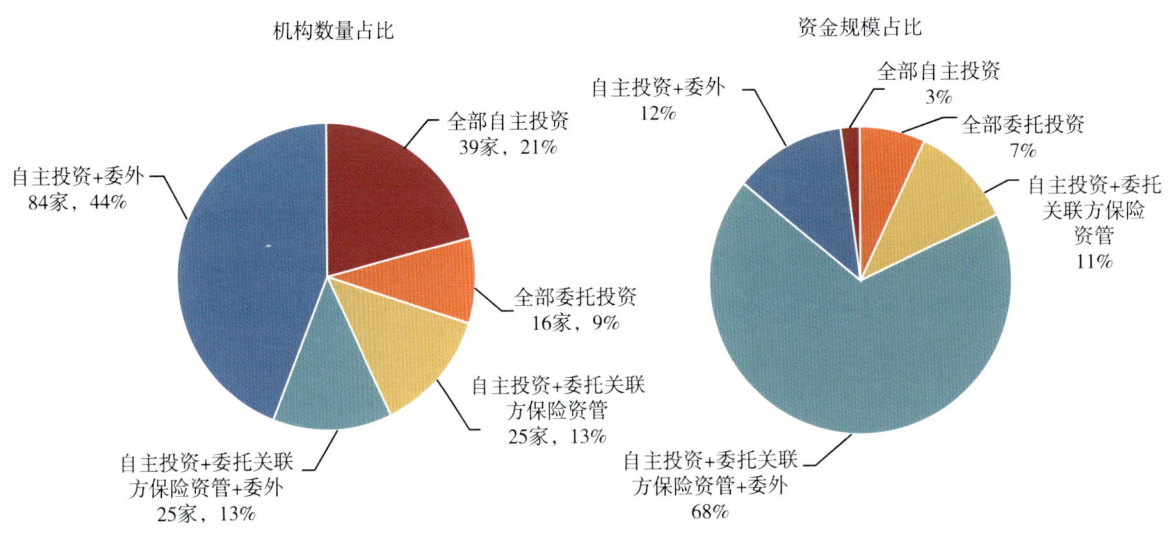

图 3-1-5 各类投资模式组合下机构数量与资金规模占比

资料来源:《中国保险资产管理业发展报告 (2020) 调研问卷》

(四)保险公司发展趋势

一是加强专业领域人才建设。首先,2019年末保险公司人才缺口主要集中在投资研究、资产配置、资产负债管理、风险管理、信用评估领域。保险集团在资产配置、投资研究、委托管理等领域人才需求高于行业均值;寿险公司人才缺口领域分布较为平均;产险公司在信用评估领域的人才缺口比较突出;再保险公司在资产负债管理、风险管理、委托管理领域存在明显的人才缺口。其次,从190家参与调研的保险公司反馈情况来看,投资人才市场化竞争激励机制建设仍有较大空间。整体来看,仅54家保险公司采用了市场化薪酬机制,占比29%;在45家以投资管理中心为投管部门建制的保险公司中,有26家公司采用市场化薪酬机制,占比58%。

二是加大市场化委托/受托投资选择力度。随着行业保险资金持续、稳定增长,保险公司的投资模式展现出更为多元化的发展趋势,各类型保险公司在结合自身需求的情况下,加强市场化合作,利用不同管理人的专业能力,开展不同形式及比例的委托投资,同时针对各类投资组合模式下的投资资产品种,也展现出不同风格的偏好。

三是加强资产负债管理和资产配置能力,提升投资能力建设。近几年,内外部经济形势发生深刻变化,国内经济下行压力加大以及资本市场的不确定性提高,资产端的投资收益进一步承压,长期优质资产短缺且信用风险暴露不断增加。此外，监管对保险公司的专业能力和管理水平的要求持续提升，资产负债管理监管与"偿二代"二期工程下的资产风险穿透，资管新规与配套细则的落地实施，以及新金融工具会计准则（"IFRS 9"）的实施期限逐步临近，都对保险资产负债管理带来了深远的影响和挑战。保险公司日益重视资产负债管理在资产配置中的运用，并不断从职能与制度、模型与工具以及评价与考核这三个方面全面强化资产配置能力。

专题二　保险资产管理产品办法与保险资产管理产品发展

（一）保险资产管理产品办法分析

1. 制定背景

近年来，保险资管机构稳步开展保险资管产品业务。截至 2019 年末，保险资管产品余额 2.76 万亿元，其中债权投资计划 1.27 万亿元，股权投资计划 0.12 万亿元，组合类保险资管产品 1.37 万亿元。债权投资计划和股权投资计划主要投向交通、能源、水利等基础设施项目，成为保险资金等长期资金对接实体经济的重要工具；组合类保险资管产品主要投向股票、债券等公开市场品种，丰富了保险资金配置方式和策略，有力引导长期资金参与资本市场。

保险资管产品投资运作总体审慎稳健。产品期限较长、杠杆率低，基本不存在多层嵌套、资金池等问题。但是，各类保险资管产品缺少统一的制度安排，与其他金融机构资管业务的监管规则和标准也存在差异。2020 年 3 月 18 日，中国银保监会正式发布《保险资产管理产品管理暂行办法》（以下简称"保险资管新规"）。"保险资管新规"作为《关于规范金融机构资产管理业务的指导意见》（银发〔2018〕106 号）（以下简称"资管新规"）的配套政策，于 2020 年 5 月 1 日起正式施行。"保险资管新规"在统一保险资管产品规则的基础上，进一步弥补了监管空白、补齐监管短板、强化业务监管，促进了保险资管产品业务持续健康发展。

2. "资管新规"继承要点分析

（1）禁止刚兑、多层嵌套、通道业务，采取上下层穿透式监管。"保险资管新规"明确保险资管机构对保险资管产品不得保本保收益，禁止所投资的资产管理产品再投资公募证券投资基金以外的资产管理产品，即只允许两层嵌套。关于保险资管产品嵌套，仍需遵守现行有效的其他规定。另外，不得为其他金融机构的资产管理产品提供规避投资范围、杠杆约束等监管要求的通道服务。中国银保监会对保险资管产品业务实行穿透式监管，向上识别产品的最终投资者，向下识别产品的底层资产，并对产品运作管理实行全面动态监管。

（2）分级安排、负债比例与非标债权投资要求。"保险资管新规"规定了"保险资管产品的分级安排、负债比例上限、非标准化债权类资产投资限额管理和期限匹配要求应当符合金融管理部门的有关规定"。

(3) 重申不同类别产品投资比例限额。"保险资管新规"再次重申不同类别产品的投资比例、最低投资额度之规定。

(4) 实施独立核算与净值核算，禁止资金池业务。"保险资管新规"继承"资管新规"有关需对每只资管产品单独管理、单独建账、单独核算规定，禁止资金池业务。并明确需对保险资管产品计量产品净值。

（二）保险资产管理产品办法与其他资产管理产品办法对比分析

"资管新规"颁布以来，银行理财、证券期货经营机构私募资产管理业务、保险资管等各细分领域相继出台了配套细则（见表3-2-1）。"保险资管新规"系统整合了原有的较为零散繁复的关于保险资管产品的监管规定，在继承"资管新规"重点原则的同时，从严风控，保存了保险资管的特色与管理模式，引导行业错位竞争与差异化发展，对推动保险资管产品发展具有里程碑意义。

表3-2-1　2018～2019年"资管新规"及配套政策

序号	文件名称	颁布部门	颁布时间
1	《关于规范金融机构资产管理业务的指导意见》	中国人民银行、中国银保监会、中国证监会、国家外汇管理局	2018.4.27
2	《关于进一步明确规范金融机构资产管理业务指导意见有关事项的通知》	中国人民银行	2018.7.20
3	《标准化债权类资产认定规则（征求意见稿）》《标准化债权类资产认定规则》于2020年7月发布	中国人民银行、中国银保监会、中国证监会、国家外汇管理局	2019.10.12
4	《商业银行理财业务监督管理办法》	中国银保监会	2018.9.26
5	《商业银行理财子公司管理办法》		2018.12.2
6	《关于进一步规范商业银行结构性存款业务的通知》		2019.10.18
7	《商业银行理财子公司净资本管理办法（试行）》		2019.11.29
8	《信托部关于加强规范资产管理业务过渡期内信托监管工作的通知》		2018.8.17
9	《信托公司资金信托管理办法（征求意见稿）》		2019.2
10	《证券期货经营机构私募资产管理业务管理办法》（证监会第151号令）	中国证监会	2018.10.22
11	《证券期货经营机构私募资产管理计划运作管理规定》		
12	《证券公司大集合资产管理业务适用〈关于规范金融机构资产管理业务的指导意见〉操作指引》		2018.11.28
13	《证券期货经营机构管理人中管理人（MOM）产品指引（试行）》		2019.12.6
14	《关于加强规范资产管理业务过渡期内信托监管工作的通知》	中国银保监会	2018.8.17

资料来源：根据公开资料整理

1. 登记机构：中保登、理财登记托管中心、中信登、中基协

目前银行理财产品的登记在理财登记托管中心，资金信托产品的登记、披露平台即中国信托登记有限责任公司（简称"中信登"）。中保保险资产登记交易系统有限公司（简称"中保登"）负责保险资管产品的发行、登记等。证券期货资管计划则在中国证券投资基金业协会（简称"中基协"）备案。

2. 募集方式：开始与其他资管产品共同参与高净值个人客户市场

保险资管产品主要面向保险机构等合格投资者非公开发行，也可以向符合合格投资者要求的自然人非公开发行。合格投资者要求与私募基金投资者要求相同。这意味着，保险资管产品将与其他资管产品共同参与高净值个人客户市场的开发与竞争。

3. 投资范围：总体上与银行理财、私募资管计划等一致，且可投 ABS

保险资管产品投资范围非常广泛，涵盖上市公司股票、非上市公司股权、债券、债权、公募基金、ABS 等投资标的。新规的投资范围总体上与银行理财、私募资管计划等投资范围一致，且可投资银行间和交易所交易的 ABS 产品。但因保险资管产品受托资金多为保险资金，还应遵守保险资金运用相关规定，相较于其他资管产品，保险资管产品需更加关注投向合规性。

4. 产品销售：可以代销，销售渠道靠向银行理财产品等

保险资管产品可以自行销售，也可以代销，代销机构拓展到所有的金融机构以及中国银保监会认可的其他机构，意味着其他金融机构比如券商也可以作为合格代销机构。预计中国银保监会后续可能将保险资管和银行理财子公司的渠道一体化。

5. 投资顾问：与其他资管产品相比，仅做原则性要求

根据现行监管规定，证券期货经营机构、商业银行资产管理机构等可以担任券商资管产品、基金公司资管产品、期货资管产品的投资顾问。此次新规对保险资管产品的投资顾问仅做原则性要求。

6. 产品结构：两类投资计划与其他资管产品有区别

从产品结构上看，组合类资管产品与券商资管产品、基金资管产品等类似，包括委托人、管理人、托管人三方。而保险资管产品两类投资计划中，除前述三方主体外，另有融资主体、增信主体、独立监督人、评级机构等相关方。其中，最为特殊的安排在于债权投资计划中引入了独立监督人。

（三）新规下保险资产管理产品发展

近年来，保险资管产品获得了长足发展。一方面，基础设施、不动产、股权类项

目期限长、额度大、安全性高、部分涉及国家重大项目，这与保险资金期限长、安全性高、额度高的特点正好匹配，债权投资计划与股权投资计划因此成为保险资金实体经济的重要抓手。另一方面，保险资管以大类资产配置能力、长期绝对收益收获能力、信用风险控制能力见长，在固定收益类为主的组合类保险资管产品方面展现出了较强的优势。

1. 助推保险资管业务多元化，丰富保险资金配置方式，引导长期资金参与资本市场、精准对接实体经济

受全球性新冠疫情影响，一方面，市场环境不稳定，市场利率加速下行，短期内股市和债市都将面临震荡行情；另一方面，企业受疫情冲击经营困难，影响其偿债能力，信用风险增加。因此，保险资产配置难度增大，保险资产管理面临巨大挑战。

新规通过丰富保险资管产品的配置空间和投资渠道、拓宽销售对象和销售渠道、简化发行机制，有助于激活保险资管机构主观能动性，让投资者获得更为多元化的投资组合。

其中，新规通过明确保险资管产品三大种类，通过债权、股权、公开市场等多种投资方式，多途径对接实体经济，有助于发挥保险资金长期投资优势，并采取扩大保险资管产品销售对象范围等措施，纳入基本养老金、社保基金、企业年金等长期基金。在当前疫情时期，长期稳定的保险资金无论在维持资本市场稳定、帮助有发展前景的企业渡过难关，抑或是在大健康、公共卫生等领域，都能积极开展投资活动，发挥重要价值，降低实体经济融资成本。现阶段，我国正处在基础设施补短板、企业去杠杆、地方政府严控债务的复杂环境之中，迫切需要长期资金化解缺口，提高直接融资比重。保险资管机构通过对实体经济和资本工具的投资，可以有效对宏观经济产生积极的促进和影响。

2. 规范保险资管产品运作，"放开前端、管住中后端"，加强风险防控

新规作为保险资管产品的纲领性文件，在适度放宽相关规定的同时，从严规范产品运作方面的共性要求，打造健康的保险资管市场秩序。一方面，通过简政放权激活市场活力；另一方面旨在落实责任，强化事中、事后监管，因此在投资范围、能力监管、风险责任人等方面制定了更严格的规则，坚持严控风险的底线思维，也为保护投资者的切身权益做好了制度保障。新规着重从以下四个方面加强对产品业务的风险防控："一是压实产品发行人主体责任。要求保险资管机构符合投资管理能力要求，落实风险责任人机制，健全产品全面风险管理体系，将产品业务纳入内部稽核和资金运用内控年度审计。二是全面规范产品运作。在打破刚性兑付、消除多层嵌套、去通道、禁止资金池业务、限制期限错配等方面与"资管新规"保持一致。在此基础上，进一

步强化对产品发行、存续、终止清算等全生命周期管理。三是完善风险管理机制。要求保险资管机构按规定提取风险准备金,加强关联交易管理,细化信息披露安排。四是落实穿透监管。要求保险资管机构有效识别保险资管产品的实际投资者与最终资金来源,充分披露资金投向、投资范围和交易结构等信息。"

3. 大力拓展第三方机构业务,提高非险资比重

保险资管业应抓住银行理财转型的机遇,大力拓展第三方机构业务。近年来,保险资管第三方业务发展稳步提速,受托管理的资金不仅来自中小保险公司,非保险资金的比重也逐步提升。在由预期收益型向净值型转变过程中,银行理财对于低波动、绝对收益特征的产品尤其重视,而保险资管具备的绝对收益特色和风险管理优势恰好与之匹配。因此,保险资管可抓住银行理财变革机遇积极布局。伴随理财子公司的发展,未来银行理财产品可以直接投资保险资管产品,保险资管机构也可以直接作为银行理财的投资顾问。

整体看,保险资管产品是定位于私募、中长期投资、小而精的一个类别,监管希望引导保险资管产品与其他资管产品实现差异化发展。一方面,丰富市场中长期投资工具和金融产品供给,满足保险资金等长期资金的配置需求;另一方面,畅通长期资金对接实体经济的渠道,引导长期资金参与资本市场,支持基础设施项目等建设。

专题三　保险资管与其他大资管主体的竞争与合作

（一）大资管背景下的中国资产管理行业发展概况

自 2018 年 4 月《关于规范金融机构资产管理业务的指导意见》（以下简称"资管新规"）正式下发以来，我国资产管理行业逐步呈现出统一监管、回归本源的"大资管"格局。随着 2020 年 3 月《保险资产管理产品管理暂行办法》（以下简称"保险资管新规"）的正式发布，保险资管与其他大资管主体均在"资管新规"的框架下按照各自行业的特点进行了转型与改革，并在准入门槛、投资范围等方面的监管标准趋于统一，"去通道""去嵌套""去监管套利"得以实现，促进了资产管理市场的有效整合和平等竞争。同时，各大资管主体在"资管新规"的引导下不断提升专业能力，并谋求差异化发展，强化竞争力导向，淡化牌照红利，积极推动产品净值化转型，借助资管机构产品的多样化发展来分散系统性风险，以提高整个金融系统的风险防控能力。

经过 2018 年的调整转型后，2019 年我国资产管理行业整体规模呈现稳中向好的态势，资产规模达 111.74 万亿元[①]，同比小幅增长 0.2%。保险资管属于行业后起之秀，且资产端配置相对多元化，非标资产及标准化资产相对均衡且通道业务规模不大，因此受资管新规冲击相对较小。2019 年保险资金实现投资收益 8 824.13 亿元，资金运用平均收益率为 4.94%。伴随着专业化水平和投资能力的持续提升，保险资产管理已经成为当今资产管理市场上的一股重要力量。

相关资料见图 3-3-1、图 3-3-2 和图 3-3-3。

（二）保险资管与其他大资管主体的竞争研判分析

1. 保险资管与其他资管机构的比较优势

（1）管理长期资金经验丰富。得益于行业特点带来的资源禀赋，保险资金具有投资期限长、负债成本刚性等特点，寿险资金久期普遍超过 10 年，保险资产管理机构长期管理系统内保险资金，积累了较强的以追求长期绝对收益为目标的大类资产配置能力和实践经验，保险资金的委托/受托管理机构普遍形成了较为完备的资产配置体系，

---

① Wind 查询各个资管子行业简单加总得到。

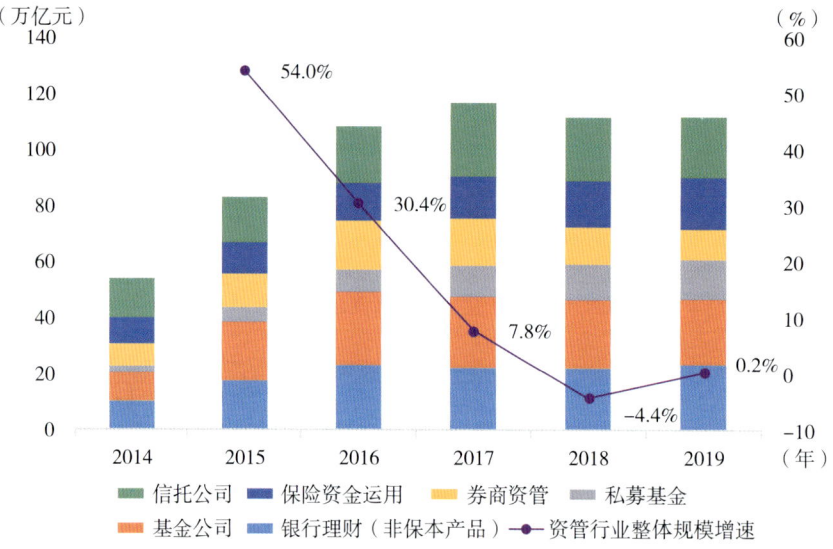

图 3-3-1 中国资产管理行业整体规模与增速

资料来源：Wind

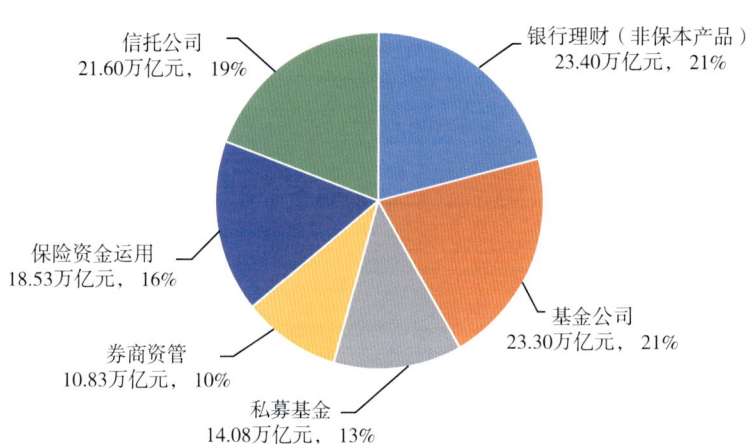

图 3-3-2 2019 年底中国资产管理行业管理规模分布情况

资料来源：Wind

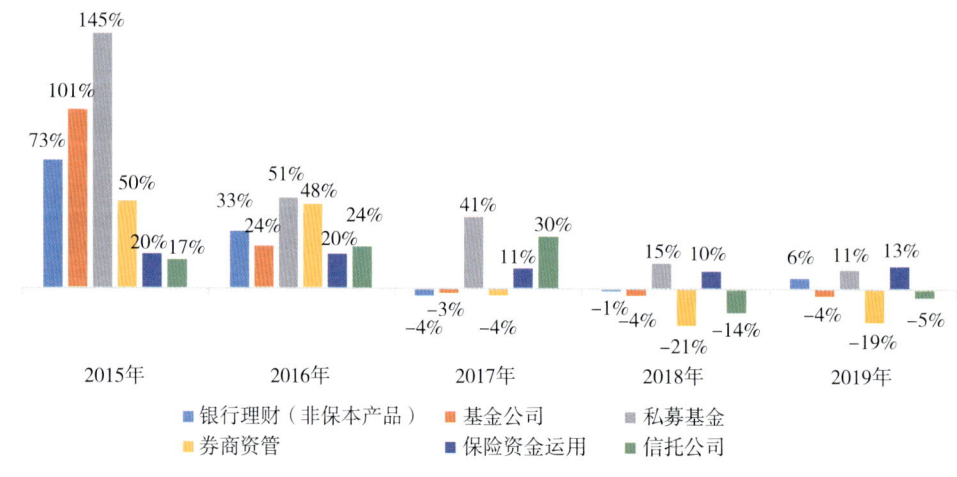

图 3-3-3 2015~2019 年各大资管主体规模同比增速

资料来源：Wind

涵盖战略资产配置、战术资产配置及动态调整机制。保险资金的大类资产配置受到偿付能力、会计收益、负债现金流、监管刚性要求等多方面的约束。保险资管机构需要精准把握委托方的资金属性、风险承受能力及其他各类约束，基于对宏观经济中长期趋势、各大类资产风险收益特征的综合研判，通过一定量化手段，得出各类资产中长期的资产配置基准比例，并且结合中短期市场判断，制订战术资产配置方案，进行日常的动态调整优化。这样独特的优势推动了保险资管在长期大类资产配置、跨周期稳健投资等方面形成优势，具有对风险管理要求高、对市场短期波动的承受能力强的特征。

（2）风控体系较为完备、投资回报稳健。保险资金是负债资金，获得超出负债成本的长期、稳定绝对收益是基本要求，因而逐步形成了保险资管在资产负债匹配管理基础上的长期投资、价值投资和稳健投资的理念。这决定了保险资金运用必须兼顾安全性、收益性和流动性的均衡。因此，在以获取长期稳定的绝对收益为导向的投资管理框架下严格控制风险，保证资产安全的前提下获取收益是保险资管机构的第一要务。保险资管机构应具备完备而全面的风险管理体系和内部信用评级体系，以确保投资的稳健性和安全性。

（3）大类资产配置能力。保险资管投资范围相对较广，投资期限较长，是较早开展配置型投资的资管机构。保险资管机构长期立志于构建并完善战略、战术相结合的资产配置决策体系和团队，在理论和实践操作上已经形成完备体系流程，且经受了市场的长期考验。而其他资管机构，比如公募基金等追求相对收益的产品无须长期战略资产配置；而大部分银行理财产品资金期限短，不适合进行战略资产配置。

（4）较强的服务实体经济的能力。保险资金过去多年在服务实体经济方面积累了相对丰富的经验。自行业2013年将债权投资计划发行由备案制改为注册制以来，债权投资经历了快速攀升后又平稳增长的过程。"资管新规"落地后，由于明确消除期限错配，银行理财对非标资产的需求显著减弱，而保险资管可以发挥保险资金及养老金长期稳定、对资产流动性要求不高的优势，成为非标资产的主要投资人，对非标资产定价将有更多的话语权。

（5）深度参与养老金管理的能力。随着中国人口老龄化程度不断加剧，养老保障体系面临巨大压力，市场迫切需要专业的投资机构来保障养老金资产的保值增值。在第三支柱个人养老市场上，由于保险资管对保险资金、养老金等资金的长期性、安全性属性有着更为深入的理解，长期稳健的投资理念和投资风格更加符合百姓养老理财的特征，因此对这部分资产的投资运作也具有得天独厚的优势和竞争力。

2. 保险资管与其他资管机构的比较劣势

"资管新规"的核心精神之一是鼓励公平竞争，并将保险资管机构作为重要的市场参与者。但面对市场化的竞争,保险资管机构与其他大资管主体相比仍然面临着大而不强、全而不精问题,在资产管理能力链条上存在诸多不足,主要有三个方面:

(1)销售端与客服端的能力建设长期欠缺。虽然2020年3月的"保险资管新规"从政策上放开保险资管产品向自然人销售的限制,但长期以来,保险资管主要受托管理集团内保险资金,买方思维意识强烈。

(2)产品结构与投资策略方面较为单一。目前,保险资管行业在资产配置结构上日趋多元,也侧面反映出投资者多样化的投资需求。但由于组合类保险资管产品投资范围受限,在权益类、固定收益类、另类资产等大类投资范围项下仍有扩充的空间。债权投资计划、资产支持计划、股权投资计划等产品结构较为单一,对于产品的注册效率和募集规模等均有所制约。

(3)部分投研能力存在短板,有待提升。保险资管长期以来以固收类投资为主,尽管近年来为应对低利率环境的压力,在权益投资、另类投资等方面增强了配置力度,但是相应的投研能力专业度、投资策略多样化、投后管理健全性等与其他大资管主体相比仍有显著差距。

(三)保险资管与其他大资管主体的合作探索

1. 与银行理财子公司合作:优势互补

保险资管机构和银行理财子公司具备较高的互补性。就双方的母公司业务特点来看,保险的优势是吸收长期资金,银行的优势是吸收短期资金;保险的能力是多资产配置能力和权益投资,银行的能力是信用管理能力和固收投资;保险迫切需要长期资产,而银行拥有长期资产的存量、获取能力和信息优势。

预计未来发展趋势,保险资管与银行理财可以从四个方面加强资源整合与战略协同,实现促改革、扶实体、化风险发展格局:

一是在长期资产管理上,双方可以加强优势互补。商业银行持有的大量住房抵押贷款等长期信贷资产,通常期限在20年以上,可以通过资产证券化为保险资管提供长期资产;同时,商业银行也盘活了长期资产,腾挪出更多信贷资金支持实体经济,达到优势互补,互利共赢。

二是在股权投资管理上,有广阔合作空间。相比银行,保险资管机构具有股权投资能力优势,具备成为扩大直接投资、增加股权投资、降低宏观杠杆率的中坚力量,扩大股权类金融资产供给,服务实体经济高质量发展。

三是在养老金管理上,商业银行是养老金的主要账户管理人,保险资管公司是主要投资管理人,银行业和保险资管业加强横向业务沟通,可以共同提升基本养老金、企业(职业)年金、社保基金的管理服务水平,助力国家多层次养老金体系构建。

四是在产品投资管理上,银行理财在预期收益型向净值型转变过程中,对于低波动、绝对收益特征的产品尤其重视,而保险资管具备的绝对收益特色和风险管理优势恰好与之匹配。因此,保险资管可以在银行理财变革机遇积极布局,并随着理财子公司的设立,未来银行理财产品可以直接投资保险资管产品,保险资管机构也可以直接作为银行理财的投资顾问,针对银行理财投资管理提供投研服务。

2. 与信托、券商资管公司的合作:补强短板

在长期低利率环境趋势下,大体量、长期性的保险资金也面临长久期优质资产的短缺,以及稳健安全与资产资质选择难题。保险资管应利用与信托、券商公司的合作共同开发另类项目资源,特别是私募股权、私募债权等,积极寻找优质项目,从而有效落实保险服务实体经济战略,并加强保险资管机构对实体经济的支持力度。而且,信托和券商资管公司都具备一定投行卖方优势,资产创设能力较强,通过资产证券化等方式与其合作,保险资管可以丰富自身的产品线和投资策略。

3. 与基金公司的合作:共谋发展

基金公司与保险资管机构都是买方地位,本身相互竞争排他性较强,基金公司未必愿意将其在产品策略和投研能力的优势资源共享,但是双方可在其他领域谋求合作空间。从共谋发展的角度,保险资管可积极借鉴公募基金等机构经验,聚焦金融科技在投资研究、产品布局、客户服务等方面的应用,建立更加透明化、规范化的产品投资运营和业务管理流程,以客户需求驱动产品创新,应对资管市场的竞争。

(四)大资管背景下保险资管机构的发展策略建议

大资管时代背景下,保险资管的战略竞争定位应是主动全能型、兼备长期资金、全方位大类资产配置与投资、稳健获取绝对收益等独特优势的资管主体。从未来发展策略看,保险资管应基于此定位,通过与其他资管主体的合作,力争在立足于管理好母公司保险资金之外,积极拓展新的资金端渠道、创新产品设计、丰富投资策略、优化管理体系进而推进第三方业务的快速发展。

从发展策略看,第一是"打铁还需自身硬",需继续提升投研专业化程度。在管理机制上,可以参考同业国际大型保险资管公司发展的经验,设立多个专业型机构,集团化运作,平台化发展。同时,继续尝试加强与中大型基金公司在投研、产品策略上的协同合作,将现有的投资范围内的研究能力深化。第二是拓展客户与资金渠道。在

大资管背景下，资金端的竞争将日趋激烈。资金端的竞争归根到底就是客户资源的竞争，因此保险资管机构与银行理财子公司的合作应该放在首位，发挥优势互补性。第三是创新产品设计，丰富投资策略。这一点可以利用好券商资管、信托公司等精品型机构在资产创设、产品设计、新兴产业投资方面的特长，加强合作补强短板。第四是优化管理体系。在这一方面应谋求与基金公司进行合作，特别是参照其在科技赋能上的布局，尽快优化前中后台管理效能。

专题四 保险业资产负债管理情况及实践

近年来，随着人们保险意识的持续提升，保险行业稳步增长，保险资金运用余额不断增加。在经济下行、低利率的新环境下，行业发展面临新的诸多挑战。在此背景下，资产负债管理对改进提升保险行业经营管理水平显得尤为重要。

资产负债管理能力是保险业的一项基础核心能力，良好的资产负债管理是行业可持续健康发展的基石，也是支持保险业在日益复杂的外部环境中保持稳健发展、防范发生系统性风险的重要保障。从国外保险业的实践情况来看，资产负债管理的技术和手段已相当成熟。国外保险公司采取较为先进的资产负债管理方法，搭建先进的资产负债管理系统，构建模型工具评估资产负债期限结构、成本收益是否匹配，并借助创新管理手段分散和降低错配风险。与国外相比，当前我国保险业资产负债管理的专业化水平仍存在提升空间，资产负债管理仍面临一些较为严峻的问题。例如，资产负债期限缺口较长，错配较为严重，叠加利率下行，进一步增加了保险资金的再投资风险。如何提高资产负债管理的精细化、专业化水平，构建符合保险机构业务特点的资产负债管理体系，对于提升保险资金盈利能力、优化风险管控、节约资本占用、提高资本回报尤为重要，也是当前监管机构和保险公司亟待解决的重要问题。

（一）2019年保险资产负债监管制度进一步完善

1. 监管制度不断完善，形成了"1+5"监管框架

2019年7月21日，中国银保监会正式发布《保险资产负债管理监管暂行办法》（以下简称《暂行办法》），进一步完善了保险资产负债管理监管制度体系，加强资产负债管理监管硬约束。结合2018年3月1发布的《保险资产负债管理监管规则（1-5号）》，至此保险资产负债管理监管制度的基本框架已搭建完成，即"一个办法"和"五项监管规则"。"一个办法"指《保险资产负债管理监管暂行办法》；"五项监管规则"分别包括财产险公司、人身险公司的能力评估规则和量化评估规则，以及报告规则。

"1+5"监管框架将从定性和定量两个方面，综合评估各保险公司资产负债管理的能力和匹配状况，依据评估结果实施分类监管，构建业务监管、资金运用监管和偿付能力监管协调联动的长效机制。

2. 监管思路更加明确，切实推动资产负债管理执行到位

《暂行办法》明确了资产负债管理的基本要求、监管职责以及针对不同类型机构的资产负债管理能力和匹配状况对保险公司实施差别化监管。保险公司将依据资产负债管理能力评估和量化评估评分被分为三类。其中，对于资产负债管理能力高、匹配状况好的险企，根据市场需求及其实际经营情况，适当给予资金运用范围、模式、比例及产品等方面的政策支持；对于资产负债管理能力较低或匹配状况较差的险企，采取一项或多项监管措施，如风险提示、监管谈话、通报、专项检查、限期整改等；对于资产负债管理能力较低或匹配状况差的险企，则依据法律法规采取进一步监管措施。

此外，《暂行办法》明确了保险公司在资产负债管理中的相关职责，引导保险公司构建资负联动和上下联动的监管机制，并就保险公司建立健全资产负债管理体系提出相应要求等。《暂行办法》的出台进一步加快推动保险公司资产负债管理体系建设，通过制度化建设加大约束防范匹配失衡行为，促使保险公司主动提升资产负债管理能力，推动资产负债管理在保险企业经营管理中有效落实。

3. 加强互动交流，准确理解把握资产负债管理制度内涵

为推进监管规则的落地与实施，加强保险公司对资产负债管理制度内涵的理解、对制度有关要求的把握，中国银保监会、中国保险资产管理业协会等部门通过行业集中培训、研讨会等方式，就资产负债管理模型工具、绩效考核等难点开展业务交流，探讨资产负债管理模式及发展路径。同时，监管部门搭建了监管信息系统，实现了资产负债匹配、资金运用比例、资产质量以及资产配置压力测试数据的系统报送，并组织项目组对报告数据进行集中清理，提高数据质量，以不断提升日常管理水平。

（二）2019年保险行业资产负债管理成效显著

1. 资产负债成本收益匹配有所改善，更注重现金流错配风险防范

2019年，在权益市场结构性牛市背景下，股票等权益类资产在保险资金运用中实现了低占比、高贡献，保险资产负债的成本收益错配风险得到缓解。随着高现价产品规模逐步减少，保险公司转而发展现金流更加稳定的长期储蓄型和风险保障型业务，2019年保险业实现了12.17%的原保险保费收入增长。同时，受资产负债监管新规影响，行业积极回归保险保障本源，更加注重现金流匹配管理，避免因片面追求规模而忽视风险敞口扩大。

2. 资产负债管理意识不断提升，资产负债管理组织架构逐渐完善

随着监管政策逐渐明晰，保险公司董事会、管理层对资产负债管理的重视程度不

断提高，强化了资产负债管理创造价值、防控风险的理念，对资产负债管理体系进行持续优化，着力从制度层面理顺决策机制和管理流程，推动资产负债管理从满足监管规定向真正服务自身经营发展转变。目前，在战略规划层面，为了确立资产负债管理的权威性和相对独立性，保险公司普遍设置了资产负债管理委员会和执行委员会，制定了一系列相关的管理制度和办法，规定了每个环节需要遵从的事项，明确了各个流程所涉及的部门及岗位的具体职责、责任划分和沟通机制。在战略执行层面，为了实现资产负债管理的科学化、专业化、信息化，充分发挥资产负债管理效能，保险公司大多设置了专门的资产负债管理部门，具体负责监管政策和公司政策的落实与实施、风险监测与风险评估、绩效考核等。

3. 资产负债管理能力不断提高，资产负债量化评估持续完善

随着监管规则运行步入正轨，保险公司加大了专业人才、管理系统、模型研发等方面的投入力度。科学的资产负债管理指标和管理模型是实现资产负债量化管理的基础，是判断资产负债是否匹配、相关风险是否可控的主要标准和依据，在资产负债管理中发挥着不可替代的作用。保险公司坚守严格执行监管指标的底线，贯彻无论何时监管指标都是资产负债管理边界这一最基本要求，保证公司在开展业务规划、产品开发、资产配置等工作时不发生过度错配、长期错配风险。同时，还要积极开发内部量化评估体系，并确保能够根据管理需要及时补充完善内部评估体系。例如，在制订资产配置政策时结合各账户的特点设置不同的目标配置比例及投资限额，在评估重大产品对相应账户期限结构匹配影响时也评估其对负债端久期的影响程度。

与此同时，保险公司结合自身资产负债管理各方面制度细化落地执行方案，完善政策传导和执行机制。一方面，在管理操作流程梳理层面，重点明确管理流程中每个岗位、每个人员的职责，对流程中的每个节点提出具体的管理措施。另一方面，将管理政策与业务管理系统相融合，实现政策要求的具体化、流程化、参数化，从而保证政策执行力度。

此外，保险公司普遍采取现场或非现场监测等手段，定期评估政策执行效果，查找政策疏漏之处，对不合理的政策设置及时进行修正。

4. 资产负债管理应用不断深化，资产负债统筹协调发展得以更好发挥

资产负债管理作为保险资金运用计划中的先期重要环节，紧密联接着保险业务负债端和资产端。随着监管部门对资产负债管理的要求和保险公司自身资产负债管理意识的提高，资产负债管理在保险公司经营管理中的应用不断深化，资产负债统筹协同发展得以更好发挥。通过资产负债管理的深入运用，更好地了解掌握负债端和资产端的各自现状，从而综合两端需求，最优化共同发展目标。其中，在资产端，结合资产

负债管理要求，能够为保险公司战略资产配置，乃至战术资产配置提供更清晰的投资方向和约束条件，从而能够更好地支持保险主业发展，实现公司总体发展目标。

（三）保险资产负债匹配管理仍面临的问题及完善建议

1. 总体资产负债管理能力仍处于初级阶段

从目前行业整体情况来看，行业整体资产负债管理能力建设尚处于初步阶段，而且不同公司间资产负债管理情况存在一定差异。大型保险公司和中小型保险公司因各自的战略布局、业务模式、人才队伍、科技水平等存在较大不同，使得二者在资产负债管理意识、能力上存在明显分化。与中小型保险公司相比，大型保险公司资产负债管理体系建设起步较早，管理机制相对完善，管理经验相对丰富，管理方法相对成熟，资产负债管理综合水平相对较高。中小型保险公司资产负债管理更多地处于满足监管要求和自身发展转型需要的阶段，管理能力偏弱。此外，从整体来看，大型保险公司和中小保险公司的资产负债决策效率均不够高，这也是行业亟需解决的共性问题。

2. 资产负债管理精细化水平仍有待提高

由于资产负债制度实施时间不长，资产负债管理涉及大量的日常经营管理工作，流程、环节繁多细碎，需要相应的管理机制和制度加以明确、细化，以减少管理中可能出现的疏忽和遗漏，从而尽量避免落实不到位，或实际效果不理想等问题。目前，虽然保险公司围绕着资产负债匹配日常监测、错配风险和流动性风险管理、资产负债管理绩效评估等方面已制定了一系列办法规章，但在执行过程中仍存在模糊不清、分工不明、跨部门之间协同效率低等问题，难免造成资产负债管理有关工作流于表面、浮于形式。监管制度的出台和完善，有利于推动保险公司加强资产负债管理工作；同时也需要保险公司结合自身实际情况，在未来资产负债管理过程中不断健全工作机制，优化决策流程，提升资产负债精细化水平。

此外，与国际同业相比，行业资产负债量化管理水平稍显落后，金融科技应用尚处于初级探索阶段，受制于研发水平和人员配备，尚未建立起符合自身业务特征、成熟的风险管理和组合管理量化评估模型以及专业、完整的涵盖众多业务模块的资产负债管理系统，一定程度上影响了评估结果的精确性。

3. 资产负债管理专业人才队伍建设有待加强

优秀、专业的资产负债管理人才是实现行业资产负债管理跨越式发展的坚实基础，通过资产负债管理人员在管理实践中不断摸索积累，才能逐渐探索出一条科学、专业的资产负债管理道路。特别是随着保险公司产品创新程度和结构化程度的不断加深，保险公司需要更多专业化的复合型资产负债管理人才，但现有人才的数量、结构和能力素质还不能完全适应新形势下保险公司资产负债管理的需要，特别是专业核心人才、业务领军人才捉襟见肘。可以说，如何打造专业的资产负债管理团队，强化资产负债管理专业人才储备是当前整个行业面临的难题。

当前，在监管制度不断完善之际，行业需要持续做好做细做精资产负债管理。未来，以行业高质量发展理念为引领，以风险资源优化配置为目的，做好管理资源的合理规划、分配，科学地实施资产配置与风险管控，将成为保险公司推进资产负债精细化管理的主线和努力方向。

专题五 保险机构积极参与养老金管理

（一）养老金市场发展前景广阔

1. 我国人口老龄化、少子化问题更加严峻

当前，我国人口老龄化正进入快速发展阶段。2000～2019 年，我国 65 岁以上老年人口数量由 8 821 万人上升至 1.76 亿人；老年人口占比由 6.96% 上升至 12.60%；老年抚养比[①]由 9.9% 上升至 17.7%。联合国《世界人口展望 2019》预测，2030 年前后，我国老年抚养比将达到 30.2%，而 2050 年前后这一比例将达 52.2%。意味着在新中国成立一百年时，每两个劳动人口就需抚养一位老人。相较于其他发达国家，我国"未富先老"特征明显。

我国人口低出生率的问题在放开生育政策后尚未得到解决。1991 年，我国总出生率为 19.68‰，生育率为 2.14，开始小于公认的世代更替水平 2.2，当年出生人口 2 258 万人。2019 年，我国出生率降至 10.48‰，二胎放开政策后生育率仅升高 0.03 至 1.69[②]，当前出生人口 1 523 万人，创历年新低。在这种老龄化、少子化的局面下，现收现付制的养老保障模式存在较大代际转移压力。为确保我国养老保障安全，以缴费确定性为主的个人养老金市场亟待发展（见图 3-5-1）。

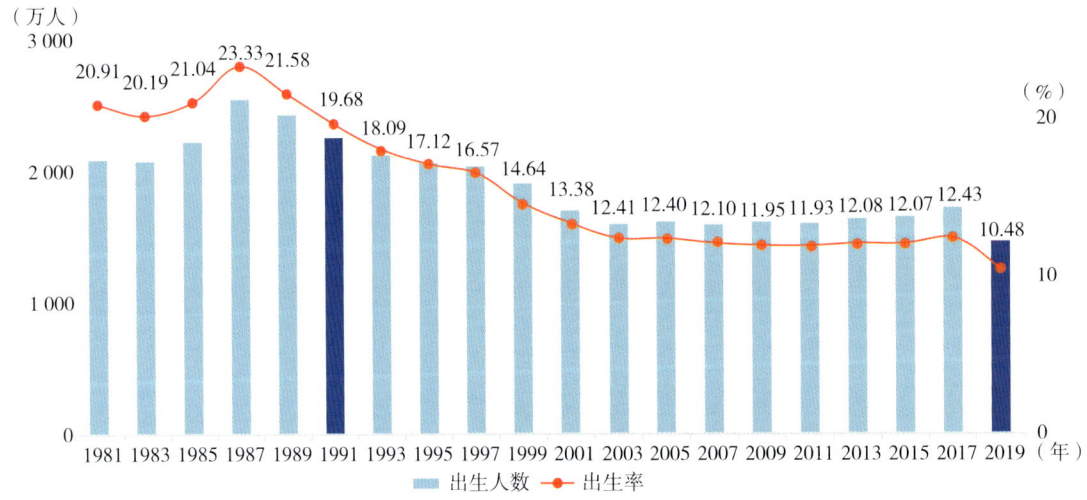

图 3-5-1 我国少子化问题严峻：出生人数和出生率持续降低

资料来源：Wind，长江养老

---

① "老年抚养比"定义为 65 岁以上人口占 15～64 岁人口的比重。当前我国 2019 年 15～64 岁人口占比数据尚未公布，根据线性外推保守估计为 70.9%，得到老年人口抚养比为 17.7%。

② 资料来源：United Nations – World Population Prospects。

2. 国家战略下政策红利凸显

针对以上问题，国家密集出台相关文件，大力发展商业养老保险市场。2019 年 12 月中央出台《国家积极应对人口老龄化中长期规划》，将应对老龄化上升为国家战略，对老龄化社会财富储备等方面作出重要战略部署。2020 年 5 月，中央发布《关于新时代加快完善社会主义市场经济体制的意见》，提出要大力发展企业年金、职业年金、个人储蓄性养老保险和商业养老保险。

2020 年 1 月，中国银保监会、国家发改委、教育部等 13 部门联合发布《关于促进社会服务领域商业保险发展的意见》（银保监发〔2020〕4 号），对我国经济高质量发展阶段的商业保险职能做出顶层设计。该意见是在人口老龄化、人均 GDP 突破 1 万美元的宏观背景下，各部委对商业保险发展的监管共识。随着我国居民生活水平进一步提升，居民对于保险种类和保险形式的要求愈发精细化。该意见旨在深化金融供给侧结构性改革，充分发挥商业保险在保障民生、促进消费和拉动内需、增强社会风险分担机制、提供长期资金支持。未来，商业保险的发展主要体现在五个方面：一是完善健康保险产品和服务；二是强化商业养老保险保障功能；三是大力发展教育、育幼、家政、文化、旅游、体育等领域商业保险，积极开发专属保险产品；四是支持保险资金投资健康、养老等社会服务领域；五是鼓励商业保险机构在风险可控前提下，适度提高定期寿险产品定价利率。

商业养老保险方面，《关于促进社会服务领域商业保险发展的意见》提出要加快发展，强化保障功能，以"个人账户式"和"年金化"为抓手，开发投保简便、交费灵活、收益稳健、年金化领取的个人账户式商业养老保险产品。根据政策指引，未来在个人账户式为基础的养老保险市场制度下，推动信息平台、税收优惠、财政政策等接口建设，鼓励公众参与养老保险第三支柱，并扩大对包括港股通、海外债券以及养老服务等行业的股权投资等投资范围。

（二）商业养老保险现状与展望

从养老金管理角度，可以将商业养老保险市场分为年金险下的广义养老保险和 2018 年推出的个人税收递延型商业养老保险。

广义养老保险市场方面，《关于促进社会服务领域商业保险发展的意见》指明："力争到 2025 年，商业保险为参保人积累不低于 6 万亿元养老保险责任准备金。"自 2013 年至 2019 年上半年，普通型养老年金或 10 年以上的普通型长期年金（非分红型年金）累计保费收入已经达到 2.19 万亿元，责任准备金余额为 1.26 万亿元[①]，准备金提取率为 58%。根据社科院和市场机构测算，寿险保费中 25% 左右具有广义养老保险性质。以此估计，如 2025 年养老保险责任准备金累积达到 6 万亿元的规模，需要养老保险市场年化增速达到 12%，预计为 GDP 增速的 2 倍。表明在经济高质量发展阶段，伴随着老龄化严谨和国家政策重视，商业养老保险的发展速度将有所加快（见图 3-5-2）。

图 3-5-2　养老保险保费与责任准备金：规模预测

资料来源：中国银行保险监督管理委员会官网，Wind，长江养老

个税递延型商业养老保险方面，作为第三支柱商业养老保险的试点产品，自 2018 年 4 月财政部等联合发布《关于开展个人税收递延型商业养老保险试点的通知》以来，产品的设计开发、管理运作等工作稳步推进，但市场效果低于预期。目前，全国累计保费达 2.06 亿元，其中 A 款、B1 款、B2 款和 C 款[②]保费分别为 0.74 亿元、1.01 亿元、0.08 亿元和 0.23 亿元，占比分别为 38%、46%、4% 和 12%，显示出投保人的风险偏好较低。按销售机构统计，截至 2020 年 1 月，获准业务资格的 23 家机构中，21 家机构的 68 款产品获准销售，其中太保寿险、平安养老、泰康养老、中国人寿等市场份额排名靠前。[③] 按地区统计，上海市累计保费 1.61 亿元，累计件数超 3 万件；福建省累计保费 0.26 亿元，累计件数超 1 万件；厦门市累计保费 0.07 亿元，累计件数 4 500 多件；苏州工业园区累计保费 0.11 亿元，累计件数 2 300 多件。

[①]　公开新闻中银保监会披露数据，https://insurance.hexun.com/2019-08-31/198400455.html。
[②]　根据《个人税收递延型商业养老保险产品开发指引》，A 类产品为收益确定型产品，在积累期提供确定收益率（年复利），每月结算一次收益。B 类产品为收益保底型产品，在积累期提供保底收益率（年复利），同时可根据投资情况提供额外收益，每月或每季度结算一次收益。根据结算频率不同，分为 B1 类产品（每月结算）和 B2 类产品（每季度结算）。C 类产品为收益浮动型产品，在积累期按照实际投资情况进行结算，至少每周结算一次。
[③]　根据同业交流数据计算，下同。

从产品特征看,养老年金产品呈现差异化竞争格局,采取万能账户增值、对接养老社区、保单高比例低利率贷款、分红等方式吸引客户;个税递延型养老保险产品在发展初期,保底收益的差异较小,C 款的净值尚未明显拉开差距(见表 3-5-1)。

表 3-5-1　　　各家保险公司养老保险产品和个税递延型养老保险产品比较

	太保人寿	新华人寿	泰康人寿	中国平安	太平人寿
产品名称	老来福(分红型)	福享一生终身年金保险(分红型)	人生赢家(分红型)	金瑞人生 20	太平福享金生
投保年龄	16~60周岁(男)/16~55周岁(女)	0~65周岁	0~50周岁	0~65周岁	28天~53周岁
缴费方式	趸/3/5/10/15/20年	趸/3/5/10年	趸/3/5/10/15/20年	3/5/10年	10/15/20年
保险期间	终身	终身	至100周岁	15年	至88周岁
预定利率	2%	—	3%	1.75%	1.20%
基本责任	生存金、身故或全残保险金、浮动分红、万能账户增值	生存金、身故保险金	生存金、身故保险金、浮动分红、万能账户增值	生存金、身故保险金、满期金、万能账户增值	生存金、身故保险金、养老生存金、祝寿金
特色责任	能与"会享福养老年金保险"共同组成养老年金保险产品	保单贷款:最多可按保单现金价值95%进行贷款,利率5.6%	达到标准可对接泰康养老社区,提前锁定高端养老资源	保单贷款:可申请现金价值80%的保单贷款	特别关爱金:被保险人全残,每年额外领取一倍生存保险金
个税递延收益	3.50%	3.50%	3.50%	3.50%	3.50%
	4.50%	4.50%	5.00%	4.50%	5.00%
	4.50%	上季度4.25%	5.00%	—	4.50%	—
	1.1299	—	1.1288	1.1749	1.1299

资料来源:各公司官网,内部交流数据

(三)保险机构参与养老金管理现状

1. 保险机构参与养老金管理的优势

保险机构参与养老金管理有诸多优势。一是管理目标较为一致。保险资金具有规模大、期限长、来源稳定、成本相对较低等特点,与养老金的资金属性高度重合,经营理念较为一致。同时,保险机构具备长期资金的专业管理经验,保险资管或养老金管理机构在实践过程中积累了大量的养老金三支柱管理经验。二是管理手段贴合需求。保险机构具备丰富的产品创设、大类资产配置和风险管理经验,能够从个人生命周期的视角，利用资产配置手段，将不同阶段受益人的资金需求与资金风险相匹配。三是具备业务协同与属地化服务特色。保险机构具备强大的客户服务网络，在全国各地的服务网点可以及时向客户提供养老保障方面的全面对接，满足受益人在养老、医疗、健康管理、居家服务等大健康方面的综合需求。同时，保险资金和养老金是新形势下服务实体经济的重要力量，在转换新旧动能、市场化配置资本市场要素等方面将发挥不可替代的作用。

2. 保险机构参与养老金管理情况

保险机构是养老金市场中重要的管理人，充分发挥了长期资产配置管理的专长和优势，为养老金的保值增值发挥积极作用。第一支柱基本养老保险方面，截至2019年末，基本养老保险基金已有22个省（区、市）签署基本养老保险基金委托投资合同，委托总金额达到1.09万亿元。[①] 预计2020年养老基金委托投资规模将在千亿元级别。在获得基本养老保险基金投资管理人资格的21家机构中，有6家保险机构入选。第二支柱的企业年金方面，截至2019年末，积累基金1.799万亿元，参与企业9.6万家，覆盖职工2 548万人。在企业年金市场的受托和投资领域，保险机构的市场份额分别为73%和55%。职业年金方面，目前全国33个职业年金项目（中央国家机关，31个省区市、新疆生产建设兵团）中已有30个完成受托人评选，其中25个项目已启动资金运作，运作规模超过6 600亿元，保险机构在受托和投资的市场份额分别为65%和34%。第三支柱个人储蓄型养老保险方面，保险机构在政府相关部门的支持下，先试先行开展个税递延型养老保险产品开发和试点工作。截至2019年，已有23家公司参与税延养老保险试点，68款产品上市，累计实现了保费收入2亿元，参保人数4.52万人[②]，其中2019年C款产品最高收益率达17.5%。

（四）保险机构参与养老金管理展望

一是创新养老金融产品供给。在国家加快发展商业养老保险的背景下，伴随着居民财富积累的快速增长以及对金融风险辩证认识程度的日益提升，客户养老资产的累积和配置需求将愈发多元。保险机构需要基于投资者在生命周期中对资产长期回报、风险程度和流动性的要求，在不同风险偏好下提供不同场景的解决方案。保险机构在这方面具有先天优势，部分养老金管理机构已深耕养老金管理领域十余年，积累了丰富经验。今后，保险机构应始终坚持以客户需求为导向，通过差异化竞争，拥抱未来

[①] 人社部2019年第四季度新闻发布会，http://www.scio.gov.cn/xwfbh/gbwxwfbh/xwfbh/rlzyhshbzb/Document/1671925/1671925.htm。

[②] 资料来源：http://www.chinanews.com/cj/2019/10-21/8985294.shtml。

非接触式的金融服务模式，通过资产配置获得分散风险溢价。伴随个人养老金市场发展，保险机构应在监管政策方向下，努力通过创新发展，满足受益人养老需求，解决养老金融规划上的难点痛点。

二是持续增强行业核心竞争力。养老金管理领域的核心竞争力集中体现在"人才"和"科技"两个方面。养老金管理的大趋势是后端处理复杂精细，面向客户的前端展示简单化、特色化。为了顺应发展趋势，一方面，必须把人才作为最重要的长期投入，通过激励机制留住核心人才，更好地推动行业的发展；另一方面，需要加强金融科技对精细化资产管理的支撑。依靠金融科技手段把优秀的投资经理能力固化在投资平台和管理系统中，高效获取风险收益，保证资管业绩长期稳定。

三是加快构建养老服务生态圈。发展养老金融是构建养老服务生态圈的重要一环。保险机构的负债端在个人客户服务方面能力较强，在产品设计、营销服务等方面有广阔的发展空间。未来，应通过发挥保险机构的特色优势，将商业养老保险与居民在医疗、教育、护理等综合养老服务需求对接，通过产品、服务的组合创新，大力发展商业养老保险，以规模效应提高社会整体福利水平。

专题六 保险机构个人税收递延养老保险投资经理及组合经理注册及后续培训情况

2018年5月1日至2020年5月1日，23家保险公司在上海市、福建省（含厦门市）和苏州工业园区，开展了为期两年的个人税收递延型商业养老保险业务。2019年度为行业第一个完整的业务及投资管理年度。协会履行个人税收递延养老保险投资经理和组合经理的注册及后续培训的职责，对截至2019年12月31日个人税延养老保险投资经理和组合经理的注册及后续培训情况做了全面总结。

（一）2019年度税延养老保险投资经理和组合经理注册情况

1. 业务试点机构投资经理和组合经理注册人数符合监管要求

截至2019年12月31日，39家保险及保险资管机构登记注册的税延养老保险资金投资经理和组合经理共210人。其中，投资经理154名，组合经理47名，组合经理兼投资经理9名。2018年注册投资经理和组合经理共165人。2019年新增注册投资经理和组合经理50名，有5名投资经理和组合经理注销。取得税延养老保险业务试点资格的23家保险公司注册了2名或2名以上税延养老保险投资经理和组合经理。受托管理税延养老保险资金的14家投资管理人已注册了10名及以上的投资经理和组合经理。

2. 投资经理和组合经理从业年限及相关经验达标

已注册的投资经理和组合经理均符合银保监发〔2018〕32号文中对金融从业年限、投资管理经验年限及长期资金资产配置经验最低年限的资质要求。总体而言，组合经理平均金融从业年限、投资管理经验年限和长期资金资产配置年限超出投资经理相应的职业经历年限（见表3-6-1）。

表3-6-1　　　　　　　投资经理和组合经理从业年限统计表　　　　　　　（单位：年）

	金融从业年限			投资经验年限			长期资金资产配置年限		
	最低	平均	最高	最低	平均	最高	最低	平均	最高
组合经理（含组合经理兼投资经理）	10.00	15.14	26.00	5.00	10.70	23.00	5.00	9.09	21.00
投资经理	6.00	13.71	29.00	4.00	9.86	29.00	—	8.70	18.00

资料来源：中国保险资产管理业协会

根据协会统计的已经登记注册的投资经理和组合经理的年龄及从业年限的分布，已注册的投资经理和组合经理以1970~1989年出生为主，共计198位，约占全部人数的94%（见图3-6-1）。

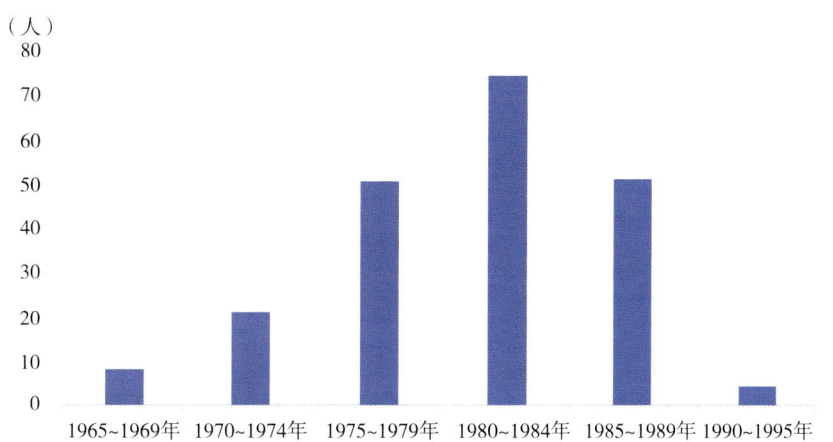

图3-6-1 投资经理和组合经理出生年份分布图

资料来源：中国保险资产管理业协会

已经登记注册的投资经理和组合经理获博士学位11人，硕士研究生学位178人，本科学位及学历21人。投资经理和组合经理毕业于中国高等院校的有168人，占比80%；毕业于海外高等院校的有42人，占比20%。

按照投资经理和组合经理的最高学历统计，毕业于北京大学的人数最多共20人，其次是中国人民大学、上海财经大学、清华大学、中央财经大学、复旦大学等高校（见表3-6-2）。

表3-6-2　　　　　　　　　投资经理和组合经理人数排名前十的所在毕业院校

序号	毕业院校	投资经理及组合经理人数	序号	毕业院校	投资经理及组合经理人数
1	北京大学	20	6	复旦大学	10
2	中国人民大学	15	7	南开大学	7
3	上海财经大学	14	8	对外经济贸易大学	6
4	清华大学	13	9	上海交通大学	5
5	中央财经大学	11	10	同济大学	5

资料来源：中国保险资产管理业协会

有44位组合经理和投资经理具有金融领域的一项或多项专业资格，占已注册的投资经理和组合经理的21%；税延养老投资经理和组合经理获得的主要专业资格的分类统计见表3-6-3。

表 3-6-3　　　　　　　　　投资经理和组合经理专业资格统计表

类别	职业资格	人次	类别	职业资格	人次
专业资格	特许金融分析师（CFA）	8	从业资格	证券从业资格	19
	金融风险分析师（FRM）	5		证券发行与承销资格证书	1
	国际注册内部审计师（CIA）	1		基金从业资格	6
	注册管理会计师（CMA）	1		期货从业资格	5
	中国注册会计师（CPA）	3		银行间本币市场交易员资格	7
	澳大利亚准会计师（CPA）	1		银行间债券托管结算资格证书	1
	澳大利亚准精算师	1	职称	经济师（金融）	1
	北美精算师	1		高级经济师	1
	中国精算师	2		中级会计师	1
	高级寿险管理师	1		中级经济师	2
				助理经济师	1

资料来源：中国保险资产管理业协会

（二）2019 年税延养老保险投资经理和组合经理后续培训完成情况

1. 协会结合需求及时制定了后续培训课程

协会于 2019 年 2 月 20 日公布了 2019 年度税延养老保险投资经理和组合经理的后续培训课程列表。2019 年，协会共为税延养老保险投资经理和组合经理提供了超过 267 个学时的视频或现场培训后续培训课程，其中必修课程 10 学时，选修课程 257 学时。267 个学时中，线上课程 57 学时，现场培训 210 学时（按 8~10 学时/天折算）。课程的课时设置能够充分满足 2019 年度税延养老保险投资经理和组合经理 30 个最低学时的需求。

同时，协会在 2019 年组织开展了 16 场涉及投资、风险管理、资产负债管理、合规运营等领域的专业类培训，均向投资经理组合经理开放，大大丰富及满足了投资经理和组合经理专业化学习的需要。

2019 年 10 月，协会专门为投资经理和组合经理设计并组织了"第一期养老金投资管理专题培训"。特别邀请了来自中国投资有限责任公司、全国社会保障基金理事会、外资资管机构，以及参与个人税延商业养老保险试点业务的保险公司、养老险公司、保险资产管理公司的授课嘉宾，就委托账户产品设计、全球资产配置策略在主权基金管理中的应用、税延养老产品负债端特征和资产负债管理、投资管理人的选择标准与实践、养老金投资组合管理、养老金投资组合的绩效归因与业绩考核设计等六个方面进行分享，深受投资经理、组合经理的好评。

2. 税延养老保险投资经理和组合经理后续培训总体完成情况良好

从学习达标情况看，截至 2019 年 12 月 31 日，已注册的 210 位组合经理及投资经理，208 名投资经理和组合经理报送了后续教育学时及资料，有 206 人达到 30 个学时的要求，培训学时完成率为 98%。投资经理和组合经理在 2019 年全年平均完成 38 个学时，最多完成 113 个学时。

从培训课程看，线下面授培训"新形势下保险资金大类资产配置""新形势下保险资产负债管理政策及实务进阶""第一期养老金投资管理专题培训""2019 年保险资金运用全面风险管理系列——信用风险"等课程颇受税延养老保险投资经理和组合经理欢迎。线上课程中资产负债管理、资产配置、委托投资等相关课程，协会和纽约金融学院合作的课程"投资组合管理Ⅰ、Ⅱ"也较受欢迎。协会的微享汇系列受众面较广。

从参训人员关注度看，在所有培训课程中，参加合规类培训的投资经理和组合经理人数较多，如反商业贿赂培训、反洗钱培训、内幕交易和老鼠仓案例分析培训、保险资金非标项目发行法律合规风险与监管动态、保险资金投资非标产品的监管政策解读、《保险公司关联交易管理办法》培训等，凸显投资经理和组合经理的合规意识。

投资经理和组合经理对新型投资工具及市场规则的培训非常重视，如新金融工具准则培训、信用风险缓释工具、LPR 机制改革、协议存款、质押品担保业务培训、资产证券化 ABS 业务培训、国债期货等。

（三）个人税延养老保险投资业绩分析

截至 2019 年 12 月 31 日，行业自个人税延养老保险试点开始以来累计收到个人税收递延商业养老保险原始保费 2.52 亿元，用于投资的保费约为 2.47 亿元，比 2019 年 6 月 30 日累计增加 55%。产品的初始费率为 0.5%~1.5%，2019 年当年分配给税延养老保险投保人的结算利率中位数为 4.5%，投资收益率基本能覆盖结算利率。

总体对比分析，C 类账户在 2019 年的收益率高于 A、B 两类账户，B 类账户略高于 A 类账户的收益，C 类账户的投资业绩分化最为明显（见表 3-6-4）。

表 3-6-4　个人税延养老保险 A 类、B 类、C 类账户市值收益率统计　（单位：%）

	A 类账户	B 类账户	C 类账户
	当年累计费后市值收益率	当年累计费后市值收益率	当年累计费后投资收益率
中位值	4.86	5.49	7.64
算数平均值	4.80	5.68	9.79
规模加权平均值	5.80	7.08	12.20
最高值	11.80	12.39	27.48
最低值	0.29	0.58	0.61

资料来源：中国保险资产管理业协会

A 类账户主要配置的是境内债券资产，B 类账户主要配置的是境内私募债权类资产，C 类账户主要配置的是股票类资产。C 类账户的资产配置和投资更为积极主动，配置调整更频繁，业绩分化也较大。三类账户总体操作稳健，2019 年未出现投资亏损。

（四）个人税延养老保险试点业务及投资管理中的挑战及应对建议

根据《关于开展个人税收递延型商业养老保险试点的通知》（财税〔2018〕22 号），2018 年 5 月 1 日起在上海市、福建省（含厦门市）和苏州工业园区实施个人税延养老保险试点，试点期限暂定 1 年。

试点期已去 1 年，对于新的投保人的税延资格，税务局态度不明。保险公司对于发展新的个人税延养老保险的投保人处于停滞阶段，因此，急需出台个人税延养老保险试点期之后的后续政策。

个人税延养老保险发展缓慢的原因在于：一是试点政策区域窄，政策覆盖性不高；二是税收递延优惠额度相对有限，缴费税前扣除限额按月收入的 6% 和 1 000 元（或年收入的 6% 和 1.2 万元）孰低确定；三是养老金领取时纳税税率较高；四是抵税复杂，当月月收入 6% 的限额规定导致需逐月确认和调整缴费上限，月收入波动也会进一步增加额度计算难度；五是个税起征点调高及专项附加扣除政策出台后，客户投保意愿进一步降低，新增投保人数大幅下降，试点地区 2019 年度月均新增投保人数较 2018 年下降 88.6%，部分投保人甚至停止了缴费。

未来，个人税延养老政策面临扩容，可以从以下几方面考虑：一是尽快出台新的税延养老保险政策或延长试点期限，稳步推进试点扩面扩容；二是调整税收优惠额度及领取期税收政策；三是建立自动加入、缴费配比等机制，加快提升市场参与率；四是实现税务信息共享，简化税务申报流程。

专题七 保险资产管理业参与股权投资

股权投资是大类资产配置的重要组成部分之一,成熟市场的长期资产管理人配置了较高比例的股权类资产,例如耶鲁大学捐赠基金会 2020 年的配置目标中,VC 类资产(不含杠杆收购)占比 21.5%,该类资产在过去 20 年间取得了 20.2% 的加权平均年化收益率;加拿大退休金计划投资委员会 2019 财年的资产配置中私募股权资产占比为 23.7%。

保险资金在股权领域的投资与成熟市场相比仍有上升空间。总体来讲,保险资金应发挥自身负债久期长的优势,提升股权资产在大类资产中的配置比例。

(一)保险资管业参与股权投资主要法律法规及政策演变

1. 股权投资作为保险资金运用形式已在法律层面得到明确

一直以来,保险资金运用相关规定多基于《保险资金运用管理暂行办法》等一系列规范性文件,其中,股权投资通常以资产配置中权益类资产配置项下的未上市权益类资产的角度进行约束管理。

为贯彻落实党的十九大、中央经济工作会议和全国金融工作会议精神,进一步防范风险和深化改革,完善保险资金运用管理和监管机制,提升保险业服务实体经济能力,原中国保监会对《保险资金运用管理暂行办法》进行了修订,发布《保险资金运用管理办法》(保监会令〔2018〕1号)。该办法作为部门规章,自 2018 年 4 月 1 日起实施。《保险资金运用管理办法》第六条,首次将"投资股权"明确列举为保险资金的投资运用形式。因此,股权投资作为保险资金运用形式已在法律层面得到明确。

2. 保险资金股权投资各方面监管政策逐步明晰,管理效率不断提高

2010 年 9 月,原中国保监会发布了《保险资金投资股权暂行办法》(保监发〔2010〕79 号),在其适用的近 10 年时间里,为险资股权投资提供了严格有效的规范。

其后,《关于保险资金投资股权和不动产有关问题的通知》(保监发〔2012〕59号)、《中国保监会关于保险资金投资创业投资基金有关事项的通知》(保监发〔2014〕101号)、《中国保监会关于设立保险私募基金有关事项的通知》(保监发〔2015〕89号)以及《中国保监会关于保险资金设立股权投资计划有关事项的通知》(保监资金〔2017〕282号)等相应规范性文件分别就保险资金股权投资的具体执行要求、保险资

金投资创业投资基金、设立保险私募基金以及股权投资计划进行了进一步细化规定。

2019年1月8日，中国银保监会保险资金运用监管部发布《关于股权投资计划和保险私募基金注册有关事项的通知》（资金部函〔2019〕1号）。该通知规定，保险资产管理机构及其下属机构发起设立股权投资计划和保险私募基金，由中国保险资产管理业协会办理注册工作。中国银保监会将加强对中国保险资产管理业协会的业务指导，并加强对股权投资计划和保险私募基金业务监管。各投资机构应当按照监管规定，及时向中国银保监会报送季度和年度报告。2019年5月13日，中国保险资产管理业协会发布了《保险私募基金注册规则（试行）》及《股权投资计划注册规则（试行）》，对两类产品申报、注册及管理的流程、机制、规则与要件要点进行了明确规定。

3. 保险资金股权投资未来监管政策效力层级将进一步完善

2018年10月26日，中国银保监会起草了《保险资金投资股权管理办法（征求意见稿）》，向社会公开征求意见。未来，将有更高层级的部门规章对保险资金投资股权进行更加符合行业监管要求的相应约束。

中国银保监会于2020年3月25日公布了《保险资产管理产品管理暂行办法》〔中国银行保险监督管理委员会令（2020年第5号）〕，自此，"股权投资计划"亦被从部门规章的角度明确为保险资管产品的一种。后续待《关于规范开展股权投资计划业务有关事项的通知》正式出台后，保险资产管理机构发行股权投资计划的相关规范将进一步完善。

（二）保险资管业参与股权投资初具规模

截至2019年末，参与调研的190家保险公司股权投资资产达到18 476亿元，占行业总投资资产的10.43%，其中未上市企业股权和长期股权投资分别为6 650亿元和6 108亿元；股权投资基金（非保险系）2 797亿元，股权投资基金（保险系）1 472亿元，合计4 269亿元；股权投资计划1 447亿元。从不同机构类型来看，寿险公司是股权投资的绝对主力，投资规模占行业整体股权投资规模的73%；其次是保险集团公司占比为17%，产险公司占比为8%，以及再保险公司占比为2%。[①]

从产业分布来看，保险公司可以通过参与私募股权基金、创投基金等方式布局新兴产业，分享朝阳行业发展红利，获取资产配置的超额收益。保险公司已投私募股权基金从规模上来看，医疗养老大健康、TMT、大消费、不动产（含物流地产）、基础设施五个行业占已投境内私募股权基金总认缴规模的56%，是保险资金投资股权领域最

---

① 中国保险资产管理业协会：《2019－2020年保险公司（集团）股权投资调研情况》。

侧重的五个方向。

1. 打造综合化协同经营的横向股权投资

股权投资有助于发挥保险资金长期、稳定的特点和类资本属性，在保险产业链上发挥协同效应，为保险集团创造长期价值。国内大型保险集团经过多年努力，以发起设立或股权并购为主要方式，以财务并表为标志，以控制董事会为目标，成功构建了保险金融领域的综合经营格局。一方面，通过股权投资深化了保险领域的专业化分工和深耕细作，实现了保险全业态的专业经营；另一方面，控股非保险金融机构牌照，形成了金融领域的综合经营格局。[①]

2. 构建保险主业生态产业链的纵向股权投资

保险公司可借助科技优势和依靠的集团资源，优先打造金融生态圈、汽车出行生态圈等新兴方向。例如，以产险为主业的中国人保财险，在汽车后端市场开展股权投资，构建以车险为纽带的保险生态圈。传统的保险公司则可以利用丰富的人身及健康险数据，加之政府支持和医疗服务机构的资源关系，重点打造医养生态圈等。例如，中国人寿通过投资医疗服务及大健康产业链上下游优质企业来布局医疗健康生态系统；再如，泰康保险集团基于其寿险业务带来的巨大资金流和客户流，深耕寿险产业链，打造养老、健康、财富三个闭环，构建大健康产业生态体系。有的保险公司通过设立科技子公司或收购、投资科创企业来增强技术实力，也有通过与科技公司战略合作或商业联盟，以较少的成本、较高的效率为自身科技赋能。

3. 以获取超额收益为目的配置型股权投资

股权投资之所以受到青睐，还因为其能分散风险，改善整体投资组合的收益水平，并增强投资回报的稳定性。长期来看，由于私募股权与股票市场和经济周期相关系数为负，可分散风险，多种品种投资展现出较传统股票和债券更高的收益率。在当前低利率环境下，股权投资具有较高的风险溢价，特别是基础设施和公用事业的股权项目现金流稳定，分红收益率较高，而且投资期限较长，符合保险资金长久期的需求，可以更好地实现资产负债匹配，降低再投资风险。

（三）保险资管业参与股权投资面临的挑战

保险资产管理业参与股权投资时间尚短，在现阶段面临的挑战主要有以下几方面：

1. 市场竞争

保险资金风险厌恶程度高，偏好中后期项目，但成熟项目估值高，份额争抢激烈。

---

① 盛今．发挥股权投资正向作用实现保险资金长期价值与当期回报动态平衡［J］．清华金融评论，2019（2）：49-52．

2019年科创板推出后，一级市场估值水涨船高；半导体等行业正当风口，部分投资人盲目追高，投资不推敲逻辑、不谈估值而"只靠信仰"等不理性行为导致局部过热。保险资金管理人在市场中一方面积极争取项目机会，另一方面需保持客观理性，寻找与险资诉求和风格匹配的投资项目。

2. 内部考核

股权投资存在"J曲线效应"，在投资前期无法体现业绩，净值负增长，影响当期利润和偿付能力。一方面，保险公司负债端久期长，有配置长期资产的需求；另一方面，机构内部往往统一按自然年度考核，考核周期短，股权类资产又难以以统一的方法评估其公允价值，由此产生了长/短期目标不一致问题，一定程度上影响了保险资金股权投资的积极性。部分公司为了兼顾长短期目标，会投资有当期收益的股权基金，一定程度上偏离了股权投资的初衷。

3. 规则约束

首先，项目端非保险金融机构控制的基金管理人管理的基金、新三板等不在可投范围内，一定程度上制约了保险资管业获取项目的来源，尤其是券商系直投公司依托投行资源，拥有大量的优质项目来源。其次，资金端有股权投资能力的保险公司更倾向于股权直投；投资保险系私募股权基金，需要通过董事会或股东大会的审议，增加了险资参与保险系私募基金的难度。

4. 团队建设

保险资管业的专业团队搭建和投资能力建设并非一朝一夕之功，需要不断训练和磨合，密切关注市场，与时俱进。尤其是在特定行业、专业领域的研究，在积极引入外部专家的同时，自身学习、研判和观点的形成都需要深化加强。

（四）保险资管业参与股权投资前景展望

在世界经济增长低迷、国际经贸摩擦加剧、国内经济下行压力加大的大背景下，保险资管业参与股权投资前景可期。

1. 发展直接融资，有效支持实体经济健康发展

2015年以来，中国GDP增速持续位于7%以下，中国经济已进入中低速增长新阶段，结构性调整成为关键。大力发展股权投资或为监管部门支持鼓励的方向，有利于促进企业降杠杆，服务实体经济发展。

2. 继续围绕保险产业生态圈开展布局

由于保险公司的本质属性，保险资金参与发起设立的产业基金偏好投资保险相关

的汽车领域、医疗健康领域以及安全领域。事实上，把与保险主业高度相关的产业作为保险资金参与股权投资的主投方向，是保险资金稳健和保守特质的体现，也是保险资金规避投资风险的主要方式。

3. 分红型股权资产将是保险资管股权基金投资和设立的重要方向

受当前国内市场利率不断走低以及新金融工具会计准则影响，保险资金委托方对受托方提出了需要大规模配置能够持续稳定带来较高现金流收益的另类资产配置要求。受托方寻找合适的基础资产进行股权投资的任务迫在眉睫。

专题八 保险资金参与黄金业务的研究进展

为促进保险资金投资收益长期稳定，降低系统性金融风险，拓展保险资金可投资产范围，中国保险资产管理业协会组成的 IAMAC 黄金实验室从 2015 年开始，持续跟踪黄金领域的投资，探讨保险资金参与黄金业务的可行性。目前，第一阶段对投资黄金上市开放式基金取得了阶段性的研究成果，正在进行第二阶段的研究，探讨保险资金进一步参与其他黄金业务的可行性。

（一）全球黄金投资市场概况

截至 2018 年末，全球地上黄金储量约 19.3 万吨，地下已探明储量约 5.4 万吨。存量黄金主要分布于首饰、投资品、官方储备和其他领域，占比分别为 48%、21%、17% 和 14%。据世界黄金协会估算，黄金金融市场规模超 2 万亿美元，与英国、中国等大型经济体国债市场规模相当。

全球黄金投资市场基础设施完善，交易量大，流动性强。以国内黄金市场为例，2018 年上海黄金交易所黄金成交量达 6.75 万吨，成交金额 18.3 万亿元（同期国内 A 股市场交易金额 90.2 万亿元，银行间债券市场现券交易金额 150.2 万亿元）。

过去十年，黄金年均需求约为 4 300 吨，主要来自首饰、投资、央行储备和科技四个方面，占比分别为 52%、30%、10% 和 8%。长期来看，占比超过六成的黄金需求（包括首饰、科技和投资中的长期储蓄部分）与经济和财富的增长直接相关，这成为黄金长期价格表现的重要支撑因素；短期来看，首饰、技术等方面的黄金需求更多扮演价格接受者的角色，而投资部门的黄金需求更多扮演着价格制定者角色，这导致黄金价格的短期波动更多受到金融市场（如实际利率、美元汇率、避险情绪等）的影响。

需求地域分布来看，发展中国家的需求占总黄金需求的约 70%。在中国、印度黄金需求的支撑下，过去二十年间，亚洲黄金需求占全球比例已从不到一半增长至 2/3。目前，中国是全球最大的黄金生产国（2007 年以来）和最大的黄金需求国（2013 年以来）。

黄金的供给主要有两个渠道：一是黄金矿产，过去十年年均产量 2 800 吨，占全部黄金产量的 70%；二是再循环，约占全部黄金产量的 30%。矿产黄金供给相对稳定，且增速显著低于名义经济增速和货币供应量增速。1970 年至今，地上黄金储量年均增幅 1.7% 左右，同期全球实际 GDP 涨幅超过 3%。再循环黄金供应对金价和经济冲击的反映十分迅速，1998 年亚洲货币危机和 2009 年全球金融危机期间，再生金供应都出现明显增长。

（二）世界黄金上市开放式基金的起源和整体格局

2004年11月12日，世界黄金协会创新推出的世界第一只黄金上市开放式基金——SPDR Gold 黄金信托（简称GLD）在美国纽交所高增长板（NYSE Arca）上市。GLD是第一只以商品为标的资产、在美国上市的交易型开放式基金，基金设计类似交易型开放式基金（ETF），因此，国际上此类投资黄金的证券交易结构，也简称黄金ETF。GLD是美国市场首只由100%实物黄金支持，每份GLD代表1/10益司（约为2.83克）黄金。除了纽交所，GLD还在墨西哥证券交易所、新加坡证券交易所、香港证券交易所、东京证券交易所上市。

截至2019年7月底，全球黄金ETF持仓总规模为2 600吨黄金，约1 200亿美元。其中，北美市场约1 300吨，占全球的50%；欧洲市场约1 200吨，占全球的46%；亚洲市场约70吨，占全球的3%；其他地区约30吨，占全球的1%。截至2019年9月4日，GLD持仓量约为896吨，仍是全世界规模最大、交易最活跃的黄金ETF，它的持仓变动甚至会影响黄金短期价格走势。

（三）保险和养老资金投资黄金上市开放式基金的国际经验

全球最大的黄金ETF（SPDR）的投资者中，1%的基金份额由养老基金持有，0.5%的基金份额由保险公司持有。这些持有人中，包括西北互助人寿保险（Northwestern Mutual Life Insurance Company，2020年3月末持仓约3.8亿元人民币）、宏利金融（Manulife Financial Corp，2020年3月末持仓约2.6亿元人民币）、纽约人寿（New York Life，2020年3月末持仓约2.1亿元人民币）等全球排名前列的著名保险公司。

据世界黄金协会不完全统计，美国超过30家保险及养老机构投资黄金相关金融产品；日本超过一半以上的保险机构参与了黄金相关金融产品的投资。

（四）长期配置黄金类金融资产的投资逻辑

1. 对冲长期货币超发和通胀风险

长期来看，黄金需求受经济增长和财富积累效应驱动，增长率参考名义经济增速和广义货币增速；供给则相对刚性，增长率明显慢于货币和经济增速。这一黄金供需结构的基本特征，使得黄金价格能够对冲长期货币超发和通货膨胀风险。

金价自由化以来经历两轮快速上涨，而广义货币供应量是黄金价格的重要参考。虽然布雷顿森林解体确认了黄金非货币化的属性，但广义货币供应一直是黄金价格长期趋势的重要参照因素。从美国广义货币供应、黄金价格和标普500指数的历史表现来看，1968年以来，金价、股价的长期走势与货币供应总量走势接近，但金价与股价的中期走势方向相反（见图3-8-1）。

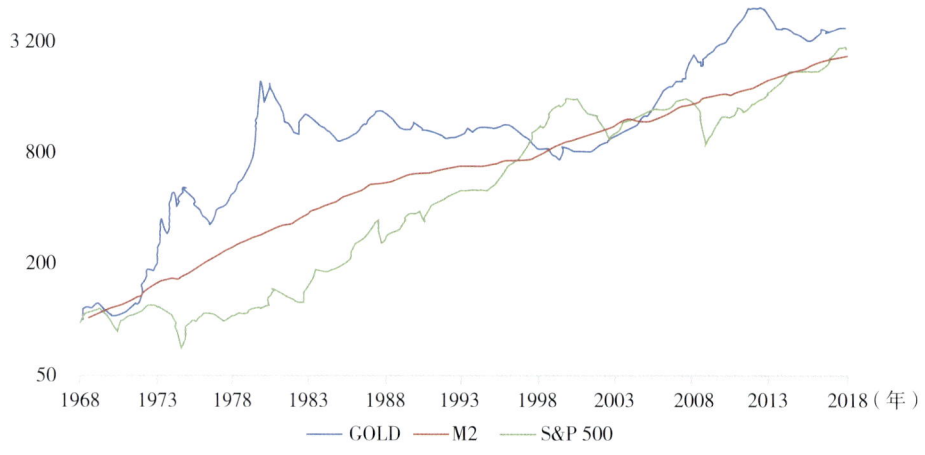

图3-8-1　广义货币供应量是长期金价的重要参照

资料来源：IAMAC黄金实验室整理

高通胀时期黄金更易获得更好回报，具有对冲通胀风险的功能。美国1970年至今和中国2002年至今的市场数据表明，无论是名义回报还是通胀调整后的实际回报，高通胀时期黄金的年化收益率明显更高。实际回报水平的差异说明黄金不仅能保证购买力稳定，还常常在高通胀、不稳定的环境中有较好表现。短期内，黄金价格跟随全球通胀预期波动，跟踪黄金现货合约价格的黄金ETF也是宏观交易策略和多资产组合的重要工具。

2. 对冲经济下行风险及尾部风险

黄金的"避险"属性还能够在极端环境下为组合提供下行保护。黄金无信用风险，不依赖国家信用或企业信用。在经济危机和地缘政治危机等风险事件下，黄金有较好的表现，成为市场常用的避险工具，与各类资产负相关性较明显（见图3-8-2）。

在图3-8-2中，石油价格代表了实体经济的冷热，每盎司黄金可买的石油数量（桶）则成为衡量石油的实际价格的指标，中间过滤了美元的波动。在历次危机中，当每盎司黄金可买的石油数量冲高，对应了各次经济和金融危机中黄金的实际购买力和价值冲高。从另一个角度看这个指标，指标冲高与历次危机发生重合，因此又可以看作一个"危机指标"。2016年以来这个指标冲到了高点，2016年黑天鹅事件频发，英国脱欧公投通过，美国特朗普总统上任，世界政治经济秩序不确定性骤然上升，黄金也成为资金避险港湾。2020年初COVID-19疫情爆发以来，随着石油价格暴跌，黄金与石油比冲到了历史最高峰。在疫情期间全球流动性陷于枯竭时，黄金因其高流动性与长期正回报性成为提供流动性的工具时，也曾遭到一定程度的抛售，金价也出现短

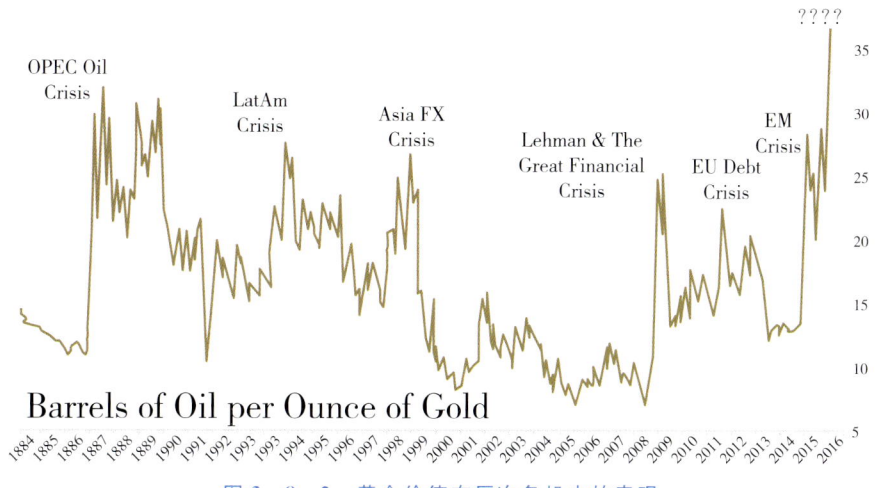

图 3-8-2 黄金价值在历次危机中的表现

资料来源：IAMAC 黄金实验室根据彭博数据整理

期的下跌，但当流动性逐步恢复时，黄金先于其他大类资产反弹，并创下近年来新高。黄金在新冠疫情中的表现仍然体现了其对冲极端风险的作用。

3. 加入黄金上市开放式证券投资基金优化投资组合风险收益

与传统的股票和债券资产相比，黄金价格走势的驱动因素不同，因而黄金 ETF 与股债的相关性均很低。以 2007 年 1 月至 2019 年 7 月的月度回报率相关性来看，黄金 ETF 与国内股票相关系数在 [0.1, 0.2] 之间，与国内债券净价指数相关性在 [-0.1, 0] 之间（见表 3-8-1）。

表 3-8-1　　　　　2017.01~2019.07 期间的黄金 ETF 与其他资产相关性

	货币基金	上证50	沪深300	中证500	恒生指数	MSCI World	国债	金融债	AAA企业债	AA企业债	USDCNY	黄金
货币基金	1.0	-0.0	-0.0	-0.0	-0.0	-0.1	0.2	0.2	0.2	0.1	-0.1	-0.0
上证50	-0.0	1.0	1.0	0.7	0.6	0.4	-0.3	-0.1	-0.2	-0.2	-0.1	0.1
沪深300	-0.0	1.0	1.0	0.9	0.6	0.4	-0.2	-0.1	-0.2	-0.2	-0.1	0.1
中证500	-0.0	0.7	0.9	1.0	0.4	0.3	-0.2	-0.1	-0.1	-0.1	-0.1	0.2
恒生指数	-0.0	0.6	0.6	0.4	1.0	0.7	-0.2	-0.2	-0.2	-0.2	-0.3	0.2
MSCI World	-0.1	0.4	0.4	0.3	0.7	1.0	-0.2	-0.2	-0.2	-0.2	-0.1	-0.1
国债	0.2	-0.3	-0.2	-0.2	-0.2	-0.2	1.0	0.9	0.8	0.7	0.1	-0.1
金融债	0.2	-0.1	-0.1	-0.1	-0.2	-0.2	0.9	1.0	0.9	0.8	0.2	-0.0
AAA企业债	0.2	-0.2	-0.2	-0.1	-0.2	-0.2	0.8	0.9	1.0	0.9	0.1	-0.0
AA企业债	0.1	-0.2	-0.2	-0.1	-0.2	-0.2	0.7	0.8	0.9	1.0	0.0	-0.1
USDCNY	-0.1	-0.1	-0.1	-0.1	-0.3	-0.1	0.1	0.2	0.1	0.0	1.0	-0.0
黄金	-0.0	0.1	0.1	0.2	0.2	-0.1	-0.1	-0.0	-0.0	-0.1	-0.0	1.0

资料来源：IAMAC 黄金实验室根据万得资讯及彭博数据整理

在前期研究的多资产模拟组合测算相关性中，利率类资产价格取银行间国债指数（净价），权益类资产价格取沪深 300 指数，房地产价格取中国城市住房（一手房）价格288指数,境外固定收益价格取BUSC Index(巴克莱综合债指数),境外权益价格取标普SP500指数,汇率取美元兑人民币即期汇率定盘(CNHFIX)的倒数。测算区间从2012年1月至2016年2月2日,得出的相关系数(见表3-8-2)。黄金与大部分资产呈现负相关性,并由此得出各资产相关系数矩阵(见表3-8-3)。

表3-8-2　　　　　　　　　模拟多资产组合黄金ETF与其他资产相关系数

黄金对应	利率	权益	汇率	境外权益	境外固收	房地产
相关系数	0.0463	-0.472	-0.130	-0.924	-0.726	-0.928

资料来源:IAMAC黄金实验室根据万得资讯及彭博数据计算(2012.01~2016.02)

表3-8-3　　　　　　　　　　　　多资产相关系数矩阵

	$MC_{利率}$	$MC_{权益价格}$	$MC_{房地产}$	$MC_{境外固收}$	$MC_{境外权益}$	$MC_{汇率}$	$MC_{黄金}$
$MC_{利率}$	1.000	-0.140	-0.180	0.000	-0.160	0.070	0.046
$MC_{权益价格}$	-0.140	1.000	0.220	0.060	0.500	0.040	-0.470
$MC_{房地产}$	-0.180	0.220	1.000	0.180	0.190	-0.140	-0.930
$MC_{境外固收}$	0.000	0.060	0.180	1.000	0.040	-0.010	-0.730
$MC_{境外权益}$	-0.160	0.500	0.190	0.040	1.000	-0.190	-0.920
$MC_{汇率}$	0.070	0.040	-0.140	-0.010	-0.190	1.000	-0.130
$MC_{黄金}$	0.046	-0.470	-0.930	-0.730	-0.920	-0.130	1.000

资料来源:IAMAC黄金实验室根据万得资讯及彭博数据计算(2012.01~2016.02)

根据前述数据,构建多资产模拟组合,测算加入10%黄金的资产组合与未加入黄金的资产组合的投资有效边界(见图3-8-3)。

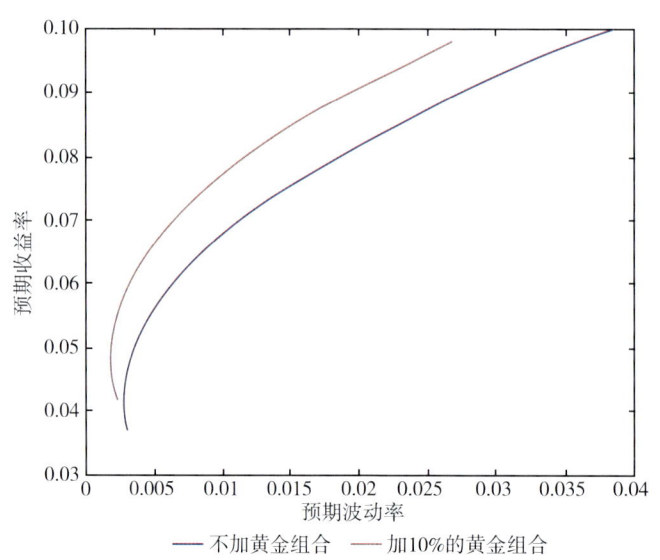

图3-8-3　加入黄金ETF的资产组合与未加入黄金ETF的资产组合投资有效边界

资料来源:IAMAC黄金实验室根据万得资讯及彭博数据计算

图 3-8-3 显示，增加黄金后投资组合的有效投资边界向左上方推进，即同样的预期波动率下加入黄金后的预期收益率提高；而同样的预期收益率下，加入黄金后的预期波动率下降。即：黄金提升了投资组合风险调整后的收益率。

（五）配置黄金类金融资产的风险防范

1. 黄金类金融资产的风险特征

（1）影响黄金类金融资产价格的负面因素。影响黄金类金融资产的价格负面因素和影响黄金现货价格的负面因素基本相同。由于黄金的供需弹性较大，工业供需方面动态调整较为灵敏，影响黄金价格的负面因素主要来自保值投资需求的变化。当无风险收益率上涨，即央行尤其是美联储连续加息预期中，黄金现货价格会呈现下跌的趋势。此外，如果经济增长强劲，资本离开黄金等避险类产品回到权益市场，也会导致黄金现货合约价格和黄金价格下跌。

（2）黄金类金融资产波动率较高，择时风险较高。黄金类金融资产波动性较高。测算显示，持有期超过 3 年以后，黄金的滚动收益率波动性远大于固定收益类资产。从战略配置角度考虑，要将黄金类金融资产作为避险工具与其他类型资产结合，充分发挥黄金和权益类资产的负相关性，关注黄金价格的波动周期，关注黄金投资的择时风险。

2. 黄金类金融资产投资的风险控制

基于以上考虑，黄金类金融资产的投资应当遵循以下原则：一是投资黄金类金融资产需要有充分的分析研究依据，配备专业的投资人员；二是坚持组合投资视角，关注黄金类金融资产对组合风险收益改善影响，并关注黄金作为避险工具提升组合风险收益特征、对冲通胀风险和尾部风险的功能；三是控制投资黄金类金融产品占总资产的比例。

综上所述，加入黄金类金融产品的投资组合能够增强组合的抗风险能力，改善组合风险收益特征。由于黄金 ETF 是比较简单的黄金类金融产品，建议从简单产品如黄金 ETF 等，开始探索开放险资投资黄金类金融产品的业务。

专题九 保险资产管理行业的公司治理实践

（一）公司治理及影响因素概述

现代企业治理存在两大主要矛盾：委托代理人问题以及大股东与中小股东利益问题。所有权与经营权分离后需要解决公司所有者（股东）对管理层的激励、约束问题，以及如何保证管理层的决策行为与股东的利益保持一致；同时，在大股东享有对公司控制权的情况下，需对中小股东的利益实现最大限度的保障。一般共识性理解公司治理即为了解决上述两大矛盾而设计的一整套监督与制衡的制度安排。只有通过设置合理的内外部治理机制，妥善平衡以上矛盾，才可能更有效地实现企业价值最大化。目前，我国金融机构在公司治理方面还存在大股东非法干预公司经营、内部人控制等现象，正是上述矛盾的体现。

近年来，中国银保监会高度重视公司治理监管工作，出台了《保险公司股权管理办法》和《银行保险机构公司治理监管评估办法（试行）》等一系列政策文件，并持续开展股东股权与关联交易问题专项整治，取得了初步成效，有效遏制了市场乱象。完整的公司治理体系见图3-9-1。

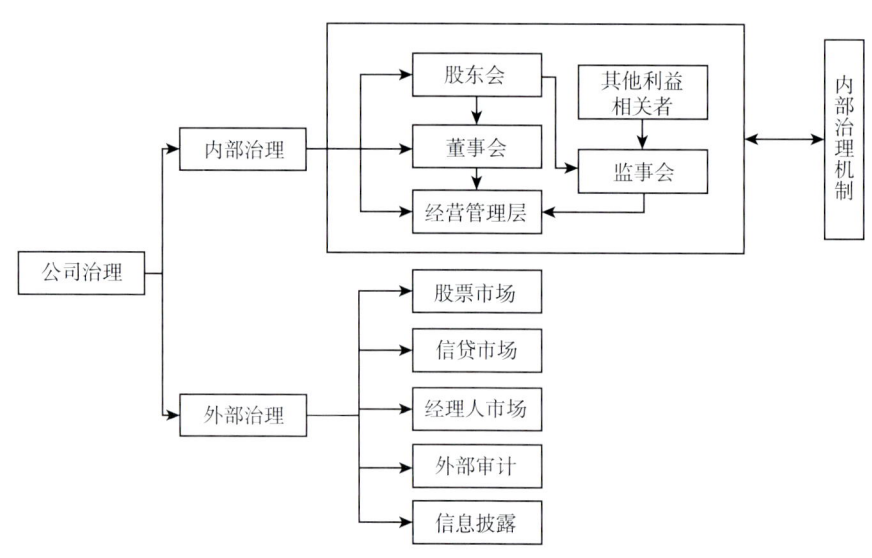

图 3-9-1 完整的公司治理体系

资料来源：李秋孟：《我国保险公司股权结构与公司治理绩效研究》，华南理工大学2014年硕士论文，第6页。

目前，公司治理的要求和影响因素主要包括：规范股权结构和股东行为（尤其是大股东行为），规范公司关联交易；按照穿透原则，严防虚假注资、循环注资、隐名股东、股权代持、各种类型的利益输送；注重保障中小股东合法权益；规范股东（大）会、董事会、监事会议事机制；注重发挥独立董事作用；董监高履职保障，规范董监高履职行为；健全激励约束机制；规范信息披露；建立并发挥外部审计机制的作用。

（二）保险资产管理机构公司治理特征

保险资产管理机构受托管理保险资金，具有金融业风险外部性的典型特征，使得保险资产管理机构的公司治理要更多地侧重于金融稳定与资产安全，委托投资人的利益相对于股东的利益更为重要。因此，保险资产管理机构公司治理的目标不仅是一般意义上股东对经营管理层的一种监督与制衡，而是在履行金融安全职责前提下，通过公司投资管理与决策的科学稳健性以争取委托投资人的利益最大化。

除此之外，与一般企业相比，保险资产管理机构具有经营的产品无形、风险复杂、利益相关者较多等特点，在公司治理方面也需要形成符合其经营特征的体系。

具体而言，保险资产管理机构的公司治理具有以下特征：

1. 母公司具有多重身份

保险资产管理机构作为金融机构，其母公司拥有的所有权和子公司的经营往往不是分离的而是统一的。母公司为了获取长期整体收益，会更多地向子公司提供资源以支持子公司业务发展，也会考虑为取得体系内的协同效应与资源共享将子公司纳入统一经营管理。

因此，保险资产管理机构的母公司具有多重身份：一是保险资产管理机构的股东或实际控制人。二是保险资产管理机构受托管理资金的委托人。因为保险资产管理机构一般以管理母公司的资金为主。三是作为关联交易方。因为保险资产管理机构置身于母公司的金融生态圈之中，其业务发展不可避免会涉及一定的关联交易。

2. 股权结构集中

根据国内各保险资产管理机构对外披露的情况看，保险资产管理机构大股东基本均为保险集团（控股）公司或保险公司，呈现股权高度集中的特点。28家已获准开业的保险资产管理机构有4家为单一股东。关联方保险集团（控股）公司或保险公司股东在股权持有数量上明显高于其他机构（见表3-9-1）。从整体来看，根据中国保险资产管理业协会《2019~2020年保险资产管理业调研报告》统计，关联方保险集团（控股）公司或保险公司的行业总体持股比例达93.73%；仅有少量股权由其他机构持有,占比为 6.27%。

实践中,公司治理绩效与大股东利益联系紧密,大股东更有动力监督公司治理状况和直接约束,有利于提升公司绩效。保险资产管理机构受托管理所属保险集团(控股)公司或保险公司资金,与大股东利益天然保持一致,保险资产管理机构的股权结构对公司治理的实践具有较好的正面促进作用。

表 3-9-1　　　　　　　　　部分保险资产管理机构大股东及持股占比

机构名称	大股东	占比
中国人寿资产管理有限公司	中国人寿保险股份有限公司/中国人寿保险(集团)公司	60%/40%
中国人保资产管理有限公司	中国人民保险集团股份有限公司	100%
泰康资产管理有限责任公司	泰康保险集团股份有限公司	99.41%
新华资产管理股份有限公司	新华人寿保险股份有限公司	99.40%
平安资产管理有限责任公司	中国平安保险(集团)股份有限公司	98.66%
华泰资产管理有限公司	华泰保险集团股份有限公司	81.82%
太平资产管理有限公司	中国太平保险控股有限公司	80%
太平洋资产管理有限责任公司	中国太平洋保险(集团)股份有限公司	80%
中意资产管理有限责任公司	中意人寿保险有限公司	80%

资料来源:各公司官网。

3. 投资专业性与公司治理高度相关

保险资产管理机构一般以受托管理其集团内部保险资金为主(多为管理母公司资金),在此基础上作为资金管理方,可通过开展第三方受托管理业务,服务于银行资金、养老金及其他中小保险机构的资金。

从保险资产管理行业发展的角度看,设立保险资产管理机构是顺应保险行业资产管理发展趋势,有利于增强保险集团(控股)公司或保险公司投资运营能力,提高公司资产配置、风险控制等能力,有利于提高资金运用效率和专业化水平,拓宽资金运用渠道,从而提高市场竞争力,实现长期稳定的收益。

因此,保险资产管理机构的投资专业性是立业之本,它来源于投资管理与决策的科学稳健性,投资管理与决策的科学稳健性正源于保险资产管理机构的公司治理。

4. 内部治理架构形式完善

根据 2019~2020 年保险资产管理业综合调研,35 家机构均搭建了股东会、董事会、监事会、高管层的主要架构。另根据自身业务情况,还在董事会和管理层中下设多个专业委员会。其中,董事会下设的专业委员会,主要涵盖提名薪酬、审计、风险管理、关联交易控制等多个专业领域。有的公司还增设了战略、投资决策委员会。这些专业委员会具有独立的职责、人员、议事规则，有利于提高董事会决策效率，也有利于董事会对公司经营信息的获得和对公司事务的有效参与。

调研结果显示，29家①机构反馈设置112个董事会专业委员会，共计385人次，平均每家机构设有3.7个董事会专业委员会，每个董事会专业委员会平均3.4人次。

其中，风险管理与审计类董事会专业委员会数量最多，总数为38个，占比为34%；战略与投资决策类专业委员会为26个，占比为23%；关联交易控制类董事会专业委员会为14个，占比为13%（见图3-9-2）。

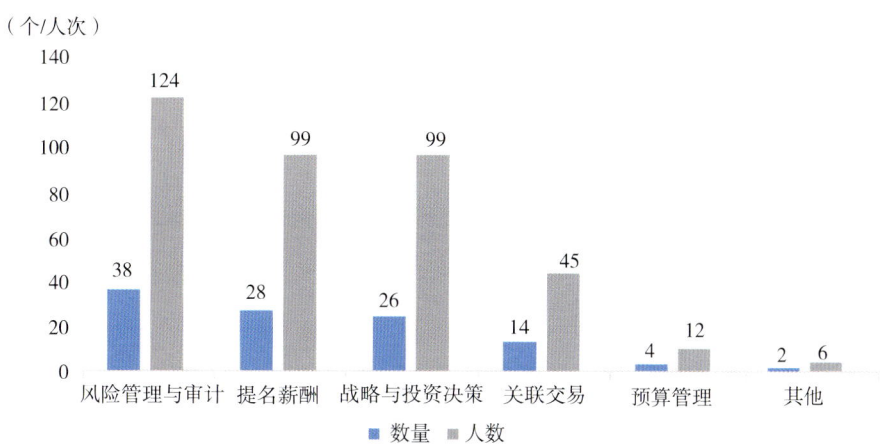

图3-9-2　29家机构各类型董事会专委会数量

资料来源：《中国保险资产管理业发展报告（2020）调研问卷》

5. 更多的外部监督机制

保险资产管理行业母公司的多重身份，使得公司内部治理机制可能有所弱化。为实现对母公司控制权的平衡，维护委托投资人、债权人利益和社会整体利益，金融监管机构会更多地加强对机构组织架构、人员、业务及产品等方面的监管力度，并引入独立董事、关联交易、信息披露、内控审计等一系列制度强化功能监管和行为监管。

独立董事作为提高董事会独立性的重要机制之一，在公司治理中发挥着重要的作用。独立董事作为一种外部力量进入决策高层，可以对公司运营进行监督，同时从自身专业角度提供科学的决策建议，设置一定数量的独立董事有利于改善公司治理结构。《2019～2020年保险资产管理业调研报告》统计全行业共有股东董事135人次，占比为57%；执行董事48人次，占比为20%；独立董事52人次，占比为22%。

《保险机构独立董事管理办法》（银保监发〔2018〕35号）第五条第一款规定："保险机构董事会独立董事人数应当至少为3名，并且不低于董事会成员总数的1/3。"

---

① 不包括太保资产、大家资产、人保资产、人保投控、平安不动产与友邦中国的数据。

虽然目前保险资产管理机构因该条第三款"前款所述控股股东为保险集团（控股）公司或保险公司的保险机构，可以不受前款规定限制"豁免1/3的比例要求，但该条第五款规定"鼓励公司治理结构健全、公司治理运行规范的保险机构逐步增加独立董事人数，提高独立董事占比"，仍体现监管的总体趋势是要鼓励保险资产管理机构增加独立董事人数，改善公司治理结构（见表3-9-2）。

表3-9-2　　　　　　　　　　　　部分保险资产管理独立董事人数

	独立董事人数	董事人数
阳光资产管理有限责任公司	3	8
新华资产管理股份有限公司	2	8
中意资产管理有限责任公司	1	7
华夏久盈资产管理有限公司	2	5
中国人寿资产管理有限公司	2	8
泰康资产管理有限责任公司	3	8
中再资产管理股份有限公司	0	6

资料来源：各公司官网

信息披露是公司治理机制中外部治理的重要组成部分，上述所列举的保险资产管理机构均在公司网站设有公开信息披露模块，披露公司治理信息，包括股东情况、实际控制人情况、董事监事和高级管理人员情况、部门设置情况以及股东会决议情况等；同时，均按照要求在公司网站披露公司年度财务报表。

（三）保险资产管理机构公司治理规制

在中国深化经济改革的过程中，公司治理的重要性和治理机制的科学性得到高度重视。保险资产管理机构的公司治理除了治理结构完备外，更重要的是要细化完善治理机制，流程上应覆盖公司制度、组织、计划、执行、考核、监督等各环节，并不断从机制运行的层面和各项优化改进的规则中完善公司治理，以实现投资管理与决策的科学稳健。

现行公司治理相关规定均出台较早，其内容在我国金融改革的持续推进，资产管理行业发生了深刻变化的背景下已呈现出一定的滞后性，比如《保险资产管理公司管理暂行规定》出台于2004年，至今已执行15年，仅在2011年、2012年分别出台了《关于调整〈保险资产管理公司管理暂行规定〉有关规定的通知》《关于保险资产管理公司有关事项的通知》，原规定和补充规定的不少条款规定已经不能满足当前保险资金运用和保险资产管理公司发展的需要。

因此，为全面落实对保险资产管理公司的机构监管职责，防范风险，进一步推动保险资产管理行业深化改革开放，促进保险资产管理公司规范发展，监管机构近年来正积极开展《保险资产管理公司管理暂行规定》《保险资产管理公司监管评级办法》《保险资金运用内部控制指引》等规则的制定、修订工作。其中，股东治理、高管层治理、独立董事、内部控制、审计监督、决策授权、关联交易管理等问题都得到了监管机构的高度关注，公司治理与内控相关的条文内容或指标设计都将面临较大调整。这也体现了监管机构在规范和完善公司治理机制方面的趋势和方向。保险资产管理机构的公司治理作为主体自律和发展的基础，监管的外在要求和保险资产管理机构成熟的内在需求本质上是一致的。公司治理的外部监管对于成长中的保险资产管理机构某种意义上是一种保护。在目前全面深化改革、发挥市场在资源配置中决定性作用的大背景下，监管层面更多地是对保险资产管理机构的组织、人员、业务、产品、制度等方面进行宏观引导，进而强化其对保险资产管理机构经营业绩及对人员业务能力的关注，通过制度建设来保障投资人等利益主体的知情权、监督权的行使，以提高保险资产管理机构的专业性和市场竞争力，并最终使公司治理的监管要求逐步内化为保险资产管理机构规范自身长期稳健发展的需要。

（四）行业内优秀公司治理重点探索

国内外资产管理行业中的优秀公司持续致力于公司治理的不断完善，在公司治理制度体系建设、运作机制改进和主体结构优化等方面均有先进经验可供参考。本部分选择风险管理、内部控制及内部审计、关联交易监控等方面重点介绍。

1. 风险管理

随着保险资金运用渠道拓宽、经济金融环境不断变化，保险资产管理机构风险管理的重要性更加突出。良好的风险管理机制作为公司治理的重要组成部分，可以有效保障公司长期目标的实现和规范运营。行业内多家公司已将风险管理视为公司经营管理和业务活动的核心内容之一，并建立与自身经营相适应、与资金委托人要求相匹配的全面风险管理体系。

为保证全面风险管理体系的有效运行，一些大型优质公司设立了包含风险控制、投资绩效评估、信用评估、法律管理、合规控制及审计管理等专业职能在内的全链条风险控制框架。同时，着眼于另类投资业务的快速增长，一些公司进一步细化风险控制部门设置，单独设立建制的投后管理部、另类投资风险控制部等，纳入整体风险控制部门范畴。

通过建立起事前、事中、事后全覆盖的风险管控流程、完备的制度体系、严格的权限管理和决策流程、科学的关键风险指标及限额设置、先进的风险管理技术，保险资产管理机构可以提高投资风险预警与监控的时效性和有效性。

2. 内部控制及内部审计

在实践层面，保险资产管理机构在加强日常经营管理的同时，积极推进公司制度化、规范化管理，通过建立完善的制度体系，对公司各流程进行规范监督，确保实现公司经营目标。要确保内部控制制度被切实执行并收到良好效果，并能够随时适应外部环境的变化，公司就必须加强对内部控制的有效监督与客观评价，定期进行内部审计。

公司的内部审计部门，结合资产管理实际业务特点，以风险为导向开展内部审计工作，在风险评估的基础上，编制年度内部审计工作计划，合理安排审计资源，实施审计项目，起到及时评价、优化改善的作用，促进公司实现最优经济利益，提高工作效率，规避重大风险。

3. 关联交易监控

近年来，在《保险公司关联交易管理办法》实施、监管机构持续对关联交易问题进行专项整治的背景下，保险资产管理行业积极应对，采取多种措施配合监管。部分保险资产管理机构与科技公司开展合作，利用大数据搜集及处理等技术，完成关联方监测披露，支持多监管口径下的关联方识别。

大数据技术应用除了实现基本的关联方识别，还能对关联方风险进行全方位监测。包含监管处罚、关联P2P、重大负面舆情、失信被执行人、司法风险、工商异常、股权变更、产品风险等风险数据采集；向上和向下进行风险穿透采集；汇总风险数据，形成风险事件评级，动态风险模型等。

通过大数据技术运用，保险资产管理机构逐渐形成完备的关联方分析体系，明显提升了运营服务的效率。

综上，我国保险资产管理机构在公司治理方面已经建立较为完整的体系，一些优质公司在内部公司治理机制方面进行了积极探索和实践，持续提升公司治理水平，对公司业务发展、业绩提升均起到了积极作用。未来，随着资产管理业务的持续推进和多样化发展，保险资产管理机构可以积极借鉴和吸收国际先进经验，并结合国内实际情况，按照监管要求，不断完善和提升公司治理机制和水平，支持稳健高效经营。

专题十　保险资管业金融科技应用

随着社会数字化进程的加快，金融科技在不断创造新的业务模式、新的应用、新的流程和新的产品，正在对银行、保险、证券、资产管理和支付等领域的核心功能产生越来越大的影响力。科技与金融的相互结合、融合发展是不可逆转的趋势，科技是金融业务核心驱动力的理念已达成行业共识。保险资管行业作为传统金融行业，一方面必须发挥保险主业优势，不断优化完善核心业务系统；另一方面，也在金融科技领域积极尝试，科技赋能投资，在增厚收益、强化风控、夯实运营等方面，加大科技创新力度，加快数字化转型发展。

（一）金融科技驱动资管行业大变革

1. 新兴技术蓬勃发展，颠覆各行各业，金融科技迎来新的发展机遇

当前，信息技术、人工智能技术、生物技术、新能源技术等交叉融合，正在引发新一轮的科技革命和产业变革。这将给人类社会发展带来新的机遇。

科技发展的主要趋势包括四个方面的突破。一是信息化。量子计算、量子通讯等技术进入攻坚期，推动各行业从数据化向智能化甚至虚拟现实化不断演进。二是自动化。人工智能逐渐从感知智能进化至认知智能，自适应机器学习、无监督学习等高级人工智能技术被纳入众多应用场景。三是生命技术化。生物芯片、情感 AI 等的应用将使人体机能得到极大增强。四是新能源化。新能源技术得以突破，太阳能发电成本不断下降，未来石化主导的电能格局有望扭转。

2. 金融科技重塑资管行业格局，助力资管机构驶向进阶之路

金融科技加速发展，催化资管行业转型升级，主要体现在三大方向。一是从各自为政到跨界融合。我国科技公司和资管机构的关系先后经历了不同阶段，形成了竞争、竞合和合作等不同的模式。未来的趋势将会是，金融与非金融机构更加紧密合作，拥抱彼此，跨界融合。二是从线上线下化融合到全链条化赋能。发展初期，资管领域的金融科技应用比较基础，只是在线上服务、智能投顾等 C 端财富管理领域稍有尝试，而真正在 B 端资产管理领域如投资决策、风险控制等核心领域的应用则浅尝辄止。三是从自建平台到共建生态，一些大型资管机构，近年来纷纷成立金融科技公司，基于大数据、云计算等技术打造智能平台，致力于对多场景应用进行探索。随着平台能力

和技术不断迭代优化,用资管科技赋能整个资管链条中的各类参与者将成为行业常态。未来的行业景象将是以开放包容的心态打破藩篱,携手伙伴,共建生态,为行业贡献更高质量、更有效率的资管服务。

(二)金融科技在保险资管行业的应用实践

1. 人工智能应用

(1)人工智能量化投资。近几年,国内多家保险资管机构在人工智能辅助量化投资领域进行了深入的探索。2018年,太平资产与微软亚洲研究院签订了战略合作协议,启动智能投资研究。在项目初期,采用GBDT算法对量化模型进行优化。但GBDT算法是传统机器学习代表性的模型,存在一定的局限性。在项目二期,探索开展深度学习的研究,并应用于量化模型的优化。深度学习又称"表征学习",可以直接学习数据的特征表达。在此过程中尝试进行了数据分类的深度学习,高频、中频行情学习和差异化因子学习三个方面的深度研究(见图3-10-1至图3-10-3)。未来将进一步强化学习算法在投资领域的应用。同时,在高频量价数据、行业超额目标等方面进一步使用深度学习进行探索,使研究成果能够直接应用于量化产品的投资。

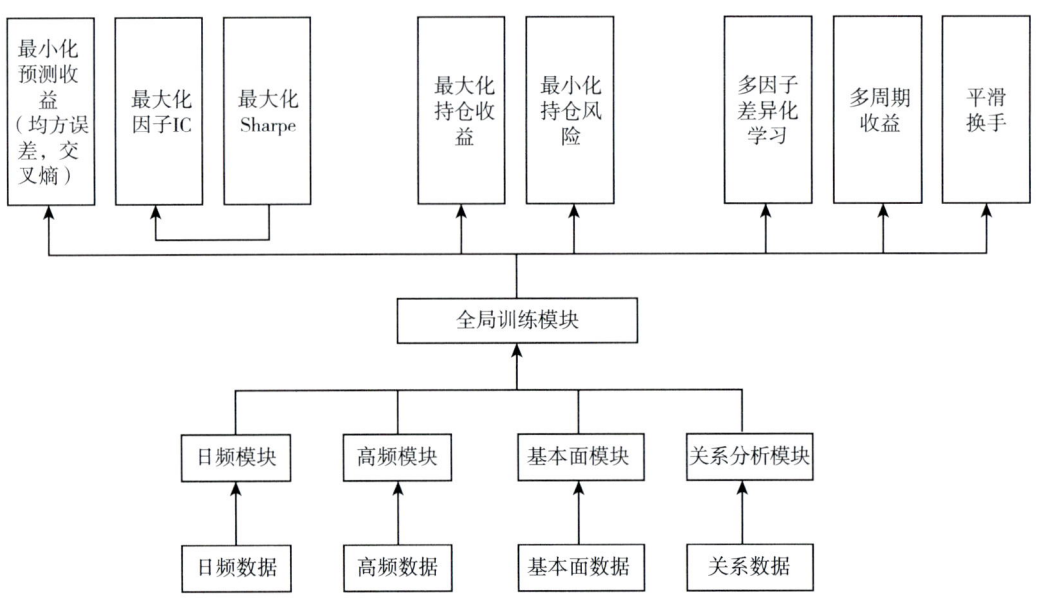

图3-10-1 数据分类的深度学习示意图

资料来源:太平资产

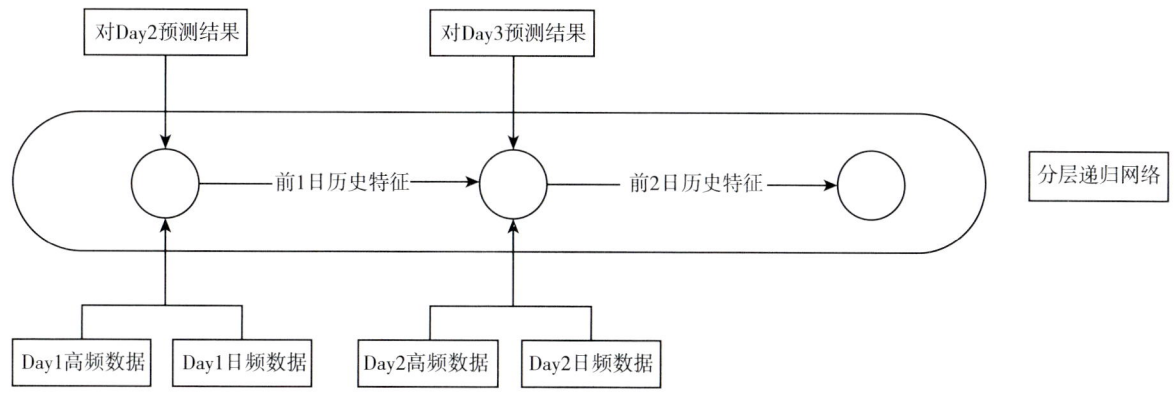

图 3-10-2　分层递归神经网络示意图

资料来源：太平资产

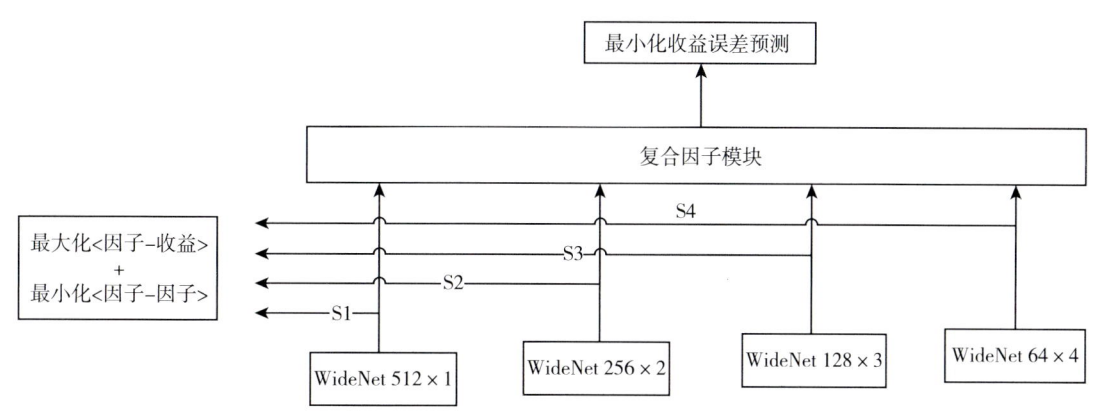

图 3-10-3　差异化因子学习示意图

资料来源：太平资产

国内固收市场面临变局，传统固收投资收益空间逐渐收窄，攫取 Alpha 收益的压力凸显。资管新规以来，在产品净值化转型要求下，降低波动率，严控回撤成为行业共同痛点。平安资管尝试将固收量化作为突破口，对标国际领先，采用多因子方法对固收组合进行精细化管理，同时立足于本土市场，进一步探索量化方法与传统固收投资的高效有机结合，形成了一套"主动+量化"的固收智慧投资管理新模式。在这套模式下，主动投资经理（PM1）负责对组合的日常管理，基于其对宏观经济和市场走势的研判，选择组合策略，进行择时和择券，为组合贡献基础收益。而量化投资经理（PM2）负责通过多因子投资体系动态监测、定量评价组合风险，在有效控制组合波动的前提下，挖掘相对稳健的市场结构性 Alpha，为组合增厚收益。

（2）人工智能统一技术平台。2019 年，泰康资产持续优化高标准的互联网业务技术平台，支持公司业务智能化、自动化发展。完成基于 python/numba 的 GPU 计算框架导入，完成容器化 Jupyter 平台的 GPU 虚拟化共享部署，实现了 Jupyter 计算平台基于 MKL 的 CPU 计算加速与基于 python/numba 和 julia 的实时机器码生成计算加速。完成了基于 numba 与 julia 的量化行情数据/组合优化算法分析框架的开发，计算性能相比传统实现有 10 倍以上的提升（见图 3-10-4）。

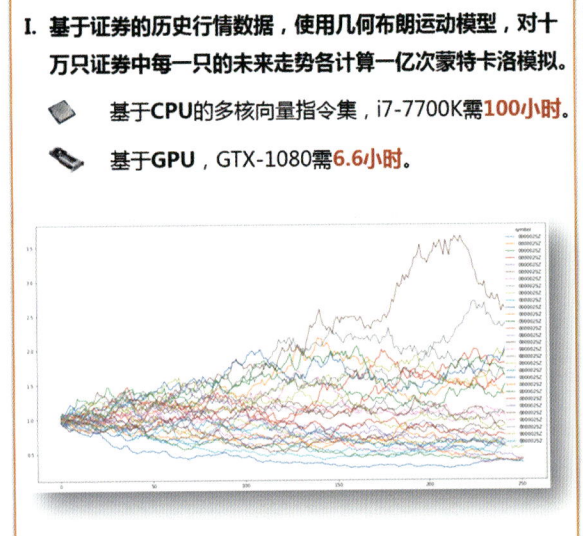

图 3-10-4　基于 numba 与 julia 的量化行情数据/组合优化算法分析框架图

资料来源：泰康资产

在数字化转型方面，泰康资产围绕人工智能落地业务场景展开研究，深挖四大底层驱动力，将人工智能技术赋能业务场景。一是应用统一技术平台，夯实底层算法算力；二是应用统一数据平台，从数据中挖掘需求，将应用建立在数据之上，高效利用数据；三是梳理四大业务板块流程，统筹优化数据资源、算法模型、算力支持等人工智能核心资产，稳妥推动人工智能技术与业务深度融合（见图 3-10-5）。

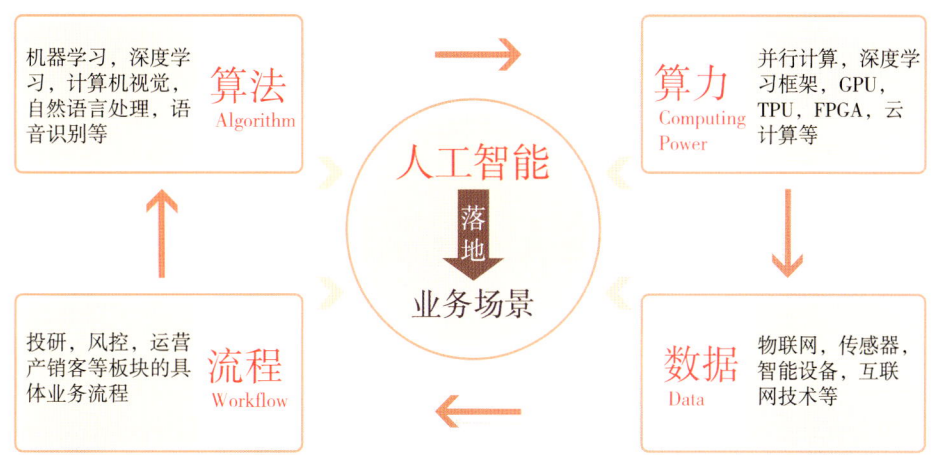

图 3-10-5　泰康资产人工智能赋能业务场景图

资料来源：泰康资产

（3）智能传真。长江养老投资运营日常工作中需要与托管人、受托人、基金公司等外部机构通过电子传真的方式进行信息交互。早期传真系统采用 OCR 识别方式，需要人工配置单据模板，最高识别率仅 70% 左右。随着业务发展单据模板增加，识别率会逐步下降，需要经常调整模板设置，方能维持一定的识别率。2019 年，长江养老通过引入机器学习的技术，采用学习大量历史传真单据的方法，训练提取传真识别模型，同时借助数据增强方式大量扩充样本量，提升模型的泛化能力。

2. 大数据、知识图谱及智能搜索应用

（1）智能舆情监控系统。太平洋资产基于数据科技转型规划，利用大数据与人工智能技术，提升投资板块的智能风控应用能力，落地了智能舆情监控系统，为算法团队提供基础的大数据存储、处理平台、机器学习平台，便于后续联合运营团队持续迭代优化。在此基础上，该系统应用大数据、自然语言处理与人工智能技术，构建了企业主体知识图谱、舆情预警因子、舆情信息指数等智能应用基础信息，并结合业务场景实现了资讯精准分类、情绪智能打分、个性化舆情预警等各种功能，有效提升了长江养老和太保资管在智能投资、风险监控、投后管理等领域的应用能力。系统应用架构见图 3-10-6。

（2）智能投研。国寿资产于 2017 年初开展"人工智能+"投资的研究，通过引进深度学习、机器学习、自然语言理解、知识图谱等领先的人工智能技术，有方向、有规划、有步骤地对公司投研体系进行全面"赋能"，进一步探索投资管理模式的创新，建成了一套能够提升投研效率、提高投资收益、积累投资智慧的智能投研平台（见图 3-10-7）。

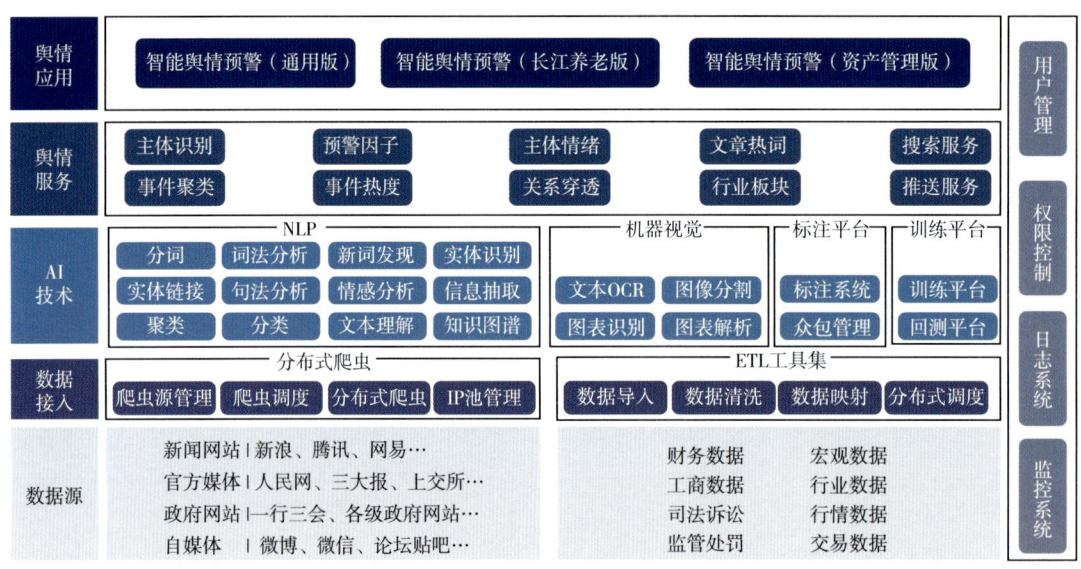

图 3-10-6 太保资产和长江养老的智能舆情监控系统

资料来源：太保资产

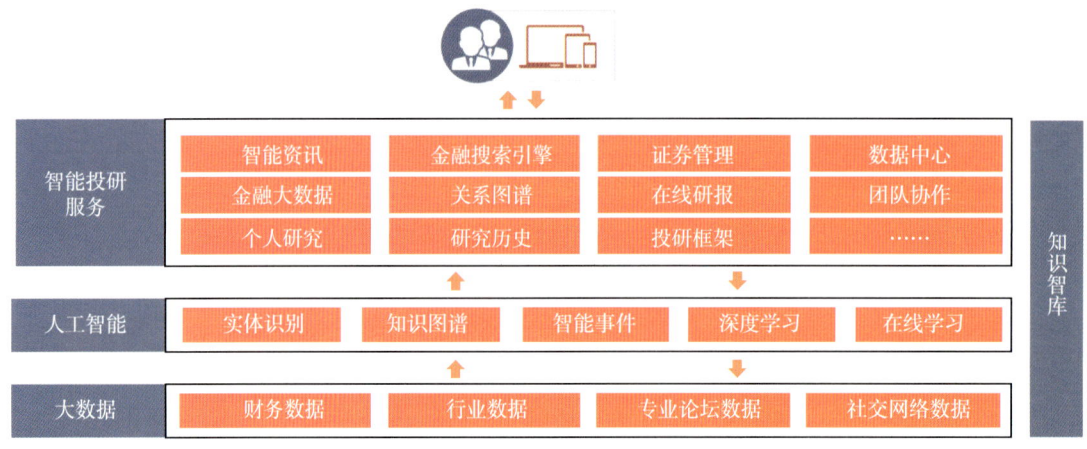

图 3-10-7 国寿资产智能投研架构图

资料来源：国寿资产

智能投研平台大幅提升投研工作效率，利用大数据和人工智能技术，搭建实时可扩展的数据存储结构；聚合市场指标、行业特色指标、上市公司行为和卖方行为等数据，深度挖掘数据价值，实现投研数据的智能采集、聚合、搜索与展示，有效解决数据来源广泛、人工收集复杂耗时长的问题。智能投研平台持续提升投研管理能力，为投研人员打造便捷的日常工作平台。平台设计标准化的晨会、调研和路演模板，实现及时、有效、全面的日常投研管理，提升晨会和路演的组织效率和开展效果，缩短调研准备用时50%。

3. 金融云服务

为满足应用系统对基础设施灵活性和扩展性的要求，国寿资产积极推进基于容器的 PaaS 云平台建设，从容器管理、CI/CD、日志服务、监控告警等多方面提升 IT 基础平台服务能力。经过多次性能调优、功能迭代和版本升级，PaaS 平台运行近两年来，有效支持国寿资产运营管理、组合管理、信用管理等各类业务系统稳定运行。目前，运行在 PaaS 平台上的微服务超过 500 个，其中生产环境 140 余个，累计节约 80% 的硬件成本（见图 3-10-8）。

图 3-10-8 国寿资产容器云 PaaS 平台

资料来源：国寿资产

国寿资产在 PaaS 平台基础上，建立 DevOps 开发运维一体化管理体系和微服务治理平台，优化研发和运维模式，提升敏捷开发能力，业务系统研发人员只需专注于业务功能开发，使得开发效率提升 40%，首次上线周期缩短 96%。

4. 智能信评

平安资管探索形成了人机合一的信用分析体系，其关键目标是发挥数据与模型的效用，为专家分析提供有效支持和补充，从而能更快速、准确地做出决策。高质量数据，作为量化信评模型的基础，是该体系的内核之一。平安资管采用 NLP 技术对各类募集说明书、公告等进行结构化解析，实现特殊数据的可持续获得，在尝试各类模型后进一步选用了 XGBoost 模型优化建模效果，以兼顾模型的准确度、解释性以及对非结构化另类数据的兼容性。

5. 智能风控

平安资管从财务粉饰、经营风险、舆情风险、市场异动、关联风险等多个方面构建 AI 模型捕捉风险因素，实现对信用风险波动的及时监控。AI 模型来进行风险预警最大的挑战之一是样本稀疏，2014 年 1 月 1 日至 2019 年 12 月 31 日仅 169 个违约主体。以财务造假识别为例，平安资管采用两层因子设计来解决样本稀疏的问题：一层为业务规则沉淀，基于专家经验和规则判断，获取精度较高但覆盖率较低的造假样本，同时引入风险评估领域中常用的极致分布理论对尾部风险进行广义帕累托分布的拟合，用以捕捉疑似财务造假样本；另一层为深度学习泛化，通过机器学习模型对上一步所得信度较高的财务造假可疑样本进行泛化学习，找到与之类似但无法通过简单业务规则直接抓取的疑似造假样本，再通过非结构化的辅助指标，拼出完整的造假证据链，对财务造假实现精准预警。

（三）金融科技实践中的挑战及展望

现阶段，金融科技在保险资管业务的实践依然面临挑战，主要来自于金融科技与资管业务的契合程度。金融科技在保险资管业应用的成熟过程，必然是用技术手段沉淀行业智慧、不断深化场景应用的过程，也必然是从微观着手逐个击破行业痛点，并以点带面，最终实现面面俱到，以达成体系化的业务布局的过程。

1. 面临非技术层面的壁垒

技术创新一般要领先于法律、制度等更新和修订，科技驱动的金融创新本身所内含的技术风险、操作风险，甚至会诱发系统性风险，都需要法律、制度等层面同步发展和同步创新，而且金融监管也需要在理念、技术、行为等方面重构监管体系。

2. 导致经营风险的上升

金融科技研发和实施过程复杂，所需的资源广泛，成本较高，在项目立项时，要对金融科技应用所涉及的技术风险、信息风险、数据风险、财务风险、合规风险等诸多方面进行准确评估，因地制宜地与企业的发展阶段、资源储备、业务需求等相适应，否则会给企业正常经营带来不可预测的风险。

3. 存在资源浪费的风险

金融科技不仅是技术的创新，更多是创新技术所带来的应用场景创新，过去不能做的事现在都有可能在金融科技助力下轻松实现。但创造需求、构建新的应用场景，也需要紧贴业务发展阶段，自我想象的伪需求脱离了业务实际，很容易变成"空中楼阁"，也难以实现落地应用，造成资源浪费。

科技赋能金融，实现"金融＋科技"的转型，是不可逆转的发展趋势。对于金融科技创新，一方面，一些已经产生效益和赋能主业的金融科技创新，要加大力度深度研究；另一方面，未曾接触的金融科技领域，也要积极探索、勇于尝试，在实践中摸索，探寻真知。保险资管业金融科技的创新发展关键在于做好长远规划、科学评估，确保风险可控，使科技创新紧扣保险主营业务，让金融科技成为促进保险与资管业务共同发展的催化剂和加速器。

第四章
2020 年保险资产管理业发展展望

一、宏观经济及金融市场展望

（一）2020 年国际经济金融形势分析

2019 年，贸易摩擦对全球影响深化，经济分化加剧，产业链加速重构。世界经济增长动力相对较弱，各国政策对冲以货币宽松为主。受此影响，全球股市估值大幅提升，带动指数持续上涨。2020 年，在全球经济依然疲弱的背景下，新冠肺炎疫情蔓延，资本市场和商品价格均发生剧烈波动，全球经济衰退已成定局。进入 2020 年二季度，随着全球主要经济体疫情逐步得到控制、逐渐复工复产，经济逐步得以修复，资本市场也有所回暖。但纵观全年，全球经济形势仍面临较大压力。

从经济运行来看，新冠肺炎疫情的发生是影响 2020 年经济节奏的主线。各国及地区的经济形势很大程度上受疫情发展进程的影响。美国是海外新冠疫情的"震中"地区，至 4 月底确诊人数已超过 100 万人。一季度 GDP 环比折年率下降 4.8%，消费者支出环比折年率下降 7.6%，均创 2009 年以来最大季度跌幅。疫情对美国的影响更多体现在二季度，4 月失业率升至 14.7%，为第二次世界大战以后的最高值。疫情带来的经济"停摆"，造成部分企业可能面临严重的资产负债表衰退风险。虽然近期部分州考虑复工，但在疫情形势依然严峻以及"大选年"党派斗争加剧的背景下，复工进程或将面临较大的不确定性。欧洲疫情进程早于美国，德国、法国、英国、意大利等主要欧洲经济体确诊病例至 4 月中旬均在 10 万人以上。受疫情冲击影响，一季度欧盟 GDP 同比下滑 3.3%。4 月以来，随着意大利、德国、西班牙等新增确诊病例开始回落，各国开始放松封禁，试图重启经济，逐步推进复工。日本经济在疫情爆发前已处于衰退边缘，疫情冲击进一步加重经济失速。新兴经济体相较于欧美，面临的风险也正在加速释放。3 月中旬起，部分新兴经济体疫情发展呈现加速态势，东南亚和拉美新兴经济体疫情快速扩散。俄罗斯、印度、非洲等部分发展中经济体受到疫情防控能力、医疗救助条件等因素制约，二季度尚处于疫情爆发阶段，疫情扩散风险较大，未来的疫情发展和经济修复仍存在较大不确定性。

从金融市场来看，受疫情冲击，2020 年 3 月各国资本市场震荡剧烈，"黑天鹅"事件频发。自 2 月下旬至 3 月下旬，美股累计跌幅超过 30%，多次触发"熔断"。大宗商品价格亦普遍下跌，4 月 20 日国际原油期货结算价历史上首次跌至负值。为应对疫情对经济的冲击，各国相继出台纾困举措，美联储快速将联邦基金目标利率下调 150bp 至 0~0.25%，并重启 QE 计划，不限量按需买入美债和 MBS。在大规模宽松政策刺激下，欧美资本市场回暖，多数主要经济体股市反弹，长端国债收益率保持低位。同时，相关风险和不确定性需高度关注：一是全球疫情持续时间及负面影响可能超预期，疫情防控和复工复产之间的平衡或影响未来的市场演化；二是各主要经济体为对抗疫情采取的非常规货币宽松和财政刺激政策的溢出效应影响；三是国际收支和跨境资金流动的不确定性。

（二）2020 年国内经济形势展望

2020 年是我国全面建成小康社会之年，也是完成"十三五"规划、打赢三大攻坚战的收官之年。政策层面，紧扣全面建成小康社会目标任务，加大"六稳"和"六保"工作力度，确保完成决战决胜脱贫攻坚目标任务，全面建成小康社会。经济层面，一季度，新冠肺炎疫情对我国经济社会发展带来影响明显，拖累经济负增长；二季度和三季度，伴随着经济活动修复、稳增长政策逐步落地，经济将步入修复通道。全年来看，宏观政策加大逆周期调节力度，在党中央的坚强领导下，经济在下行压力中仍将保持韧性。

展望 2020 年，政策将以更大的宏观政策力度对冲疫情影响。2020 年 4 月，政治局会议要求，紧扣全面建成小康社会目标任务，统筹推进疫情防控和经济社会发展工作，并提出了"六保"的新要求，积极采取财政和货币举措，对冲疫情带来的经济下行压力。

从政策面看，积极的财政政策更加积极有为，预计全年减税降费举措总规模达 1.6 万亿元，其中社保费减免规模超 1 万亿元，增值税减免可达 6 000 亿元以上。通过适当提高财政赤字率、发行抗疫特别国债、增加地方政府专项债券规模等方式，提高财政能力。5 月，国务院常务会议提出，在年初已发行地方政府专项债 1.29 万亿元基础上，拟再提前下达 1 万亿元专项债新增限额，力争 5 月底发行完毕。稳健的货币政策更加灵活适度，通过 LPR 改革、定向降准等方式疏通货币政策传导机制，提供较为宽松的流动性环境，并推出 3 000 亿元专项再贷款、5 000 亿元再贷款再贴现专用额度和 3 500 亿元政策性银行专项信贷额度等，实施降准释放 1.75 万亿元资金，为企业提供低成本贷款 2.85 万亿元。通过定向的结构性金融支持，为企业纾困。值得注意的是，逆周期调节政策在新老基础设施投资上同时发力。政策积极引导培育 5G、工业互联网、人工智能、数据中心等新型基础设施建设，支持引导企业的数字化转型和智能化改造。同时，老旧小区改造、交通设施、新型城镇化等传统基础设施"补短板"领域，也是政策关注的重点。消费方面，政策鼓励发展新型消费、升级消费，积极构建"智能+"消费生态体系。各地还出台阶段性举措提振居民消费，比如对汽车消费提供财政补贴，稳定汽车、家电等传统大宗消费；发放"消费券"，支持餐饮、文旅等疫情冲击较大的行业。通过财政政策的杠杆效应，撬动居民消费支出。房地产领域，在坚持"房住不炒"的前提下，各地相继出台纾困举措，通过土地政策调整、公积金优惠等，缓解房企的现金流压力、提振居民住房消费需求，促进房地产市场平稳健康发展。

综合来看，通过积极的财政政策和灵活适度的货币政策支持实体经济运行在合理区间，在抵御经济下行压力的同时促进经济发展新旧动能转换是宏观政策的发力方向。

从基本面看，一是疫情对经济短期冲击明显。2020年一季度，在疫情冲击下，我国GDP当季同比下降6.8%，为1992年公布单季数据记录以来首次出现负增长。各主要产需指标普遍负增长，需求端受到的影响更为明显，比如制造业投资下降25.2%，居民消费下降19.0%，降幅超过GDP和工业增加值。二是新经济、新动能呈现出了较强韧性。一季度，信息传输、软件和信息技术服务业GDP同比增长13.2%，企业上云、在线办公、网络课堂等线上经济发展迅猛，电子元件、集成电路、城市轨道车辆等部分高技术产品生产继续保持较高增速。三是在政策积极推动下，生产端率先修复，地方重大项目加紧开工。从3月起经济指标普遍修复，同比降幅明显收窄。同时，随着现存病例逐步降至低位，居民消费行为带动下的终端需求滞后修复，二季度回暖更为明显。

与此同时，需要注意的是经济发展在疫情冲击背景下仍面临着复杂多变的国际环境及国内条件。一是疫情对财政收入增长带来巨大冲击。财政部公布数据显示，2020年1~3月，全国一般公共预算收入累计4.59万亿元，同比-14.3%，前值为-9.9%，上年同期值为6.2%。3月财政收入降幅较前值大幅走阔，反映了2月严格的疫情防控措施对税收存在滞后影响。而统筹推进疫情防控和经济社会发展工作，全力保障完成决战决胜脱贫攻坚目标任务、全面建成小康社会，财政支出仍要保持一定强度，公共财政支出更需要大力提质增效，优化财政支出结构。二是疫情反弹压力下的"防控常态化"，也将对经济社会运行带来一定程度的影响。随着国内疫情的收尾，企业复工已经达到较高水平，但普遍未能达产；到5月，务工人员返工率仍稳定在94%左右，仍有一部分务工人员未能返工。本土新增病例偶有发生，境外输入病例持续出现，这对消费的压制短期内仍会存在。"后疫情"时期，疫情的影响并未完全消退。三是尽管我国疫情得到有效控制，但国际疫情快速扩散蔓延，世界经济下行风险加剧，导致我国外部风险不断加大。世界经济下行可能通过外贸外资、供应链、资金链等渠道对我国经济和金融市场产生影响，其中供应链对生产的掣肘、外需对经济的扰动，对国内的压力更为明显。全年来看，在以习近平同志为核心的党中央坚强领导下，依托强大国内市场，着力扩大内需，通过宏观政策对冲，将推动经济社会发展回归正常轨道，确保决胜全面建成小康社会，决战脱贫攻坚目标任务。

二、保险资产管理业面临的挑战

2020年，新冠肺炎疫情席卷全球造成金融市场大幅波动，世界经济增长陷入停滞，市场形势的错综复杂和不确定性显著上升。我国疫情防控得当，国内经济呈现逐步回稳态势。面对前所未有的冲击，保险资产管理业发展稳中有进，整体保持平稳，但在应对疫情长期化、深度参与金融开放、优化资产配置、加速市场化转型、服务实体经济等方面，保险资产管理业仍然面临较大挑战。

第一，海外疫情仍在蔓延，保险资产管理机构需做好应对疫情长期化、抗疫常态化的准备。宏观方面，新冠肺炎疫情为世界百年未有之大变局增加了新的变量，对世界经济的巨大冲击还在进一步发展演变，国内发展环境的不确定不稳定性仍在上升。疫情没有改变宏观经济的长期趋势，如经济增速放缓、利率下降，但在短期内进一步加剧了世界经济"脱钩"和"逆全球化"进程，这可能会带来中国经济潜在增速的继续下降。同时，受疫情冲击，各国纷纷推出量化宽松的货币政策、激进的财政政策，打破了原有的市场运行规律。以"低增长、低利率、宽货币、高波动"为特点的宏观经济背景，对于长久期的保险资金而言，挑战将是巨大的。

第二，国内金融市场进一步开放，保险资产管理机构面临多方面竞争压力。近年来，我国积极扩大金融对外开放，推动形成全面开放新格局、建设开放型新经济。2019年7月，国务院颁布了关于进一步扩大金融对外开放的11条措施，内容涉及银行、保险、证券和基金等多个金融领域。这对于逐渐步入规范化发展的保险资管行业来说，既是机遇也是挑战。一方面，行业自身依靠简单的外延式扩张和粗放式发展红利消失，业务模式向结构简明规范、高质高效的发展方式转变，业务转型压力凸显。另一方面，国内外银行、保险、信托、证券、基金等各类型金融机构全面介入资管领域竞争，行业生态重塑压力倒逼保险资管机构积极谋求差异化、专业化发展，以充分利用"两个市场、多种资源"，保险资管机构迫切需要在投资能力、产品服务、科技水平、管理效能等方面进一步对标国际领先机构。

第三，经济仍有下行压力，保险资产管理机构资产配置难度加大。面对突如其来的疫情冲击，国内外经济金融和资本市场大幅波动，经济的新旧动能转换尚未完成，2020年国内经济发展仍有较大下行压力。与此同时，保险行业在回归本源的发展转型过程中，承保端业务发展的阶段性承压，各家保险公司对于资产管理板块的配置能力、整体收益贡献能力提出了更高的期待，资产配置难度加大。具体从大类资产配置层面看，传统固收配置空间受到挤压，非标债权投资收益率明显下降，信用违约仍然呈上升态势，净投资收益率还需要努力提升。此外，随着经济增长放缓，平均资本投资回报率逐步下降，前期高收益产品陆续到期，保险资金还面临较大的再投资风险。

第四，市场化转型，保险资产管理机构第三方业务拓展难度提升。从"内部管理人"向"专业的第三方服务者"转变是保险资管实现高质量发展、市场化转型的关键一步。目前，我国保险资产管理机构受托管理资产规模约七成为保险资金，距离全球大型保险资管机构差距显著。一方面，早期通道业务在第三方业务中贡献了较大部分收益，受资管新规影响，银行委外资金出现回撤，相应的基金、保险资管、信托等渠道都受到影响，第三方业务转型压力显著；另一方面，保险资管产品化管理模式起步较晚、产品化程度较低，随着委受托双向开放，保险资管机构需要完成从"买方"向"卖方"的角色转变。一是努力开发具有市场化竞争力的组合类产品满足差异化的投资需求，不断增强受托管理能力；二是继续开拓畅通资金来源渠道，形成"保险主业—机构客户—零售客户"多层次的资金来源格局；三是以研究赋能，不断增强产品开发和主动管理能力，打造品牌价值，提高服务水平。

第五，服务国家战略、服务实体经济，保险资产管理机构要面临新挑战。保险资金要把"六稳""六保"作为当务之急，积极发挥保险资金作用，助力地方政府和社会恢复正常运转、企业复工复产和资本市场稳定。保险资管行业应立足保险资金体量大、长久期、收益稳健的特性，充分调动第三方资金和社会资本，集中力量为国家战略性、基础性、长期性项目提供有效资金，不仅可以深化保险资金运用改革创新，还可以储备优质项目，为第三方业务发展提供有力支撑。保险资管在服务创新创业时要充分发挥资金支持和风险保障双重作用，实现保险链、资金链和创新链深度融合。在传统产业、僵尸企业出清加速，处置过剩旧产能过程中，一些领域的风险集中爆发，保险资管机构主动担当，积极介入不良资产处置，加大探索"旧动能"风险化解机会，把握困境投资新机遇。

三、保险资金大类资产配置展望

展望2020年，预期利率仍将处于低位，债券类资产收益率承压，叠加IFRS9新会计准则即将实施的背景，保险资金或将继续增加配置高分红股票及长期股权投资；同时，疫情对全球市场的冲击存在较大的不确定性，海外资产配置可能趋于谨慎。

第一，市场利率预期仍将保持较低位置，险企债券类资产收益率承压。整体来看，全球经济发展本就陷入低迷，加上疫情带来的巨大冲击，未来低利率环境或将持续较长时间，并构成保险资金运用的巨大挑战。长端利率处于低位的环境下，保险资金因债券类资产配置权重较高，新增资产和再配置资产的收益率压力有所增加。为此，保险资管要坚持"保险姓保"的发展理念，针对保险资金久期长、成本负债须相匹的特点，加强长期投资能力建设，提升风险抵御能力，继续发挥保险资金在资本市场中的"压舱石"作用。债券市场方面，一方面，货币政策前期宽松操作已经为全年实体经济信用扩张提供了足够的中长期流动性。疫情以来的债市收益率表现可以大致总结为两个区间：10年期国债收益率从3%降至2.8%，主要由疫情冲击经济增长前景的初步预测所驱动，而2.8%降至2.5%，则集中体现了数量型工具操作对债市的直接带动。因此，数量型工具操作对债市收益率的同步传导效应相对显著，后续操作可能向中性方向微调。另一方面，下半年我国经济增速大概率呈恢复性增长趋势，因此下半年债市整体方向可能趋于调整，10年期国债收益率的或在率为2.8%~3.0%。同时，在经济转型和打破刚兑的过程中，信用风险仍将持续上升，尽管系统性风险较小，信托等非标资产配置仍将面临长期的"资产荒"局面。

第二，低利率环境下保险公司或将增加权益及另类资产配置。为应对低利率环境下债券资产收益的下滑，增加权益类和另类资产可能成为保险资金共同的选择。展望2020年，疫情之下股票市场的波动加大，未来走势存在较大不确定性，但部分价值类资产因短期市场冲击估值处于较低位置，从长期视角来看配置性价比较优。保险公司可在做好资产负债匹配、信用风险管理前提下，坚守价值投资理念，适时适度增配权益类资产，提升整体绝对收益水平。同时，我国保险资金另类投资的比重存在提升空间，低利率环境下可挖掘另类资产投资方向，加强多资产产品供给，在资产荒的背景下扩大寻找资产范围，寻找优质项目配置。权益市场方面，市场预计在估值情绪的纠结和盈利的逐步改观过程中建立震荡上行的方向。货币政策的操作对于权益市场的估值情绪影响是立竿见影的。前期疫情冲击下，我国股市整体表现良好，既未出现累计的深跌，波动幅度也相对可控，很大程度上与前期货币政策操作明显偏松、对权益市场估值乐观情绪的带动有直接关系。而经济恢复期，权益市场估值情绪方面，预计将在央行操作力度或将边际收缩，实体融资环境也可能有所收紧，导致估值的短期扰动较多。但中长期也并非持续抑制的格局，关键驱动因素将转化为企业的盈利前景。而2020年疫情冲击全球经济格局下，企业盈利甚至其盈利结构都很大程度上具备宏观经济属性，随着经济恢复期的逐步展开，多数行业（特别是内需投资、消费需求直接带动的行业和企业）盈利或将进入持续改善通道。

第三，在 IFRS9 新会计准则将实施的背景下，保险公司权益配置将向高分红股票及长期股权投资持续倾斜。IFRS9 新会计准则将实施的背景下，保险公司权益类资产多数将纳入 FVTPL，增大利润波动。若纳入 FVTOCI 科目，其浮盈浮亏不可转回，只有分红收益可计入利润。因此，配置高分红股票可以将分红放入利润，并降低资产价值波动影响。另外，新准则下长期股权投资不受影响，仍以权益法记账，市值波动对利润无影响，适合作为当前保险公司应对新会计准则的选择。从偿付能力角度考虑，长期股权投资类资产对偿付能力最低资本的提取更低，其中股票投资的最低资本风险系数在 0.3~0.5 之间，而合营联营类资产则仅为 0.15。

第四，疫情对全球市场的冲击存较大不确定性，海外资产配置需谨慎。疫情爆发以来，美国企业债信用利差、CDS 违约风险升至高位，意大利、西班牙等的国债遭遇抛售。对于新兴经济体而言，除了债务压力外，外需的急速收缩及资金外流压力，可能引发尾部风险的局部爆发。目前，我国保险境外资产投资的主要方式为利用 QDII 额度、港股通及境外融资。境外资产占整体投资资产的比例较少，在严格控制风险的前提下可以适当布局，但预计总体来看，配置趋于谨慎。

四、保险资产管理业发展展望

伴随中国经济由高速增长向高质量发展转变，保险资产管理行业的内部、外部环境也迎来深刻变化。一方面，在保险保障需求、财富管理需求及养老金管理需求的共同作用下，行业仍有巨大发展空间；另一方面，在监管标准逐步统一、参与主体不断丰富的大资管时代背景下，保险资产管理业面临更加激烈的竞争格局，也迎来新的合作发展机遇。

新冠肺炎疫情的爆发和蔓延，使得国内外宏观经济均面临巨大的不确定性。保险资产管理公司作为保险资金的核心管理人，既要在利率快速下行、金融市场剧烈波动的环境下平衡好风险与收益，持续优化资产配置与资产负债管理，服务好保险主业，又要发挥保险资金优势，服务实体经济和国家战略，积极为"六保"和"六稳"贡献力量。

第一，全球新冠疫情与经贸形势的不确定性仍然很大，保险资产管理业更要注重回归本源，发挥保险资金优势，服务实体经济，支持国家战略。

考虑到全球疫情和经贸形势不确定性很大，2020年的政府工作报告没有提出全年经济增速具体目标，而是引导各方面集中精力抓好"六稳"和"六保"。面对前所未有的风险挑战，保险资产管理业一方面应通过其资产配置和投资管理，为保险主业发挥其风险保障功能提供坚实支撑，充当经济社会运行的"稳定器"；另一方面，应充分发挥保险资金优势，通过股权、债权等多种方式为实体经济提供长期稳定的资金支持，积极充当复工复产及经济发展"助推器"。比如，保险资金凭借其规模大、期限长、现金流稳定、投资工具丰富等特点，可以通过长短结合、股债结合等方式提供多元化融资服务，全方位支持"两新一重"建设；尤其在医疗、健康、养老等基础设施补短板领域，还有望通过投资进而与保险主业形成战略协同。

第二，疫情冲击加速全球利率下行，保险资产管理业资产配置压力加大，资产负债管理的引领作用日益凸显，投资研究及创新能力的重要性提升。

伴随经济增速下行和产业结构转型，国内长期利率中枢趋于下移，能够匹配负债端期限和收益要求的优质资产愈加稀缺，保险资产管理业的配置压力显著加大。2020年初，新冠疫情的冲击使全球无风险利率下行速度进一步加快，主要经济体利率水平接近甚至进入负值区间，企业债权的信用风险和权益资产的市场风险明显上升，保险资产配置面临"低利率＋资产荒"的严峻挑战。

保险资产管理公司作为保险资金的核心管理人，一定要充分重视资产负债管理的引领作用，深入研究长期利率趋势，并利用其周期性波动以合理的收益率提前储备长期战略资产，前瞻性应对利率中枢下移带来的长期挑战。同时，在传统的投资工具和策略无法简单满足配置需求的情况下，投研能力和创新能力的重要性进一步提升。比如，在坚守长期价值投资理念的基础上，结合经济、产业发展趋势，深挖优质企业，把握权益市场持续大幅调整带来的投资机会，探索长期股权投资等方式获取长期稳健收益；又如，在传统债权类资产收益率持续走低的情况下，需通过优选交易对手和底层资产、创新交易结构与合作模式，在深入挖掘和解决客户痛点的过程中，提高资产获取能力，满足自身配置需求。

第三，受益于保险保障需求、财富管理需求、养老金管理需求的增长，保险资产管理业仍有长足的发展空间。

首先，目前我国已成为全球第二大保险市场，但相比美国、日本等发达国家，保险业仍有较大的发展潜力。从流量来看，我国保险密度不足美国、欧洲的10%；从存量来看，2019年末国内保险业与银行业的资产规模比例约2∶29，而发达国家保险业的资产规模通常与银行业相当，甚至高于银行业。随着居民可分配收入和风险保障意识的不断提升、寿险期缴规模的持续扩大，未来保险业的资产规模有望继续高速、可持续增长，保险资产管理业的资产规模也将水涨船高。其次，我国高净值理财市场的空间巨大，有机构预测2021年将达到百万亿元级，个人财富管理市场对保险资管机构开放带来的新机遇，有望形成其第三方业务的新增长点。最后，在人口老龄化的长期趋势下，我国养老金体系的市场化、专业化进程将继续深化。养老金与寿险资金的特点相似、投资理念相通，在投资管理上具有较强的共性和契合度，有望为保险资产管理业带来新的长期增量资金。

第四，在监管规则逐步统一、金融业扩大对外开放、资管市场参与主体不断丰富的大资管背景下，保险资产管理业面临更加激烈的竞争格局，同时也迎来新的合作机遇。

资管新规的出台为资产管理行业长期健康发展奠定了基础，也推动了保险资管业与大资管市场的融合。同时，在金融业扩大对外开放的背景下，外资背景的资产管理机构纷纷加大在中国市场的布局力度。保险资产管理业将与银行理财、外资资管等各种类型的资产管理机构同场竞技，竞争进一步加剧。与此同时，保险资产管理公司基于多年保险资金运用经验，已在长期资金管理、大类资产配置、绝对收益获取等方面初步形成了一定的差异化优势，有望在银行理财转型发展、外资机构配置中国资产的过程中获得新的合作机会与发展空间。

第五，《保险资产管理产品管理暂行办法》正式出台，进一步规范保险资产管理业的业务标准，赋予保险资管市场化定位，助推行业长期稳健发展。

《保险资产管理产品管理暂行办法》是资管新规在保险资产管理领域的配套政策，是完善制度建设的重要一环，统一了保险资管与其他资管机构的监管框架，明确了保险资管产品的私募定位。该办法允许向合格的个人投资者发行保险资管产品。保险资管机构在原本自行销售保险资管产品的基础上，也可以委托符合条件的金融机构以及中国银保监会认可的其他机构代理销售保险资管产品。从资金来源、销售渠道等方面统一了保险资管产品与信托产品、理财产品、券商资管产品等可比产品的监管要求，有利于保险资产管理业更加直接地参与个人财富管理市场，并利用自身资产配置经验和多品种投资能力，满足客户多元化的投资需求，推动行业长期稳健发展。

附　录

附录一

2017~2019年涉及保险资金运用有关政策目录[①]

（以发布时间次序排列）

发布时间	政策名称	政策编号	政策方向	主要内容
2017.01.24	《中国保监会关于进一步加强保险资金股票投资监管有关事项的通知》	保监发〔2017〕9号	股票投资	明确保险机构股票投资监管政策，规范股票投资行为，防范保险资金运用风险
2017.02.07	《中国保险监督管理委员会行政处罚程序规定》	保监会令〔2017〕1号	行政处罚程序管理	依法实施行政处罚，维护保险市场秩序，保护保险机构、保险资产管理机构、保险中介机构、外国保险机构驻华代表机构、保险从业人员、其他组织和公民的合法权益
2017.04.27	《中国保监会关于保险业服务"一带一路"建设的指导意见》	保监发〔2017〕38号	服务实体经济	充分发挥保险功能作用，全方位服务和保障"一带一路"建设
2017.05.04	《中国保监会关于保险业支持实体经济发展的指导意见》	保监发〔2017〕42号	服务实体经济	发挥保险风险管理与保障功能，拓宽保险资金支持实体经济渠道，促进保险业持续向振兴实体经济发力、聚力，提升保险业服务实体经济的质量和效率
2017.05.05	《中国保监会关于保险资金投资政府和社会资本合作项目有关事项的通知》	保监发〔2017〕41号	PPP投资	推动政府和社会资本合作（PPP）项目融资方式创新，支持保险资金更好服务实体经济
2017.05.22	《中国保监会关于债权投资计划投资重大工程有关事项的通知》	保监资金〔2017〕135号	债权投资	支持保险资金投资关系国计民生的重大工程，进一步服务实体经济
2017.06.16	《中国保监会关于进一步贯彻落实疏解北京非首都功能有关政策意见的通知》	保监发〔2017〕49号		疏解北京非首都功能控增量、疏存量的要求，全面落实京津冀协同发展领导小组工作部署，切实推进保险业服务疏解北京非首都功能的政策实施

---

① 本目录截止时间为2019年12月底。

续表1

发布时间	政策名称	政策编号	政策方向	主要内容
2017.06.23	《中国保监会关于进一步加强保险公司开业验收工作的通知》	保监发〔2017〕51号	保险公司开业管理	规范保险公司筹建行为，严格开业验收标准，从源头上健全公司治理结构，有效防范经营风险
2017.12.13	《保险扶贫统计制度（试行）》	保监统信〔2017〕274号	保险精准扶贫	全面、准确、客观地反映保险扶贫业务开展情况，为进一步推进和深化保险精准扶贫政策提供统计数据依据
2018.01.11	《保险标准化工作管理办法》	保监发〔2017〕94号	保险业标准化工作管理	完善标准制定工作程序，提高保险业标准化工作的规范性和科学性
2018.01.17	《打赢保险业防范化解重大风险攻坚战的总体方案》	保监发〔2018〕9号	风险管控	进一步加强保险业风险防控，提升风险防范能力，严守不发生系统性金融风险底线
2018.01.18	《中国保监会 财政部关于加强保险资金运用管理支持防范化解地方政府债务风险的指导意见》	保监发〔2018〕6号	地方政府债务风险	强化保险机构责任意识，支持保险机构更加安全高效服务实体经济，防范化解地方债务风险
2018.01.26	《保险资金运用管理办法》	保监会令〔2018〕1号	保险资金运用管理	规范保险资金运用行为，防范保险资金运用风险，保护保险当事人合法权益，维护保险市场秩序
2018.02.12	《中国保监会 国家外汇管理局关于规范保险机构开展内保外贷业务有关事项的通知》	保监发〔2018〕5号	境外投资规范	规范保险（集团）公司、保险公司开展内保外贷业务，加强境外融资业务监管，防范境外融资风险
2018.02.23	《中国保险监督管理委员会关于修改〈中华人民共和国外资保险公司管理条例实施细则〉等四部规章的决定》	保监会令〔2018〕4号	外资保险公司管理补充	贯彻落实国务院清理规范行政审批中介服务事项的要求对外资保险公司规则的修订
2018.03.01	《保险资产负债管理监管规则（1-5号）》	保监发〔2018〕27号	保险资产负债管理	防范保险业资产负债错配风险，提升保险公司资产负债管理能力，原中国保监会于2017年启动了保险资产负债管理监管制度建设工作，现将主干技术标准共五项监管规则予以印发，并从发布之日起试运行
2018.03.07	《保险公司股权管理办法》	保监会令〔2018〕5号	保险公司股权管理	加强保险公司股权监管，规范保险公司股东行为，保护投保人、被保险人、受益人的合法权益，维护保险市场秩序

续表 2

发布时间	政策名称	政策编号	政策方向	主要内容
2018.06.01	《中国银行保险监督管理委员会关于保险资金参与长租市场有关事项的通知》	银保监发〔2018〕26号	保险资金参与长租市场有关事项	根据《保险资金运用管理办法》《保险资金投资不动产暂行办法》及相关规定，就保险资金投资长期租赁住房项目有关事项通知
2018.07.03	《中国银行保险监督管理委员会关于发布保险资产负债管理季度报告XBRL分类标准及启用保险资产负债管理监管信息系统模块的通知》	银保监发〔2018〕28号	保险资产负债管理季度报告XBRL分类标准及启用保险资产负债管理监管信息系统模块	为推动保险资产负债管理监管规则顺利实施，制定了保险资产负债管理季度报告XBRL分类标准，通过该保险资产负债管理监管信息系统模块向中国银保监会报送保险资产负债管理季度报告
2018.07.06	《中国银保监会关于印发〈个人税收递延型商业养老保险资金运用管理暂行办法〉的通知》	银保监发〔2018〕32号	个人税收递延型商业养老保险资金运用管理暂行办法	规范个人税收递延型商业养老保险的资金运用行为，促进个人税收递延型商业养老保险试点健康发展
2018.08.20	《中国银保监会办公厅关于报送保险资产负债管理能力自评估结果有关事项的通知》	银保监办发〔2018〕78号	保险资产负债管理能力自评估	开通保险资产负债管理监管信息系统模块能力评估结果报送端口，各保险集团（控股）公司、保险公司应通过该端口向银保监会报送保险资产负债管理能力自评估结果
2018.10.25	《中国银保监会关于保险资产管理公司设立专项产品有关事项的通知》	银保监发〔2018〕65号	保险资产管理公司设立专项产品	为发挥保险资金长期稳健投资优势，参与化解上市公司股票质押流动性风险，加大保险资金投资优质上市公司力度，就保险资产管理公司设立专项产品有关事项进行通知
2019.01.25	《中国银保监会关于保险资金投资银行资本补充债券有关事项的通知》	银保监发〔2019〕7号	银行资本补充债券投资	为服务实体经济，防范化解金融风险，扩大保险资金配置空间，就保险资金投资银行资本补充债券有关事项进行通知
2019.02.25	《中国银保监会关于进一步加强金融服务民营企业有关工作的通知》	银保监发〔2019〕8号	金融服务民营企业	深入贯彻落实中共中央办公厅、国务院办公厅印发的《关于加强金融服务民营企业的若干意见》精神，进一步缓解民营企业融资难融资贵问题，加强金融服务民营企业

续表3

发布时间	政策名称	政策编号	政策方向	主要内容
2019.04.08	《中国银保监会办公厅关于明确保险资产负债管理报告报送要求的通知》	银保监办发〔2019〕98号	保险资产负债管理	进一步完善保险资产负债管理监管规则，明确保险资产负债管理报告报送要求
2019.05.07	《中国银保监会关于印发〈保险公司偿付能力监管规则——问题解答第2号：无固定期限资本债券〉的通知》	银保监发〔2019〕22号	银行资本补充债券资本计算	为增强银行保险机构服务实体经济的能力，有效防范和化解风险，对保险资金投资符合条件的银行发行的无固定期限资本债券的资本计量规则进行规范
2019.05.15	《中国银保监会办公厅关于保险资金参与信用风险缓释工具和信用保护工具业务的通知》	银保监办发〔2019〕121号	信用风险缓释工具和信用保护工具投资	进一步提升保险资金服务实体经济质效，丰富保险资金运用管理工具，完善市场信用风险分散、分担机制
2019.05.17	《中国银保监会关于开展"巩固治乱象成果 促进合规建设"工作的通知》	银保监发〔2019〕23号	银行保险机构合规建设	为全面贯彻党中央、国务院关于金融工作的决策部署，打好防范化解金融风险攻坚战，推动银行业保险业实现高质量发展，对银行保险机构乱象整治成果巩固和促进合规建设等相关要求进行规范
2019.06.26	《中国银保监会办公厅关于资产支持计划注册有关事项的通知》	银保监办发〔2019〕143号	资产支持计划注册	进一步落实国务院"放管服"工作部署，推动资产支持计划业务发展，提高监管效率和透明程度
2019.07.01	《中国银保监会办公厅关于保险资金投资集合资金信托有关事项的通知》	银保监办发〔2019〕144号	集合资金信托投资	规范保险资金投资集合资金信托业务的相关要求，切实防范资金运用风险
2019.08.07	《中国银保监会关于印发〈保险资产负债管理监管暂行办法〉的通知》	银保监发〔2019〕32号	保险资产负债监管	完善保险资产负债管理监管制度体系，加强资产负债管理监管硬约束，推动行业转型和实现高质量发展
2019.09.09	《中国银保监会关于印发保险公司关联交易管理办法的通知》	银保监发〔2019〕35号	保险公司关联交易管理	规范保险公司关联交易行为，加强保险公司关联交易监管，防范利益输送风险
2019.11.08	《中国银保监会关于银行保险机构加强消费者权益保护工作体制机制建设的指导意见》	银保监发〔2019〕38号	消费者权益保护	为夯实银行保险机构消费者权益保护工作主体责任，对银行保险机构加强消费者权益保护工作体制机制建设提出指导意见

续表 4

发布时间	政策名称	政策编号	政策方向	主要内容
2019.11.29	《中国银保监会关于印发银行保险机构公司治理监管评估办法（试行）的通知》	银保监发〔2019〕43号	治理监管评估	进一步加强银行保险机构公司治理监管，切实提升公司治理有效性
2019.12.16	《中国银保监会关于将澳门纳入保险资金境外可投资地区的通知》	银保监发〔2019〕48号	保险资金境外投资管理	为规范保险资金境外投资行为，支持粤港澳大湾区建设，就将澳门纳入保险资金境外可投资地区有关事项进行通知
2019.12.24	《中国银保监会现场检查办法（试行）》	中国银行保险监督管理委员会令2019年第7号	银保监会现场检查办法	加强对银行业和保险业的监督管理，规范现场检查行为，提升现场检查质效，促进行业健康发展

资料来源：中国银行保险监督管理委员会官网

附录二

2019 年保险资产管理市场主体发展情况 *

（按机构类型及成立时间排序）

中国人保资产管理有限公司

2019 年是中国人保资产管理有限公司推进高质量发展转型的一年。一年来，面对国内经济下行压力和波诡云涌的国际大环境，公司坚持稳中求进的工作总基调，各项业务取得新成绩。

（一）以管理受托资产为主责，投资收益取得良好成绩

2019 年，公司坚守资产负债匹配原则和价值投资理念。一是较大幅度兑现权益浮盈，并紧抓市场节奏优化持仓结构，总体收益率较上年提高 11 个百分点。二是在债券市场收益率处于相对低位、面临较大投资压力背景下，加强市场研判，把握收益率反弹的时间窗口，大幅配置长期债券。三是在优质金融产品稀缺、非标资产收益率整体下行的压力下，强化另类产品的自主开发，加快外部产品的优选配置，新增投资规模同比逆势增加 80%，在市场收益率下降幅度超 80BP 大背景下，新增资产收益率仅比上年下降 33BP，有效缓解了当年的配置压力和未来的再投资风险。总体来看，集团内受托资产财务投资收益率和业务投资收益率分别较上年增长 77BPS 和 558BPS。

（二）以集团"3411 工程"为引领，推进有关重点任务

2019 年，公司围绕人保集团"3411 工程"，推进大数据和人工智能等金融科技创新应用，推动一批重点项目、重点任务落地。一是围绕信用风险识别，人工智能信用舆情分析系统对债券主体识

---

* 免责声明：本部分信息和内容均来自各公司提供的资料，中国保险资产管理业协会仅负责整理。所有信息或表达的内容不代表协会观点和立场或证实其内容的真实性。

部分机构未向协会提供有关材料，故在附录中没有展现。

别的准确率和负面预警因子算法的准确率均超过90%，在上海市人民政府组织开展的"金融创新成果奖"评比中获三等奖（唯一获奖的保险资管公司项目），项目团队在集团落实"3411工程"先进典型评选中荣获"数字化战略实施先进集体"。二是围绕宏观景气监测，由指标库、模型库和案例库构成的"AI+大数据"宏观经济监测预警系统在预测CPI走势方面取得良好成效。三是围绕集团数字化重点任务，积极参与"中国人保"APP、人保e通、统一客服平台、集团综合电商门户、云平台等平台建设，在新一代估值核算系统、数据中心一期建设等重点项目上取得阶段性成果。四是围绕集团国际化战略，应对港股市场波动做好受托资产的配置，着力推进粤港澳大湾区产业投资基金的筹备工作，制定《人保香港资产三年发展规划（2020–2022年）》，明确了战略定位和发展目标，确定了重点任务。五是围绕集团投保一体化机制建设，通过另类和普惠两项业务合计带动保费收入超越集团下达的挑战值任务。

（三）以服务集团战略和保险主业为根本，加快开发保险资管产品

2019年，公司对标提出建设全能型资产管理机构，制定财富管理发展规划。对照投资能力建设全覆盖、主要客户类型全覆盖、风险防控体系全覆盖和财富管理里程碑目标，投资部门和市场部门加强合作，努力打造拳头产品，信用增强1号、高收益1号全年收益率在同业同类型产品中排名前列，安心收益投资业绩连续两年稳定在6%以上，固收类三方账户加权收益率超越"纯债债券型基金"239BP，全年三方业务规模同比增长26%。

（四）持续加强全面风险管理建设，整体保险资金运用守住了风险底线

2019年，公司稳步推进"全面风险管理+专项风险管理"体系，按照机构改革方案设立风险合规委员会，促进风险管理决策机构的优化运转；加强风险研判，及时制订并调整风控政策，适当收紧信用类投资业务的准入及限额标准；积极组织开展交易对手及存续另类业务风险排查，摸清风险底数；持续开展乱象整治整改和法律合规专项工作，巩固优化内控合规体系的长效机制；在信用违约高企、市场波动较大的背景下，公司受托保险资金未出现风险事件，风险管理部/法律合规部被人保集团授予"守牢风险底线先进集体"三等奖。

（五）以集团巡视整改为契机，持续加强党的建设

2019年，公司以巡视审计反馈问题为导向，强化问题意识，新一届党委研究细化整改清单，落实主体责任，确保整改实效。在基层党建上下功夫，建立党支部日常工作清单式管理机制，制定支部书记抓基层党建工作述职评议考核办法，优化党支部设置。公司纪委发挥监督责任，扎实推动公司全面从严治党向纵深发展。

总体回顾 2019 年工作，公司受托资产规模首次突破 1 万亿元，创历史新高，利税贡献和综合实力获得内外部机构的积极认可，连续三年荣膺"浦东新区经济突出贡献企业"，并在《财经》"长青奖"、《上海证券报》"金理财"、《证券时报》"方舟奖"等专业评比中，荣获"年度最佳保险资产管理公司""年度资产管理卓越奖"等多个综合实力大奖。

中国人寿资产管理有限公司

2019年，中国人寿资产管理有限公司投资能力、投资收益"双提升"取得重大成果，投资业绩创下近年最佳，第三方资产总规模超过3 200亿元，较年初增长34.2%，净利润同比增长超20%，为中国人寿集团盈利的历史性突破作出重要贡献。

作为国内最大的机构投资者之一，公司长期致力于成为资本市场专业、负责任的投资人，始终坚持长期投资、价值投资、稳健投资的投资理念，充分运用自身专业化投资能力，为推动中国高质量发展发挥大型机构投资者应有的作用。

（一）优化资产配置提升投资能力

2019年公司资产配置的科学性、专业化、执行力，以及投资品种间的协调互动增强。市场份额不断扩大，加快产品服务创新，完善销售渠道建设，一方和三方业务提质增量。截至2019年末，公司合并受托管理资产规模3.5万亿元，同比增长19%，继续领跑国内资产管理行业。新增服务实体经济规模6 490亿元，一方、三方组合达标率超越年度战略基准，协同业务规模超过920亿元，组织健康度全球对标结果提升1个四分位，主要战略指标进展良好。实现净利润12.87亿元，同比增长23.84%，营业收入30.44亿元，同比增长18.80%，收入和利润创历史新高。

（二）科技赋能增强创新能力

公司于2017年初开展"人工智能+"投资的研究，通过引进深度学习、机器学习、自然语言理解、知识图谱等领先的人工智能技术，有方向、有规划、有步骤地对公司投研体系进行全面"赋能"，进一步探索投资管理模式的创新，建成了一套能够提升投研效率、提高投资收益、积累投资智慧的智能投研平台。CLIMB平台的上线构建起全新的运营数字化战略，标志着在国寿资产人的通力合作下，具有公司特色的数据治理体系初步建立。在建设"科技国寿"征程中，公司形成了独具个性的数字化运营服务矩阵，真正实现数据化集成、数据化分析、数据化决策。截至目前，基础架构和技术服务基本完成，规划目标完成度达到70%。

（三）健全投资体系守牢风险底线

公司坚持收益是检验投资的唯一标准，提升专业化投研水平，完善国寿特色投资体系。加强全面风险管理，实施风险偏好体系，推进主动风险管理，加快"三合一"制度建设，信用资产违约率远低于市场平均水平。

（四）对标全球市场创新体制机制

公司以市场化、专业化、国际化持续推动体制机制创新，组织架构、人才队伍、业绩标准、运营管理、金融科技等加快与全球"接轨"，最大限度地激活发展优势与潜能。

（五）以客户为中心提升品牌影响力

2019年公司再度蝉联"最佳保险资产管理公司金贝奖"，获得"值得托付保险资管机构"称号和"2019创新保险资管产品方舟奖"，斩获新浪财经"年度最佳投资保险资产管理公司"称号，获评"年度责任投资最佳资管机构"。折桂《经济观察报》"ESG责任投资行业典范"、《上海证券报》2019"金理财"年度资产管理卓越奖、《中国证券报》"最受股权投资机构欢迎LP奖"、新财富"最智慧投资机构奖"等。

华泰资产管理有限公司

截至 2019 年末，华泰资产管理有限公司的受托管理规模 2 499 亿元，第三方占比 86%，资产管理费收入 4.70 亿元，实现净利润 2.36 亿元。

证券投资业务稳扎稳打，战略性拓展职业年金业务取得重大突破，为公司业务未来长远、健康发展奠定了基础。证券投资业务体系不断完善，业绩稳中向优。职业年金业务成果斐然，养老金及年金客户的服务质量及响应速度大大提升，管理人与受托人之间的沟通与协作效率更高效。2019 年，全国共有 29 个省份开展职业年金投资管理人招标，华泰资产共中标 28 个省份，已投资资产投资业绩排名位于计划前列，为公司长远发展奠定了坚实基础。

项目投资业务再创佳绩，管理资产规模突破千亿元。凭借领先的产品创设能力和高水平的市场服务能力，2019 年新增注册债权投资计划规模 295 亿元，发行率远高于行业水平，业务品质持续优化，业绩稳定增长；项目承揽能力、流程标准化程度和风险管理能力不断完善，内部管理效率稳步提升。

新兴业务表现突出。股权投资方面，华淳基金投资的天宜上佳、晶晨股份实现科创板 IPO，是保险资管行业投资科创板第一单；未上市股权实现顺利退出，为客户创造了合理回报。资产证券化业务方面，公司是业内首家在中保登完成资产证券化业务注册的机构，合计注册规模 50 亿元。FOF/MOM 投资方面，业务产品线布局初步完成，业绩保持领先，客户数量居业内前列。

中再资产管理股份有限公司

中再资产管理股份有限公司始终围绕国际化、市场化、专业化导向，进一步提升投资管理能力。继续坚持稳健审慎的投资理念，加强对经济形势、市场环境及利率走势等关键因素的研判，提升资产配置的前瞻性和有效性。高度重视风险管理，进一步强化主动管理风险的意识，持之以恒坚持全面风险管理，提高风险管理的前瞻性、针对性和有效性。加强系统内投资职能协作，挖潜与保险主业的业务协同，着力拓展第三方业务发展，共同服务于中再集团高质量发展全局。

业务发展方面，坚持价值投资、长期投资理念，积极开展市场研判，持续推进资产配置结构优化。固定收益着力发挥收益"压舱石"作用，积极把握债券市场配置机会，主动探索产品创新，增配地方政府债、政策性金融债、优质金融产品等高等级资产，适度拉长久期，进一步夯实稳定收益来源。股权投资方面，动态调整权益资产配置比例，适度增加二级市场权益配置，优化持仓结构，深入挖掘具备长期投资价值、较高分红水平的品种进行长期投资，降低权益投资组合的波动性。另类投资坚持稳健审慎理念，发挥项目挖掘能力，一二级市场联动，投保联动效应明显。金融产品发行方面，精细挖掘，严控风险，着力提升发行规模，积极支持实体经济和"一带一路"基础设施建设。

风险管理方面，继续加强资产负债风险管理，改善资产负债匹配状况。加强配置绩效分析评价，促进资产配置战略和风险偏好有效传导；持续完善投资风险管理机制，健全风险评估体系，加强风险排查；持续提升投资风险管理精细化水平。优化全面风险管理监测指标体系，实现监控可视化；构建多层次、多维度风险报告体系，及时全面反映投资风险状况；利用情景分析、压力测试等方法，计量潜在损失程度，密切关注市场波动对本集团投资收益及偿付能力的影响等，有效应对极端风险状况；加强重点风险防控，针对个别金融产品出现的信用风险预警信号，及时关注并应对，有效控制总体风险。

平安资产管理有限责任公司

平安资产管理有限责任公司是中国平安保险集团核心成员，于 2005 年成立，目前注册资本 15 亿元。面对宏观经济形势变化和资本市场波动，公司始终坚持价值投资和稳健审慎投资理念，积极应对市场风险，努力把握市场机遇，持续服务好保险资金投资管理需要，为各类客户创造价值。面对资产管理行业的新趋势，平安资管积极发挥在主动投资管理能力方面的优势，始终坚持专业化、市场化运作，第三方资产管理业务稳健发展。2019 年，公司保持了稳中有进的良好发展态势，业务规模实现稳步增长。截至 2019 年 12 月末，公司投资管理资产总规模达 3.27 万亿元，较年初增长 13.2%。

公司在不断强化投资能力建设的基础上，继续深化"资管+科技"战略，加强公司科技赋能优势。2019 年，自主研发的基于大数据、AI 模型及 BI 技术的智能债券一体化投资平台 KYZ 成功上线。KYZ 凝聚了专家智慧与科技能力，支持债券发行、交易、投资等全业务链条，通过对金融市场数据的高度整合和深度加工，人机合一全方位精确刻画企业债券，全流程支持国内外投资者进行债券投资和风险管理，实现先知、先觉、先行，提升金融资源配置效率，助力债券投融领域共赢生态。

2019 年，公司凭借全面的投资能力、稳健的投资业绩、完善的公司治理和严格的风险控制受到了市场与客户的广泛赞誉，荣获《投资洞见与委托》（Insights & Mandate）授予的"中国最佳保险资产管理公司"、《财资》（The Asset）授予的"2019 年度最佳保险资产管理公司 3A 大奖"、《21 世纪经济报道》授予的"2019 金贝奖最佳保险资产管理公司"、《上海证券报》授予的金理财奖"2019 年度资产管理 TOP 大奖"、《证券时报》授予的中国保险业方舟奖"2019 金牌保险资产管理公司方舟奖"等各类海内外权威奖项。2019 年，公司凭借在科技转型中的突出表现，在《21 世纪经济报道》主办的"亚洲金融竞争力评选"中荣获"2019 年度科技资产管理公司"奖项，成为 2019 年唯一获此殊荣的中国资产管理机构。

作为中国最大的的资产管理机构之一，公司致力于打造业内领先的"资管+生态"投资管理平台，将继续通过科技赋能提升投资能力、风险管理能力和客户服务体系建设，坚持以客户为中心，以投资业绩为导向，用专业为客户创造更高的价值。未来，公司将持续深化科技创新，力争成为中国领先的科技型资产管理公司。

泰康资产管理有限责任公司

泰康资产管理有限责任公司成立于 2006 年，前身为泰康人寿保险股份有限公司资产管理中心。

截至 2019 年 12 月 31 日，公司管理资产总规模超过 17 000 亿元。除管理泰康委托的资产外，公司管理的第三方业务总规模突破 9 000 亿元，另类投资管理规模超过 3 900 亿元。目前，公司退休金管理规模超过 3 800 亿元，其中企业年金管理规模超过 2 800 亿元。

公司是泰康集团推进国际化战略的重要平台。2007 年 11 月，公司全资子公司泰康资产管理（香港）有限公司（以下简称"泰康香港"）在香港注册成立。泰康香港现时已获得香港证监会批准从事第一类牌照（证券交易）、第四类牌照（就证券提供意见）和第九类牌照（资产管理）相关业务，并获准开展公募业务；获得 QFII（合格境外机构投资者）、RQFII（人民币境外合格机构投资者）、债券通等资格，成为公司进行国际化资产配置、服务境外客户的重要桥梁。2016 年 9 月，公司成立了新的股权投资平台——北京泰康投资管理有限公司，并于 2017 年 5 月完成第一期产业基金 20 亿元的募集。

泰康资产具有丰富的多领域投资经验，投资范围涵盖固定收益投资、权益投资、境外公开市场投资、基础设施及不动产投资、股权投资、金融产品投资等，所提供的服务和产品包括保险资金投资管理、基本养老保险基金投资管理、另类项目投资管理、企业年金投资管理、职业年金投资管理、财富管理服务、资产管理产品、养老金产品、QDII 专户、公募基金产品等。2014 年 12 月，公司完成了全球投资业绩标准（GIPS）的验证，成为国内首家通过这一权威验证的保险资产管理公司。2015 年 4 月，公司公募基金管理业务资格正式获得监管机构批准，成为首家获得该业务资格的保险资产管理公司。2016 年 12 月，泰康资产入选基本养老保险基金证券投资管理机构。2018 年 1 月 16 日，公司正式宣布加入香港金融管理局基建融资促进办公室（IFFO），成为 IFFO 的合作伙伴。由此，公司成为首家加入 IFFO 的中资保险资产管理公司。

公司综合投资收益率始终表现优异。自 2006 年初至 2019 年末，公司受托泰康人寿一般账户资产年均投资收益率超过 8%。凭借长期、稳定、卓越的投资能力，公司受到保险业和非保险业客户的广泛认可。

新华资产管理股份有限公司

2019年新华资产管理股份有限公司紧密围绕新华保险"1+2+1"总体战略规划框架，积极响应资产负债双轮驱动发展模式，将业务定位由资产管理提升至财富管理层面。面对复杂、严峻的内外部形势，公司管理层率领全体员工以财富管理规划为纲，紧紧围绕核心经营指标，稳健经营、主动作为，投资主业成绩斐然，风险控制严而有序。总的来看，公司全年各项工作卓有成效。

（一）党的建设进一步加强，主题教育成果丰硕

按照上级党委工作部署，公司深入开展主题教育，坚守"为股东和客户创造价值"的初心，牢记"建设中国一流资产管理公司"的使命，较好地实现了"理论学习有收获、干事创业敢担当、思想政治受洗礼、为民服务解难题、清正廉洁作表率"的目标任务。

（二）资产负债双轮驱动，财富管理有序推进

围绕新华保险"1+2+1"的总体战略规划框架，公司深入研究中国资产管理行业发展最新行业趋势和政策导向，制定了财富管理战略规划，着手打造自上而下的统一财富管理平台。以此为蓝本，公司自上而下、上下互动，形成了发展规划管理工作推动有力、落实有效的良好局面。公司管理体系进一步优化，投资业绩优异、第三方业务取得实质性进展，总体上看战略规划取得阶段性成果。

（三）策略措施运用得当，保险投资业绩优异

面对低利率和信用风险高企的不利环境，公司顶住压力、克服困难，精准研判市场趋势，策略措施运用得当，投资条线多点发力、业绩优异。权益投资夯实研究基础把握核心资产，波段操作，A股股票、基金投资净值增长率达25%以上，持仓品种收益率近40%；债券投资战略性达成了长久期地方债等利率债的配置目标，累计配置国债、地方政府债等利率债超过900亿元；金融产品投资精耕细作，严控风险，对大量的金融产品项目进行密集调研，在风险可控的前提下择优配置，累计配置金融产品超过500亿元，无风险事件发生，加权收益率超过6%。总的来看，公司受托新华人寿保险资金账户2019年总投资收益率超过5%，综合投资收益率超过7%，在可比同业中也名列前茅。

（四）始终强调风险防范，有效管控各类风险

在当前信用违约风险高企与经济下行叠加的大环境下，公司高度重视风险特别是信用违约风险

防范，采取多项措施，保障资产安全。一是持续跟进对持仓主体潜在风险的防范，全年开展两次对存量资产的风险隐患大排查，确保存量无忧；二是加强流动性风险、市场风险分析，并对低流动性、小市值股票进行了禁投设置；三是大力扩大信用评估品种覆盖范围，尽最大努力满足投资和发行业务需求，有效管控信用风险。

（五）发挥优势，突出特色，聚焦三方业务长足发展

2019 年，公司第三方业务发展按下"快进键"，全年新发行组合类保险资管产品共 12 款，新发行另类资管产品共 7 款，二者合计共 19 款，第三方业务结构更趋均衡，产品线渐趋完善，专业化、国际化水平不断提升，盈利能力和整体竞争力不断增强。各投资部门树立投行思维，充分认识和把握保险系资产管理的优势，为后期三方业务长足发展奠定了良好的基础。

（六）全流程科技赋能，公司经营提质增效

围绕科技赋能理念，依靠自身信息系统开发优势，公司建立起一整套符合自身业务发展需要的前中后台全流程、一体化信息体系。从投资研究到风险管控，再到运维保障，借助人工智能等技术助力投研信息实现全面、准确和及时，强化事前、事中、事后全面而有侧重的风险管理，优化围绕业务拓展的运维保障全覆盖，让业务开展更有竞争力。

展望下一阶段工作，公司将继续在上级党委和董事会领导下，持续不懈加强党的政治建设，做好主题教育总结工作。对标国际一流资产管理公司水平，深化科技赋能，突出策略，发扬优势，精准发力，大力推进第三方业务，加快推进向专业型财富管理机构转型，在新时代创造新的辉煌。

太平洋资产管理有限责任公司

2019 年，太平洋资产管理有限责任公司完善公司治理体系，优化公司决策和运行机制，坚持以"稳"字统领全局，着力服务保险主业，坚持"长期投资、稳健投资、价值投资"的理念，稳步发展市场化业务，牢牢守住稳健经营的风险底线，努力追求高质量发展。公司总体管理规模和第三方管理规模均创出历史新高。2019 年实现市场化管理费收入占比继续保持在 50% 左右，公司的业务结构和盈利模式更加趋于均衡。

2019 年，公司保持定力，稳健应对不确定性持续增加的外部市场环境。公司积极服务保险主业，基于保险资金的负债特性，着力优化资产配置，加强前瞻性研判，动态把握各类市场机会，通过主动操作创造价值。公司继续完善投研体系，因客户需求而孵化策略，以策略为中心构建团队，围绕策略挖掘投资机会和市场机遇。公司主动适应资管新规及相关实施细则的要求，提升市场化业务发展能力，加大产品创新和客户拓展力度，加强客户服务体系建设，第三方资产管理产品业务规模和收入稳定增长，占公司整体规模近 20%，业务收入占比超过 50%。2019 年末，公司控股的国联安基金管理资产总规模同比上升 54%。

2019 年，公司注重培育基于数据科技的业务新动能，重点推进投研、另类、市场、风险、营运等业务条线的数据科技转型项目落地。公司自主研究开发的投资决策支持系统完成二期建设，该系统获评"2019 金融业科技及服务优秀创新奖。"公司完成了主动风险管理项目、员工行为分析、营运直通化和监控一体化等重点项目建设，积极提升信息技术自主研发能力，数据科技系统化建设成效明显。

2019 年，公司坚持党建引领，认真开展"不忘初心、牢记使命"主题教育活动，持续加强基层党建和党风廉政建设。公司的管理基础更加稳健，核心竞争力持续提升，"专业、稳健"的企业形象继续赢得市场认可和积极评价，相继荣获"2019 金牌保险资产管理公司方舟奖""2019 金牌保险投资团队方舟奖""2019 最佳保险资产管理公司"和"2019 年度最佳保险资管"等多项荣誉。

太平资产管理有限公司

2019年，国际政治经济形势错综复杂，国内经济下行压力加大，市场利率中枢震荡下行，信用风险持续蔓延，对行业发展带来严峻挑战。面对困难和压力，太平资产管理有限公司紧紧围绕中国太平新时代发展战略，迎难而上、奋力拼搏，对标先进、弥补短板，全力推动赋能提升，总体保持平稳发展态势。截至2019年底，公司管理资产规模超6 500亿元，投资业绩表现良好。

2019年，公司业务发展主要取得了如下几方面的成效：一是全力提升投资收益。公司坚持长期价值投资理念，把握市场机遇加大优质债券、另类项目和高分红股票配置，稳步推动长期股权投资取得突破，着力优化资产结构，为保险投资组合增厚收益、降低波动奠定了扎实基础。二是努力服务实体经济发展。公司坚持"国家所需、太平所向"，紧密围绕国家重大战略实施等领域，成功落地了一批重点投资项目。2019年，公司另类项目累计发行规模超450亿元，既满足了保险资金配置需求，也为地方经济建设和区域产业升级提供了有力的金融支持，彰显了金融央企的社会责任担当。三是积极推动渠道业务拓展。公司依托于长期稳健的投资业绩表现，持续提升高质量客户服务水平，通过开发定制个性化产品来满足客户的多元需求，吸引了一批重要的第三方客户。截至2019年末，公司管理的组合类资管产品、专户和养老保障产品较年初实现了近30%的规模增长。

在稳步推动业务发展的同时，公司一贯致力于夯实经营管理基础，强化业务发展保障，主要有如下三个方面：一是坚持强化党建引领，按照中央和集团党委部署，深入开展"不忘初心、牢记使命"主题教育，全面做好基层组织党建工作，抓牢抓实思想政治和党风廉政建设；二是认真开展全面风险排查，坚决落实监管各项风险管控和整治要求，压实风险管控责任，筑牢公司各项事业的发展根基；三是稳步推进组织体系改革，顺应行业发展趋势，精简优化组织架构，建立健全市场化、专业化的经营机制，不断激发内生发展活力；四是坚持科技赋能发展，加快推动金融科技在投资领域的应用，不断强化科技对业务发展的支撑能力。

2020年是我国全面建成小康社会和"十三五"规划收官之年，也是公司新时代发展战略"赋能提升"阶段的全面落实之年。面对新冠疫情下的新形势、新挑战、新任务，公司将坚定"为人民理财、为国家管财"的核心宗旨，坚持赋能提升不动摇、创新变革不动摇，强化责任担当、激发发展动能，全力推动公司高质量发展再上新台阶。

人保投资控股有限公司

人保投资控股有限公司是经财政部、原中国保险监督管理委员会批准，2007年8月由中国人保集团全资设立的投资公司，是中国人保集团旗下专业化的不动产投资管理平台。

公司成立以来，在人保集团的正确领导下，始终坚持市场化、专业化、规范化经营思路，在稳步开展资产经营业务的基础上，积极推进向不动产投资领域转型发展。2013年获得原中国保监会不动产投资能力和产品创新能力备案以来，大力发展不动产投资业务和第三方不动产金融产品业务，有效服务人保集团和保险行业资产配置，积极投身社会经济建设，服务实体经济发展。

2019年以来，外部形势严峻，市场竞争激烈，不动产投资和不动产金融产品业务发展面临较大压力。面对复杂多变的不利局面，在集团公司党委的坚强领导下，新一届党委班子团结带领广大干部员工，认真贯彻集团2019年度工作会议精神，紧紧围绕集团"3411工程"和优化商业模式，坚持"稳中求进"总基调，坚持做优主业、做精专业，大力发展不动产投资和金融产品等"三大板块、十项业务"，实现了良好的经营业绩，超额完成集团各项预算指标，以实际行动助力集团向高质量发展转型。

（一）不动产金融产品业务快速发展

公司加强同各类金融机构和企业对接，积极寻找优质项目，大力拓展不动产金融产品业务，有效服务集团保险资金配置。截至2019年底，累计发行金融产品25单308.5亿元，2019年存续金融产品平均投资收益率6.16%。全年新注册产品7单93.5亿元，新发行产品50亿元，已注册待发行产品5单43.5亿元；同时，开发信托财顾项目2单60亿元，已投决待提款5单140亿元。2019年新发行产品集团内部实际配置率达到87.4%，较2018年提高22个百分点。华融金融租赁3号资产支持计划于10月25日在保险资产登记交易系统成功注册，并于12月5日成功实现场内发行，这是保险资管业内首单在中保登成功注册并实现场内发行的资产证券化产品，标志着公司资产支持计划开发能力得到监管机构和业内普遍认可。

（二）积极开展不动产投资业务

一方面，公司坚持集团总体战略部署，扎实推进"3411工程"重点项目，包括北中心项目、广州金融城项目、南中心二期项目。另一方面，积极开展不动产投资业务。2019年，新增投决项目2个，预计总投资63亿元；已立项项目1个，预计总投资规模约8.2亿元；重点储备项目4个，预计总投资规模157.6亿元。另外，扎实推进自有投资建设项目管理，包括廊坊项目、珠海项目以及郑东项目的建设工作。

（三）资产经营业务有序开展

公司坚持不动产投资与运营并重，着力打造"不动产投资"和"资产管理"均衡协调发展的业务体系，努力提升全价值链投资能力，全年资产经营业务实现各类收入 5.17 亿元。一是新项目招商工作取得新突破。截至 2019 年底，陕西、广安项目已签约合同面积 5.8 万平方米，出租率分别为 89.2%、96.7%，全年实现租金收入 5 068.5 万元。二是资产经营处置工作取得新进展。三是人保物业经营管理取得新成效，全年新增管理项目 9 个，新增管理面积 40 余万平方米，总管理面积 107 万平方米，营业收入 1.2 亿元，净利润 302.4 万元，主要经营指标均创历史新高。

（四）坚持规范化制度化运作

一是建立健全委托受托机制，研究制定《受托资产投资委员会议事规则》。同产寿健签署了《另类资产委托管理协议》及补充协议，建立工作对接机制，共完成 9 个项目 64.4 亿元的公司配置流程，2 个项目完成提款 12.5 亿元。二是强化工程项目管理。出台《不动产项目建设工作指引（试行）》《工程项目档案交接标准程序指引》，制订建设项目通用授权管理方案，修订建设项目成本管理办法。三是优化金融产品业务管理。包括优化评审环节、及时召开受益人大会，开展三单产品到期清算工作。四是健全完善制度体系。全年共制定出台各类管理办法 36 项，其中，新制定 24 项，新修订 12 项，经营管理更加规范和有据可依。

（五）牢牢坚守风险底线

2019 年，人保投控坚决贯彻中央和集团党委打赢防范化解重大风险攻坚战部署，牢固树立底线思维，紧盯各类风险隐患，坚守住了不发生重大风险底线。一是完善风险防控体系。二是加强重点领域风险防范。三是开展内部审计检查。全年安排 7 次审计，不断强化完善内部控制。四是妥善应对各类诉讼。截至 2019 年底，公司管理诉讼案件 485 宗，诉讼标的 11.96 亿元，已结案件占比 44%。

大家资产管理有限责任公司

大家资产管理有限责任公司是大家保险集团旗下专业资产管理公司。2019年，面对复杂的宏观环境和多重压力，公司励精图治，围绕年初制定的"对标前三，争创一流"总体目标，以"整固、提高、增强"为工作方针，以"一体两翼"为战略方向，奋发图强，取得了较好成绩。

（一）主要经营指标向好，投资管理持续稳健

面对复杂多变的市场环境和利率持续下行的压力挑战，结合受托保险资金特点属性和投资要求，公司高度重视资产配置和组合管理，强化投资研究和投研结合。通过审慎研判市场和大类资产运行情况，以加强精细化投资管理，积极调整资产结构，持续增加固收类和非标类资产配置，合理安排流动性资产，指数高位时加大权益资产减持力度等为主要配置思路。截至2019年末，公司受托资产管理规模为8 828亿元，实现总投资收益率8.62%，较上年同期大幅提升，管理规模和投资收益均处于行业前列。

（二）投资管理的全方位能力不断提升

一是强化主动管理能力。以完善权益投研方法论、人机结合量化模型、优化信用及宏观利率研究体系等为抓手，通过投研能力提升带动增强主动管理能力。二是提升交易融资能力。A股、港股通交易量分别同比大幅增加，银行间共完成融资规模同比增加近3倍。三是强调风控合规管控能力。2019年实现零合规风险事件、零债券违约、零产品评级下调。同时，审核制度120余项，审查法律文本1 800余件。四是注重运营保障能力。在时效和精细性上，全面实现T+0估值核算及分组估值；在估值核算和资金结算效率上，每日处理200余个账套的估值核算业务，同时还完成集中大批量分红申赎，有力有序地支持了前台业务开展和交易达成。五是党建和内部管理再上新台阶。一方面，党总支规范化开展支部建设，顺利完成换届选举，率先成立工会，并荣获金融街总工会"双爱双评"先进企业称号。另一方面，进一步优化决策议事组织机制和制度建设，构建了分层决策、科学严谨的决策机制。此外，高度重视主动学习，博采众长。2019年通过"走出去、请进来"的方式拜访平安、泰康、太保、国寿、新华、中再、博时等业内外优秀机构40余次；举办"大家谈"系列投研论坛13期，邀请各方面专家学者50余人，借鉴"他山之石"。

（三）三方业务和另类金融产品"两翼"，实现积极布局和破冰

产品形态上，公司设立纾困专项产品（"琼琚"系列）；多个组合类资管产品持续对外募集数

十亿元；受托三方保险委外业务也实现突破，成功受托部分保险机构资金专户。客户体系上，初步搭建包括保险、银行、基金等机构客户，投资管理能力日益得到肯定。激励机制上，对标市场，制定差异化激励导向及模式，全年成功引进一批优秀人才。此外，还对照资管新规，主动优化保险资管产品类型和规模。2019年组合类保险资管产品数量缩减超50%，为后续更好优化产品线打下坚实基础。

2020年，公司将继续秉持"善心、公心、匠心"的文化精神，践行"坚守合规、尊重规律、服务立司、专业立身"的企业核心价值观，遵循"极致稳健，人机融合"的投资和管理理念，坚持"一体两翼"发展策略。同时，还将密切协同集团，服务实体经济，和衷共济，群策群力，致力成为中国资产管理和财富管理市场的卓越力量。

生命保险资产管理有限公司

2019年，生命保险资产管理有限公司全员上下一心，勇于担当，迎难而上，聚焦专业能力，深化市场化转型。公司资产管理规模超2 000亿元，产品体系进一步丰富，投资收益良好，市场化业务稳步发展。

（一）坚持服务保险主业，积极拓展第三方资产管理业务

2019年，公司坚持回归保险本源，坚持服务保险主业，秉承长期投资、价值投资、绝对回报的投资理念，稳健经营，受托投资收益目标和市场业务目标均全面超额达成。

公司进一步加强投研体系建设，搭建投研分析框架，建立投研指标体系。固收投研方面，公司建立起一整套涵盖利率、信用、转债和汇率投资的研究分析框架，并建立相应模型，选取相关指标，每月跟踪相关指标变化，能较好地刻画市场走势。权益投研方面，公司形成宏观、重点行业的研究分析框架和指标体系，并通过实证研究加以验证。公司上线绩效归因系统，科学归因指导操作，科学评估投资团队业绩，提升组合管理能力。公司切实提高保险资金管理水平，投资收益表现优异，投资业绩赢得委托人的广泛认可。

公司在聚焦服务保险主业的同时，积极拓展第三方资产管理业务，着力优化业务结构，提升业务品质。市场化业务大幅增长，收入结构进一步优化，收入较上一年度增长64.42%。2019年，公司共注册非标产品15项，注册规模224亿元。其中，基础设施债权投资计划7项，规模115亿元；不动产债权投资计划7项，规模74亿元；股权投资计划1项，规模35亿元。公司注册产品数量排名行业第四位，较前一年提升7名，注册产品从不动产向基础设施转型初见成效。

（二）坚守合规底线，有效落实全面风险管理

在发展业务的同时，公司坚守合规底线，全面提升风险管理能力。一是有效落实全面风险管理，强调风险管理的主体责任，强化内控，优化关键流程和制度，推进系统建设，提高风险管理工作效率，完善风险考核体系，加强风险管理责任约束。二是持续加强信用风险管理，对重点持仓、经营出现重大变化、价格发生重大偏离的固收类资产进行定期跟踪，进一步提升风险预警规范性，完成重点行业信用展望及模型调整，信用风险管理表现优异。三是持续开展合规文化建设，坚守风险底线，构筑风险管理三道防线。

（三）推进综合能力建设，有效强化业务支撑

公司持续推进综合能力建设，以精细化管理为目标，为业务开展提供有效支撑。一是准确把握

行业趋势，积极推进金融科技规划，着力推动投研、组合、信评、风险管理等重点系统平台落地。二是健全公司组织架构，完善工作机制，优化管理流程。三是强化人才梯队建设，加大人才引进和培养力度，完善员工和组织绩效管理体系。四是优化中后台管理体系，不断提升保障能力：运营部门着力完善系统建设，打造专业系统平台；交易部门系统梳理各交易平台的业务流程和风险点，有效防范交易风险；信息技术部门持续加强系统建设、运维建设及服务支持，进一步提升系统自动化水平。

（四）加强渠道建设，扩大公司品牌影响力

公司稳步推进渠道拓展，与主要保险机构均已建立业务联系，积极推进与客户深度合作，为客户提供优质的资产管理产品及服务。

凭借稳健务实的投资理念和优异的投资业绩，公司得到社会各界的充分肯定和广泛认可，荣获"2019东方财富风云榜年度最佳保险资管""中国保险业2019保险资管价值投资方舟奖""中国资产管理金贝奖最具成长性保险资产管理公司"等奖项。这充分体现了业界对公司在成长潜力、产品创新、投资研究等方面的认可，也彰显出公司未来良好的高质量发展态势。

光大永明资产管理股份有限公司

2019 年，光大永明资产管理股份有限公司秉承"众擎易举、争先进位、决胜转型"的指导思想，以做好关联方资金的投资管理工作为重点，完善研究体系，优化投资管理水平，切实提高资产配置能力和各类资产投资能力，全面对标先进同业，努力实现追赶和超越。公司在 2019 年顺利打赢了转型攻坚战，在保证业务合规与风险可控的前提下，全面超额完成全年经营指标。

公司投资业务充分发挥资产配置统领的作用，进一步强化"固定收益＋绝对收益"的投资理念，以有效的账户配置解决方案和针对性的策略性产品联通客户需求和投资需求，释放投资生产力，与光大永明人寿紧密配合，实现受托保险资金收益目标。公司第三方账户和资管产品整体达成收益目标，优于同类保险资管产品平均收益率。固收类专户产品、固收集合产品和类货币产品平均收益率均超越市场同类，所有权益类产品收益率超过同期上证综指。

在投资银行业务方面，公司在资产信用质量呈现下沉趋势的背景下，坚守风险底线，长短业务搭配，同步实现了收入增长和业务创新，行业地位进一步提升。公司前瞻性研究政策导向，重点转向新型基础设施建设、新能源等国家鼓励发展的行业，关注粤港澳大湾区、长江经济带和京津冀等重点区域；持续创新服务客户，成功注册设立公司首单股权投资计划——前海母基金股权投资计划，实现了公司在股权投资领域的又一突破。

资管业务以重点客户和产品为突破口，深挖客户需求，完善产品体系，顶住了被动业务大幅萎缩的重压，实现了主动业务对被动业务的替代，保住了管理规模，实现了能力转型迭代。

公司以党的领导为核心，坚持以习近平新时代中国特色社会主义思想和党的十九大精神为指导，以党建工作提升促转型成功。严格按照"党要管党，全面从严治党"的要求，认真贯彻中央、集团和光大永明人寿党委的决策部署，全面落实"两个责任"，将"不忘初心、牢记使命"主题教育成功经验和强大正能量转化为全面落实从严治党要求、履行党建工作责任。同时，公司进一步完善治理体系，着力引进高端专业人才，优化内控机制，以专业性和严谨性守住风险底线。2019 年，公司未发生重大风险事件。

公司积极参与行业有广泛影响力的奖项评选，获得保险行业权威奖项"权益投资团队方舟奖"和"创新保险资管产品方舟奖"，以及资管行业影响力广泛的"【金贝奖】——最具竞争力保险资产管理公司"，获评"2019 年度中债结算 100 强"和"2019 年度银行间本币市场交易 300 强"等荣誉。

合众资产管理股份有限公司

2019 年,合众资产管理股份有限公司始终坚持在依法合规前提下,严格遵照监管政策法规组织开展公司各项经营活动。

2019 年 5 月,通过中国银行保险监督管理委员会备案审核,公司在获得保险机构股权投资能力后,成为一家具有受托管理保险资金资格、不动产投资计划产品创新能力、基础设施债权投资计划产品创新能力、股票直接投资能力、股指期货运用能力、信用风险管理能力及股权投资能力的全牌照保险资产管理公司。

截至 2019 年末,公司 2019 年度营业收入 4.18 亿元,营业利润 2.67 亿元,同比增幅 135%。净利润 2 亿元,与 2018 年同比增幅 134%。资产管理总规模 1 086.32 亿元,其中,受托管理保险资金及业外资金 832.95 亿元,发行债权股权计划 253.37 亿元。

固定收益投资方面,截至 2019 年末,委托人合众人寿账户固定收益类资产净规模 381.7 亿元,全年达成综合收益率 4.67%,获取超额收益 1.2 亿元;全年新增固定收益类资产规模为 81 亿元左右,达成投资收益率 5.32%。委托人合众财险账户固定收益类资产投资收益率 5.22%,流动性资产投资收益率 2.68%。第三方账户受托管理方面,截至 2019 年末管理第三方账户资产净规模 6.6 亿元,均较好地达成了年初制定收益目标。

权益投资方面,2019 年宏观经济有所企稳,经济逐步呈现出弱复苏态势。代表全市场的万得全 A 指数全年上涨 33%。公司权益投资在 2019 年投资规模不大的情况下,仍然把握住了相应的投资机会,全年实现 71.61% 的投资收益率,远超于市场主要指数表现。

另类投资方面,截至 2019 年末,公司另类投资事业部总资产管理规模 647.4 亿元。另类投资业务近三年实收管理费收入复合增长率 56%。在同业 32 家保险资产管理机构中,公司 2019 年新增发行险资非标投资计划的产品数量排名第十位,产品发行率达 51%,高于全行业平均水平 16%。

境外投资方面,公司持续丰富投资品种及模式,建立健全了资管业务体系,不断提升境外投资团队投研能力,同时紧抓境外固收全年下行机会及两次美联储降息机会,超额完成年初投资目标。

公司以达成委托人总体资产负债匹配和风险收益要求为经营目标,不断强化公司的投资管理能力、风险管控能力、产品开发能力和市场营销能力;认真恪守中国银保监会"三道防线"要求,持续强调风险管理和中后台管控工作的深度,通过不断优化业务流程、建立前中后台业务联动等管理措施,逐步打造出了一支肯专研、懂市场、求精准的专业队伍。

公司自成立以来盈利能力逐年提升,为受托资产创造了的长期、持续、稳定、可靠的投资回报。公司正逐步向一家具有品牌影响力和社会感召力的一流保险资产管理公司坚定迈进。

民生通惠资产管理有限公司

民生通惠资产管理有限公司成立于 2012 年 11 月 15 日，是经原中国保险监督管理委员会批准设立，由民生人寿保险股份有限公司出资设立的保险资产管理公司，注册资本 1 亿元人民币。

公司自诞生之日起，便秉承董事长提出的"开门办公司"理念，面向市场，以市场化手段发展业务。2019 年，公司始终跟随政策引导，坚持与时俱进，以规范稳健的投资风格、严格谨慎的风险管理、高效稳定的投资运营为基础，通过战略转型与创新快速成长。截至 2019 年末，公司受托管理资产规模超 1 800 亿元，其中第三方资产管理规模约 1 150 亿元。

面对 2019 年复杂多变的经济形势、跌宕起伏的市场变化和日趋激烈的竞争环境，公司秉承"规范经营、稳健投资、创新求变"的经营方针，在坚守风险管理底线的同时，积极推进各项业务稳健发展，进一步提升投资管理能力，持续取得优异业绩。

公司致力于为母公司创造持续、稳定、安全的投资回报。2019 年，公司受托民生人寿资产综合收益率达 7.7%。公司固定收益投资继续保持一贯严谨的投资风格，把防控风险放在首位，各账户均坚持了审慎的投资原则，全部配置 AA + 以上优质债券，并受益于精准的投资操作，锁定高额收益。公司权益投资采取投研一体的模式组建专业团队，基于独立账户运作和科学数据分析，基本实现了以投资能力与当期市场的匹配度进行资金配置的管理机制，不断提高权益投资资金的配置效果，持续优化整体投资能力。

以优秀投行文化为引领，公司另类业务实现快速发展。2019 年，公司另类投资事业部持续加大承揽力度，加强渠道建设。一方面，持续围绕"高等级信用主体"推进项目储备；另一方面，积极拓展非保险系年金管理人及银行资管公司的资金渠道。通过构建多元化的主动投资能力，公司基础设施债权计划等各类主动资产管理规模增长显著。

2019 年，公司主动布局适应多业务体系的中后台系统，利用高效的信息平台适配整体业务流程，支持全面智能的风险管控和高效完善的交易管理。借助大数据与人工智能技术构建公司独具特色的智能平台，提升研究及决策效率。通过打造一体化的数据价值链，进一步夯实运营、风控、投研、营销的综合竞争力。

公司坚持深化管理体制改革，持续提升人才凝聚能力。"人既尽其才，则百事俱兴。"公司着眼战略目标，不断提升对高质量青年人才的吸引力度，注重人才的储备和梯队建设，为业务发展打下坚实的人才基础。同时，坚持推进"扎营盘""任咎处事""相互成就"的企业文化，营造"共成长"的企业氛围，助力公司持续稳健发展。

阳光资产管理股份有限公司

阳光资产管理股份有限公司自2012年12月成立以来，业务持续健康发展。2019年，面对全球经济下行压力增大、贸易冲突加剧、金融体制改革深化的严峻内外部形势，公司坚持"服务保险主业、服务实体经济"的初心，坚守"多元配置、绝对回报与价值投资"的理念，不断加强自身能力建设，着重强化风险管理，专注创造客户价值，受托管理资产规模稳健增长，投资收益始终超越行业平均。

（一）公司配置能力持续提升

2019年，公司一方面加强宏观研究，针对国内经济下行、财政政策主导稳增长、货币政策保持中性基调等经济和政策趋势作出较为准确的前瞻判断；另一方面，着力对配置体系进行科技化转型，"价值投资、坚持长远"的配置理念通过系统化的方式得到固定，涵盖长期趋势、四大周期、市场估值、市场平衡、市场结构、地缘政治和评估反馈等七大领域的资产配置和策略模型体系基本形成，并得到了中国银保监会等监管部门的高度认可。

公司不断探索大数据、机器学习等金融科技在资产配置中的应用，自主研发了基于无监督机器学习的阳光中国宏观监测指数，为内外部委托方提供中国经济状况的高频监测服务。科技赋能，提升配置能力，为公司注入新的发展动能。

（二）投研能力不断强化

公司研究理念以价值投资为核心，中观层面以行业分析为起点，以产业链分析为纽带，拓展一二级、海内外，不断突破研究边界；微观层面以企业财务报表为起点，以商业模式、竞争壁垒、成长空间为核心分析点，以内在价值分析为落脚点，落实价值投资理念。

公司具备高效的投研转化能力。一方面，通过研究产品直接体现研究思想和研究成果，并取得优秀业绩；另一方面，通过"投资经理+研究经理"双经理制，以研究驱动投资，以投资促进研究，全面提升公司的投资管理能力。

（三）第三方资产管理业务稳健发展

组合类产品方面，公司积极推进产品业务，紧跟市场热点，深挖客户需求，产品线得到进一步丰富和完善；客户类型在广度和深度上均有提升。非标项目方面，公司始终围绕服务实体经济，服从国家战略方向，践行险资社会责任，持续进行各类项目的开发与储备，通过债权计划以及为企业设计融资方案、提供投资顾问服务和咨询服务等，助力国计民生，持续支持实体经济发展。

（四）风控能力作用凸显

2019年，公司多举并进，积极防范化解相关风险。公司强化风险管理文化贯彻，倡导居安思危的价值观念，坚守风险底线，主动管理风险；根据市场及业务发展，及时优化内部流程，修订完善风控制度，确保业务合法合规开展；开展全面风险排查，严格落实中国银保监会关于风险及合规方面检查工作，及时发现问题，健全公司内控体系；强化风险管理研究，提升风险管理能力，持续完善产品风险防范措施，及时跟踪、预警、化解风险。在宏观经济下行、风险事件频发的背景下，公司全年未发生重大风险事件，在多变、挑战的市场环境中凸显优秀的风险管理能力。

2019年，凭借稳健的投资业绩，公司得到了市场的广泛认可。获得《经济观察报》2018～2019年度值得托付金融机构评选"值得托付保险资管机构"、《每日经济新闻》2019年中国保险业科技创新榜"年度卓越资管保险公司"、《金融理财》第九届金貔貅奖"年度金牌保险资产管理公司"等殊荣；荣获深圳市南山区人民政府授予的"纳税百强企业"称号、"深圳市前海深港现代服务业合作区经济贡献突出企业"称号。展望未来，公司将继续用专业能力服务客户，以心、用心、尽心为客户提供长期稳定回报。

中英益利资产管理股份有限公司

中英益利资产管理股份有限公司成立于 2013 年 4 月 12 日，经过 7 年的发展，公司 2019 年末管理资产余额达到 770 多亿元。公司致力于服务好每一位投资者，将为股东和投资者争取最大经济效益作为孜孜不倦的经营目标追求。

（一）深刻领悟党的指导方针，将伟大革命精神落到实处

公司通过深入学习贯彻习近平新时代中国特色社会主义思想和党的十九届四中全会精神，深入开展"缅怀先烈忆革命，不忘初心迎'八一'"主题党日活动，多次组织思想理论集中学习，使党的领导、党的建设更加坚强有力，干部员工思想受到深刻洗礼，使命担当更加坚定。

（二）夯实业务拓展有效能力，蓄力投后管理全面护航作用

公司厚植价值提升理念的投后管理文化，秉承诚实信用、勤勉尽责的管理原则，恪守资管行业本源，认真践行管理人职责。

一是打造系统化管理。深耕另类投资项目日常管理、投后监测及风险处置的全周期、全流程、系统化的投后管理体系，妥善处理发行提款、收益分配、受益凭证转让、提前还款、项目清算等事宜，及时高效完成各类监管系统的数据和报告报送，增强信息披露的规范性和透明度。

二是致力精细化运行。持续跟踪监测存量另类投资项目合规情况及重大风险事件，通过现场检查和非现场检查相结合的方式，对发行项目实施不同频次的后续跟踪，了解融资主体的业务发展情况、财务资金情况和标的资产建设进度，增强风险防范的前瞻性和主动性，为另类投资项目的安全运营和公司稳健发展保驾护航。

三是注重专业化服务。2019 年，公司致力于投后管理服务提升，丰富投后管理团队，积极发挥投后在客户关系拓展和维护方面的功能，打造与客户的良好互动关系，增加公司品牌的内涵和价值，进而在交易谈判中获取较强的议价能力和项目获得能力。

（三）深耕强化风险合规意识，将公司自查预警机制再升级

公司坚持风险管理与业务拓展同步相伴，强化人员全覆盖、业务全流程的风险控制机制。

一是重培训，风险合规意识再强化。2019 年，公司集中内外部力量加大培训投入，组织员工参与行业各类资金运用风险管理培训和研讨，邀请外部专家走进公司开展合规文化系列培训，不定期安排法律风险管理实操培训等，组织开展反洗钱和金融安全知识竞赛，在官网增设金融安全知识普

及栏目，注重提升前中后台人员的风险防范意识和应对能力。

二是补短板，内部控制机制再升级。全年共完善各类制度和业务流程30余个，优化升级信用评级系统，持续推进风险监测评估体系，进一步细化投资集中度、协议存款质押率、组合类产品投资非标比例、信评不准入后续跟踪等监测机制，稳步提升风险预警机制和处置能力。

三是自律自查，自我纠错能力再提升。部署开展涵盖股权和关联交易、组合类资管产品、风险与合规、保险资金运用现场检查整改等专项整治和自查自纠，全方位、多角度地审查业务风险；强化审计资源投入，提高内部稽核的频次、深度和广度，全力构建自查整改长效机制。

中意资产管理有限责任公司

2019 年，资管新规配套细则逐渐出台，资管新规进入过渡期的第二年，资金端增长放缓。中意资产管理有限责任公司在董事会的正确领导下，以"防风险、稳增长、强内控"的经营思路，稳步推进公司各项工作，积极支持实体经济建设，认真落实监管部门的各项工作部署，将风险控制关口前移，为客户提供专业的、优质的投资管理服务。

积极把握市场机会，提升投资和经营业绩。2019 年资本市场环境复杂，宏观经济延续下行趋势，债券收益率震荡走低，信用风险进一步加大，股票市场表现较好；同时，泛资管行业整体增长放缓，保费增速略有提升，资管新规正式进入过渡期第二年，存量组合类产品逐步清理整改，产品创新空间受限。公司积极把握市场机会，提升投资业绩、积极化解风险事件。资本板块加强市场及客户开拓，提高外部客户体系的广度与深度建设，注重服务客户需求方面能力的提升。产品方面，紧密跟踪市场机会，不断完善和优化产品线。同时，进一步加强研究能力和基础建设，为业务的发展打下了坚实基础。

积极支持实体经济建设，坚持精耕细作，不断实现投行业务规模稳步增长，债权计划注册数量及规模在业内排名保持稳定。2019 年，在公司投行业务员发展理念指导下，以服务高信用等级客户为业务拓展的首要原则，开拓了多个优质客户增量融资项目及创新的产品形态，为实现公司中长期业务发展再上一个台阶奠定了坚实基础。

全面推进风险管理工作，实行更为严格的风险管理举措。在信用风险、操作风险等多方面展开了全面梳理和分析，并于 2019 年设立投后管理专岗，加强对另类产品的投后风险管控，逐步搭建起更加全面、专业的投后管理体系。

人才队伍建设进一步完善，综合管理能力持续提升。2019 年，公司优化了人才结构，进行了资源的整合和配置，对于职级体系、绩效考核机制等多方面进行了优化。在运维能力方面，在已有的系统架构和流程基础上，梳理流程细节，制定各环节操作标准和时效要求，加强业务人员综合能力的培养和提升，同时稳步提升运营各环节操作风险的控制措施。数字化建设上，继续通过自主研发，进一步完善了对于业务员管理的全流程覆盖，并稳步推进各项信息化基础设施建设。

2019 年，公司管理资产规模、投资能力、市场地位得到进一步提升，品牌影响力进一步提高，长期可持续发展的基础进一步稳固。2020 年，公司将积极顺应时代变化和监管要求，坚持稳中求进的总基调，持续优化公司运作管理水平，不断强化风险防范预警机制，以服务实体经济、服务人民生活为本，为股东和委托人创造价值，为行业发展贡献力量。

华安财保资产管理有限责任公司

2019年，面对国内外风险挑战明显上升的复杂局面，华安财保资产管理有限责任公司上下迎难而上，围绕股东会和董事会的要求稳步开展各项工作。公司经营管理层以年初制定的各项经营指标为出发点，以夯实管理基础为抓手，重点关注母公司华安保险大账户投资运作和第三方业务新的发力点，以及投行业务开拓和创新能力资格的申请等工作；在内部管理和控制方面，根据市场环境的变化和公司发展的需要，进行相应的人事调整和平稳过渡，局部优化组织架构，进一步降本增效，把握市场机遇并有效控制业务风险，实现业务平稳发展，顺利并超额完成年初制定的经营目标。

（一）抓住市场机会，投资收益显著超越行业

虽然2019年权益市场大幅上涨，但由于权益仓位不高，固收类资产收益率偏低，信用风险事件频繁爆发，保险行业整体的投资收益率较2018年仅提升61BP至4.94%。公司通过及时提高权益仓位，积极挖掘科创板打新等投资机遇，持续处置低资质债券，提升持仓信用资质，有效提高了收益并避免了风险事件。2019年，华安保险委托账户财务考核收益率为8.40%，公司自有资金账户财务收益率为8.21%，均显著优于行业水平。

（二）结构优化，产品线进一步扩充

截至2019年12月31日，公司管理资产总规模964.92亿元，同比增长1.05%。其中，受托管理母公司资产规模67.44亿元，受托管理第三方资金规模897.48亿元。

2019年，公司共新发行组合类资管产品36只，其中非存款类产品13只，是公司成立以来非存款类产品发行最多的一年，发行产品规模逾300亿元，其中定增类产品5只，量化产品3只，打新策略产品5只。

（三）设立投行事业部，投行业务取得重大进展

2019年，公司大力发展投行业务，根据董事会的决议和要求将原有投行类业务部门进行整合，撤销投行部、项目投资中心、创新业务部，设立投行事业部，优化组织架构。

在理顺投行业务组织架构、业务流程和发展方向后，公司投行业务取得重大进展。2019年11月，公司作为投资顾问，落地首单债权计划；次月，成功报会《华安—北汽昌河基础设施债权投资计划》。这是公司自取得基础设施创新能力资格以来，首单以受托管理人名义发起设立的保险债权

投资计划，实现了保险债权计划零的突破。

（四）以检查促合规，加强全面风险管理

2019年，公司根据监管机构要求积极开展各项自查工作，并及时向监管机构报送自查及整改工作报告。2019年10月，中国银保监会检查组莅临公司开展检查工作，公司上下全力配合监察组工作，及时整理提供检查组所需材料，态度积极主动，及时正面回应检查组提出的各种问题。在接受检查和自查的过程中，及时发现并立整立改经营中存在的各类问题，使公司的合规风险进一步下降。

长城财富保险资产管理股份有限公司

长城财富保险资产管理股份有限公司于 2015 年 3 月 18 日正式开业，是原中国保监会核准的第 19 家保险资产管理公司。公司原名为"长城财富资产管理股份有限公司"，经国家市场监督管理总局核准、中国银保监会批复同意，公司于 2019 年 8 月 27 日完成名称变更。公司注册地在深圳前海，营业场所在北京，公司核心投资团队来自长城人寿保险股份有限公司资产管理中心。公司的经营范围是受托管理委托人委托的人民币、外币资金；管理运用自有人民币、外币资金；开展保险资产管理产品业务、保险监督管理部门批准的其他业务、国务院其他部门批准的业务。

自 2015 年成立以来，公司秉承长期、稳健的投资理念，致力于打造高效、卓越的经营管理团队，建立了市场化的运行机制，具备较强的投资管理能力和风险控制能力。

受托资金业务方面，分为固定收益投资、权益投资、另类投资和股权投资，致力于为长城保险双轮驱动提供战略支持，着力打造资产配置能力，不断提升受托保险资金的投资收益。2019 年，公司积极落实长城人寿委托资产管理指引，进一步明晰追求长期稳健收益的理念目标，强化风险与合规底线约束机制，在研究配置、价值挖掘、服务拓展三个方面加强能力建设，开展优质不动产、优质股权资产投资，稳健做好固定收益资产配置，优化二级市场权益投资策略，稳妥进行另类项目投资，持续加强风险管控，不断完善资产负债管理。公司于 2012 年、2013 年、2017 年、2018 年多次荣获"金貔貅奖"，获得"年度金牌收益力保险公司"等称号。

市场化业务方面，截至 2019 年末，公司累计成功注册产品规模 234.97 亿元，公司已完成多只第三方保险资管产品债权投资计划的注册和发行。此外，由于公司发行产品的安全性、收益率和保障性较高，公司基本进入所有险资投资的白名单。

业务资质方面，公司已获得以下六项牌照：信用风险管理能力、股票直接投资管理能力、股权投资能力、不动产投资计划产品创新能力、基础设施投资计划产品创新能力、股指期货运用能力（受托）。公司正在积极推进不动产投资能力转移、保险私募基金资格申请等事项。

专业团队方面，公司拥有优秀的人才队伍，员工平均年龄 35 岁，硕士和博士学历员工占比 66% 以上，海外教育背景或国际金融行业从业经验人员占比 23%，具有证券、基金、期货从业资格的占比 62%；金融从业年限 5 年（含）以上的占比 73%。公司经营管理团队具备较好的行业影响力，在《当代金融家》《中国保险报》《中国证券报》"中国证券网"等媒体发表了十余篇专业文章，公司高管多次受邀参加各类经济论坛并担任主讲嘉宾，为公司树立了良好的行业形象。

英大保险资产管理有限公司

英大保险资产管理有限公司由英大泰和人寿保险股份有限公司、英大泰和财产保险股份有限公司和国网英大国际控股集团公司共同发起设立，实际控制人为国家电网有限公司。自 2015 年 4 月成立以来，公司坚持市场化、专业化、规范化的经营理念，持续强化投资能力和风险管控能力建设，专注于保险资金和企业年金的投资管理，并积极为实体经济提供融资支持，为客户提供专业、高效、全面的资产管理服务。

2019 年，公司紧紧围绕国家电网公司和股东单位的发展战略，按照"一个引领、两个提升、三个坚持"的工作思路，不断创新服务和创新管理，打造公司的投资平台、风控平台、运营平台和数据平台，探索创新物联网金融新业态，实现了高质量发展。

截至 2019 年底，公司管理资产规模达到 764 亿元，同比增长 39.6%，其中第三方市场业务规模超过 300 亿元。近三年，公司管理资产规模年均增速超过 40%，利润总额年均增速超过 30%，整体经营效益保持快速增长。2019 年公司实现增资 3.2 亿元，增资完成后注册资本达到 5.2 亿元，为未来发展打下坚实基础。

在投研管理方面，公司坚持稳健审慎的投资风格，从资产配置、主动管理、研究支持、风险预警、投后管理、运营服务等方面切实做好受托服务工作。在 2019 年资本市场形势复杂多变的环境下，公司强化资产配置的统领作用，不断促进投研融合，股东委托各账户均取得了超过行业平均水平的投资业绩。

在协同发展方面，公司聚焦电网主业和电力能源行业，积极服务于国家电网公司能源互联网战略和电网产业链发展，不断推进产融协同、融融协同。成立电网项目部，加强与国网主业和上下游产业单位对接，主动参与服务国网相关项目。积极参与产业链金融和物联网金融体系建设，探索公司的新业态和新模式。深化与系统内外金融单位的密切合作，根据客户需求设立发行可转债产品、摊余成本法产品和流动性产品。其中，活利壹玖流动性资管产品规模达到 117 亿元，打造了公司首只规模突破 100 亿元的资管产品。与交通银行理财子公司交银理财实现战略性合作。抓住市场业务机会，成功发行"英大—中国电子基础设施债权投资计划"，成为公司服务实体经济、支持国家科技创新战略的重要举措。

在风险管控方面，公司不断深化"风险自控、主动合规"的风险合规文化，发挥业务部门、风险部门、审计监督三道防线合力，压实业务部门作为风险防范第一道防线的责任。完善风险管理制度体系，优化风险合规信息技术系统，通过事前、事中、事后控制的全流程风险管控体系，有效保障公司持续健康发展。积极开展信用风险主动管理，加强对行业和区域的信用研究，完善评级策略和评级方法，持续评估排查持仓信用资产风险，有效应对严峻的信用风险形势。

在中后台保障方面，公司积极开展多维精益管理变革，不断推动管理科学化、精益化，加快向现代金融企业迈进。强化人才队伍培养，完善市场化绩效考核和激励约束机制，贯彻"专业敬业、责任担当"的企业文化，团队精神面貌积极向上。推进信息系统建设，加快建成业务中台和数据中台，不断提高运营保障水平。强化党建引领，扎实开展"不忘初心、牢记使命"主题教育，把党的领导融入公司治理体系，有效提升公司治理和经营管理的规范化水平。

2019年，公司的发展成绩也得到了市场的认可，连续第三年荣膺"值得托付保险资管机构"称号，荣获"年度卓越保险资产管理公司"奖项，品牌形象和市场知名度进一步提升。

下一步，公司将进一步提升投研能力，深入推进产融协同、融融协同，稳步增强公司核心竞争力，努力创建特色鲜明能力突出的现代保险资产管理公司，为国家电网公司和英大集团实现战略目标作出新的更大贡献！

华夏久盈资产管理有限责任公司

华夏久盈资产管理有限责任公司成立于 2015 年 5 月，前身为华夏人寿保险股份有限公司资产管理中心，是经中国银保监会批准成立的第 21 家保险资产管理公司。截至 2019 年底，公司注册资本金为 5 亿元，总资产 12.94 亿元，净资产 9.46 亿元，连续四年实现财务盈利。

2019 年对于资产管理行业来说，是充满了不确定性和诸多挑战的一年。国内经济下行及其结构调整、中美贸易谈判的反复多变等，都给大类资产配置和投资操作带来了严峻的考验。2019 年，公司全体员工忠于职守、攻坚克难，坚持依法合规地开展各项经营活动，不断夯实制度建设、信息系统建设、人才梯队建设等基础工作，进一步提高公司投资管理能力与风险管理能力，最终圆满完成了年初设定的各项经营管理目标。

（一）科学配置资产，坚持"收益可期、风险可控"投资理念

公司始终秉承长期稳健的投资理念，坚持以资产负债匹配作为大类资产配置的指导原则，以委托人的利益最大化作为大类资产配置的落脚点，在综合考虑监管要求、负债资金性质、预期收益目标及风险承受能力、财务指标等因素的基础上，科学制定资产配置策略。

作为一家保险资管公司，公司不断提高自身的投研能力，搭建完善的战略研究体系，始终坚持为社会、为委托人创造价值的"初心"和"使命"。投资管理团队凭借专业和出色的投资管理能力，实现了保险资产投资"收益可期、风险可控"的核心价值理念。2019 年，公司受托管理资产规模超 5 300 亿元，同比增长超 10%。其中，受托管理母公司华夏人寿资产规模达 5 180 亿元，综合投资收益率大幅超越委托人下达的业绩基准。

（二）从投前到投后，建立全面的风险管理体系

面对风险频发的信用市场，公司始终保持"如履薄冰、如临深渊"的心态，不断加强信用风险管理能力，建立系统化的信用研究体系，从投前审核到投后监控，全流程履行固收类业务的信用风险管理。在风险量化管理方面，公司逐步开展股票策略、房地产行业策略等量化风险模型的研发，不断加强定性舆情分析与定量数据挖掘相结合的风险管理。针对已投项目的后续管理工作，及时转变思路，从被动管理转换到主动应对，重新调整工作流程、梳理规范制度办法，加大投后管理的深度和力度。

（三）内部管理更加规范，及时发现问题、解决问题

公司在 2019 年陆续开展多项加强内部管理的专项工作，制度流程不断优化。开展了"合理化

建议落实"专项工作，在全公司范围内征询合理化建议并尽力落实，及时发现问题、解决问题，该项工作收效明显；组织实施了"制度流程梳理优化"专项工作，针对公司现行制度进行深入自查，从合规、内控、量化、可操作性、跨部门协作等方面进行优化完善，以期适应公司新发展、新情况，使公司制度体系从"建章建制"阶段逐步过渡到"优化完善"阶段，运转效率和执行力进一步提升，该项工作仍在有序进行中。

（四）保生产、重安全，提高大运营体系的信息技术保障能力

公司全年开展信息建设项目 19 个，尤其是核心硬件设备更换、数据容灾系统建设等信息安全类项目落地，大幅提高了公司的信息安全能力。公司近三年在中国银保监会统信部的信息安全评测得分逐年提高至 93 分的行业较高水平。

在交易和运营方面，程序化交易、固收平台电子化、非投资类资金划款流程电子化模块等平台陆续上线，提高了交易和运营工作的效率与准确性。在业务管理方面，上线了证券预警系统、招商租赁系统、反洗钱系统、内部审计系统等业务管理类系统。其中，公司参与开发建设的内部审计系统获得了国家版权局颁发的计算机软件著作权。

（五）健全党委组织架构，助力扶贫攻坚

公司于 2018 年 8 月正式设立华夏久盈党委。2019 年 4 月，收到上级党委关于同意支部选举结果的批复，标志着党支部正式成立，各项党建工作得以有序开展。公司党委和各支部通过开展"不忘初心、牢记使命"主题教育活动、全员党建活动、支部党建活动、党员扩大活动等各种形式活动，不断加强学习教育，不断提高思想政治素质，向党的十九届四中全会精神要求不断靠拢。

2019 年 6 月，公司党委响应中国保险资产管理业协会号召，订购扶贫项目乌兰土宝礼盒，发放端午福利，助力脱贫攻坚，为黄土地脱贫致富奏响和谐的乐章；同时，获赠中国保险资产管理业协会、中共乌兰哈达苏木委员会、乌兰哈达苏木人民政府联合颁发的"决胜脱贫攻坚，消费帮扶先锋"锦旗。

（六）优化核心岗位人员配置，"凝心聚力"培养人才

2019 年结合实际经营管理需要，公司进一步优化组织结构和人员配置，开展旨在吸引在校生的"菁盈计划"，为公司未来发展输入新鲜血液，建立年轻化、高学历、高素质的后备人才队伍。公司将继续开展优学计划、盈领计划，不断提升员工能力，打造精良的员工队伍。

建信保险资产管理有限公司

建信保险资产管理有限公司于 2016 年 4 月成立,是国内首家核准开业的银行系保险资产管理公司。自成立以来,公司紧紧围绕"服务母行、协同联动、做出特色、打造品牌"的经营管理目标,深入贯彻"整体谋划、重点突破、注重细节、确保实效"的工作思路及方法,深挖公司牌照、集团客户、外部资金三大资源优势,厚植资金受托、组合产品发行、另类产品发行、咨询顾问及私募股权五大业务板块,全面推进各项工作。公司 2016 年开业当年即实现盈利,2017 年、2018 年跻身中等保险资管公司行列,2019 年公司继续保持良好发展势头。

(一)主要经营指标表现良好

截至 2019 年末,公司资产管理规模达 1 842.03 亿元,同比增长 31.25%;实现净利润 2.66 亿元,同比增速为 30%;总资产达 11.17 亿元,净资产 9.83 亿元。

(二)投资收益表现良好

2019 年,公司受托建信人寿资产实现财务收益财务收益率为 5.38%,综合收益率为 7.22%,财务及综合投资收益率位列银行系保险公司中前列;受托第三方保险资产平均年化财务收益率达 6.67%,领先行业平均水平。

(三)资质能力建设健全

公司自成立以来,高度重视业务资质能力建设,目前已取得债券、股票、股权、不动产、衍生品、第三方保险资金受托、基础设施及不动产产品发行、组合类产品发行、股权投资计划发行、资产支持计划发行及保险私募基金管理人等 12 项资质,已实现了保险资管全能力资质经营。

(四)风控优先有效

作为建行集团大资管板块的成员单位,公司全面继承了建行在风控上的优良传统及丰富经验,以"三道防线"为基础,在建总行统一的风险偏好体系下,运用客户信息系统及大数据平台资源,实现了对交易对手和客户的全方位信息覆盖;并通过自查、抽查、内部审计、外部审计相结合的形式,加强公司全员风控合规意识,做到了警钟长鸣。

回顾 2019 年,公司全面加强经营管理,进一步融入中国建设银行集团大资管战略,市场化经营能力和行业影响力显著提升。展望 2020 年，公司将认真贯彻中国银保监会关于保险资金的各项方针政策及董事会战略决策部署，围绕服务实体经济、服务集团战略聚力攻坚，精诚合作、开拓创新、担当作为、狠抓落实、务求实效，真正抓住公司转型发展的关键机遇期，凝心聚力、久久为功，不断推动公司高质量发展。

百年保险资产管理有限责任公司

2019年，百年保险资产管理有限责任公司克服国内宏观经济持续下行、资本市场波动性加大及金融监管趋严等诸多不利因素的影响，聚焦资产负债管理能力建设，最大限度地化解存量风险，持续提升全面投资管理能力，各项经营情况良好。

（一）经营指标情况持续向好

资产管理规模持续增长。2019年公司受托管理资产管理规模1 050亿元，较2018年增长42%。其中，固定收益类资产占比56.04%，权益类资产占比19.55%，不动产投资类资产占比9.35%，金融产品类资产占比6.41%，流动性资产占比8.17%。投资收益超额完成任务目标。2019年公司实现财务投资收益率5.24%，综合收益率6.95%。第三方业务超额完成任务目标。全年累计受托资产规模84.5亿元，产品发行107亿元，超额完成年度目标。资管公司各项经营指标稳步提升。全年取得管理费收入1.9亿元，实现税前利润4 000万元，超额完成董事会下达的年度利润目标。

（二）公司经营管理亮点突出

搭建资产负债管理系统，构建资产负债联动机制。科学搭建资产负债管理系统与资产配置体系，建立并加强与寿险联动机制，贯彻落实资产负债委员会的工作要求，提高资产端的资产负债管理水平。

资产配置结构持续优化，投资风格更趋稳健。2019年公司增加类固定收益资产配置，资产配置结构较2018年进一步优化。

风控能力持续提升，合规经营理念深入人心。全面优化各项投资流程，检视各投资系统关键环节，扫除盲点。加强限额管理和权限管理，并根据业务需求进行动态调整，初步建立标准化业务的绩效分析体系，建立关联交易管理和反洗钱管理机制。

降本提效、科技赋能，整体运营能力稳步提升。通过拓展交易对手和提高交易效率，节约交易费用；持续推动数据治理工作，完成数据中心规划的后续部署，为未来推动公司全资产信息管理平台建设奠定基础；完成行业内首次保险公司首家证券直连交易模式，提升运营的自动化效率，为下一步组合类产品的发行奠定了坚实的基础。

实现全牌照布局，品牌效应显著提升。公司继获取无担保信用债券投资能力、股票投资能力、股权投资能力、不动产投资能力、基础设施债权计划产品创新能力和不动产债权计划产品创新能力后,于 2019 年 8 月 27 日顺利获得股指期货衍生品资格,完成保险资管公司全牌照布局,成为第 14 家全牌照保险资产管理公司。连续两年获得"保险价值投资方舟奖"和"固定收益投资团队方舟奖"。

永诚保险资产管理有限公司

2019年，面对复杂多变的外部环境和全球经济下行压力，永诚保险资产管理有限公司坚持以效能发展为中心，以保险资金专业化运用为重点，狠抓科学决策与风险防范，通过战略引领、专业化人才引进，营造干事创业的工作氛围，顺利完成各项经营目标。

（一）优化投资业务结构，精细管理初显成效

2019年，永诚资产积极优化投资业务结构，推行精细化管理，采取了一系列卓有成效的经营举措。一是统筹规划资产配置，调整权益类资产和固定收益类资产比重，构建了稳健的投资组合，大幅缩小了风险敞口，有效控制了投资收益波动，实现收益稳定增长。二是有力支持保险主业，通过买入利率债、质押回购融资等方式，满足母公司日常经营资金需求和流动性监管指标要求。发挥专业能力，把握交易机会，实现利差收益，提升流动性管理水平。三是推行投资精细管理。在全面梳理投资制度和流程的基础上，优化投资决策机制，做细投研框架，坚持专业化、规范化发展。加强跨部门投研交流，打破各投资条线间的壁垒，促进投研能力稳步提升。通过上述举措，公司2019年母公司投资账户投资收益及财务口径投资收益率均超过行业平均水平，存款、债券、金融产品投资等大类资产的投资收益居前。

（二）全面把控风险管理，严守投资风控防线

2019年，公司审慎研判宏观经济市场环境，认真领会监管要求，紧紧围绕"全年重大风险事件为零"的风险管理目标，以"治理架构、制度建设、投资风险管控"三大重点工作为抓手，严守投资风控防线。公司印发全面风险管理办法，建立投资管理三道防线，实施各部门风控合规联系人制度，责任落实横向到底，纵向到边，不留死角。建立三级管理体系，从顶层设计、指导政策、实施细则三个维度层层深入，确保风险管理有章可依，业务发展制度根基扎实。聚焦"市场、信用、操作、流动性"四大核心板块，建立投资风险监测与定期报告机制和投资全流程动态预警制度，为投资业务各环节顺利推进保驾护航。得益于精细严密的风险管控，公司胜利实现2019年所有投资品种无风险事件发生，全年各投资条线稳中有进，进中向好。

（三）多措共举壮大队伍，人才战略引领发展

2019年，公司以"金融机构的核心竞争力是人才"为指导思想，多措共举谋划公司队伍建设，为经营业绩攀升提供了人才保障。公司对内推行干部选拔、内部转岗、绩效优化等举措，打通人才

发展纵横渠道；对外积极引入各领域优秀人才，补齐短板，壮大队伍，推动公司整体实力再上新台阶。公司坚持"待遇与贡献相关、发展与能力挂钩"的薪酬管理原则，推行符合自身特色的绩效标准、考核方案和激励方案，"工效联动"机制日益成熟，"结果导向、过程管控"理念深入人心。

蓝图已经绘就，实干铸就未来。公司将继续秉承"诚实、规范、创新、卓越"的价值观，以"让客户增长财富、让股东增厚价值、让员工共享成长、让社会获得回报"为使命，以专业务实、规范运作、稳健创新、科技引领为理念，以股东及关联方雄厚资源和自身专业能力为依托，坚持服务实体经济和保险主业，坚持社会财富创造，在专业化、特色化发展道路上不断前行，力争早日将自身锻造成为一家专业精通、特色鲜明的保险资产管理机构。

工银安盛资产管理有限公司

工银安盛资产管理有限公司由工银安盛人寿保险有限公司全资设立，于 2019 年 5 月 16 日正式开业，是我国提出加快保险业对外开放进程以来获批成立的第一家合资保险资管公司。公司注册资本为人民币 1 亿元，注册地为上海。公司成立以来，坚持"研究驱动投资，专业创造价值"的核心理念，深耕以保险资金为主的受托投资管理业务，发挥资产配置专业优势，着力于为客户创造稳定、高水平的价值增长。

2019 年是公司的起航之年，各项工作稳步推进、计划目标顺利达成，实现了经营发展的良好开局。

（一）稳步推进公司经营，品牌影响快速增强

截至 2019 年末，公司管理资产总规模达到 1 369 亿元，其中受托资产规模为 1 368 亿元；累计实现投资收益 59 亿元；受托资产整体财务收益率为 4.93%，综合投资收益率为 6.25%。凭借专业的投资管理能力，公司获得了广大网友和专家评审团的认可，荣获了"2019 年度最具成长潜力保险资管公司"奖项，品牌影响力快速提升。

（二）牢牢把握投资方向，服务大局成效凸显

2019 年，公司坚持运用保险资金服务实体经济发展，不断加大对国家重点扶持行业的投资力度，在支持"一带一路"建设与国家区域经济发展、推进保险资金参与重大工程建设、创新保险服务实体经济形式等方面发挥了积极作用。

（三）扎实推进能力建设，不断提升投研水平

2019 年，公司依托股东战略优势，着力推动投资团队建设，专业能力不断提升。一方面，积极申请资产管理资质，扩大业务范围。完成了无担保债券投资能力备案，并先后向中国银保监会提交了原工银安盛人寿下股票投资能力、股权投资能力等两项投资能力平移备案申请及基础设施创新能力备案申请。另一方面，持续加强投研体系建设，深入研究大类资产配置，分析预判各类资产变化，持续推动投研水平提升。

（四）持续加强基础管理，夯实长期发展根基

公司建立完善公司治理体系，以股东、董事会、监事会、高级经营管理层及内设机构等为基

础，形成了决策权、执行权和监督权相互分离、有效制衡的公司治理结构；建立健全全面风险管理体系，完善内控合规体系，建立内控合规检查机制，加强合规培训宣导，不断完善公司合规文化；优化人力资源配置，推行以能力、绩效和贡献为核心的人才选拔体系，搭建健康的人才梯队。

春潮拍岸千帆进，弄潮儿向浪头立。公司将顺应金融开放浪潮，继续坚持"研究驱动投资，专业创造价值"的核心理念，强化专业化发展和规范化运作，不断培育资产配置、投资管理、风险控制和业务创新四大能力，坚定为客户创造稳定、高水平价值增长的初心，努力成为资管投行一体化运作的国内一流综合型保险资产管理机构。

友邦保险有限公司中国区资产管理中心

友邦保险有限公司（简称"友邦"）于1992年在上海设立分公司，是改革开放后最早获发保险业务营业执照的非本土保险机构之一。友邦保险有限公司中国区资产管理中心（以下简称"友邦中国区资管中心"）是原中国保监会2005年批准成立的首批专业保险资产管理中心，授权统一负责友邦保险有限公司在中国所有保险分支机构保险资金的投资运作管理。友邦中国区资产管理中心始终坚持资产负债管理，贯彻资产配置策略，综合考虑资本市场的形势及收益率波动的情况来确定合理的投资组合，努力把握市场机会，积极防范市场风险。

2019年，友邦中国区资管中心继续谨守和贯彻资产负债匹配的投资理念，不仅新增可投资资金积极认购超长年限（30年或以上年期）国债和地方政府债券，还通过卖出一部分剩余年限略短的可供出售类债券转向超长年限国债的配置，在获得稳定长期回报的同时加大锁定长年期资产以进一步缩短资产负债久期的缺口。同时，提升非标资产的配置比例，加大非标资产的配置力度，尤其是加大保险债权投资计划的投资。动态调整权益比例，在权益估值偏低的时候适时加大权益资产的配置。在股票资产分布上，公司注重消费行业和科技行业的配置，实现了绝对收益和相对收益的总体目标要求。股票及基金的总体追踪误差偏离度控制在预定要求范围内，从而控制了股票投资风险，同时将市场风险较高的权益类投资占公司总投资资产的比例控制在合理范围内。友邦中国区资管中心在很好地贯彻公司资产配置策略和资产负债管理的前提下，全年取得了较好的投资收益。

友邦中国区资管中心设有独立的信用评估部，负责对发行主体、增信主体和交易对手进行信用风险评估及评级。通过对单一债务人、单一行业设置投资限额，减少单一债务人、单一行业对整体风险的影响。友邦中国区资产管理中心目前持仓的产品，除了国债，大部分的发行主体、增信主体及交易对手为大型国有企业及本地和国际的金融机构。2019年，友邦中国区资管中心整体信用风险处于可控的水平，至今无可观察到的重大风险。

友邦中国区资管中心高度重视风险防范，发挥内部控制制度在风险防范中的作用。根据监管法规法令、友邦集团投资管治框架、友邦集团投资准则及针对不同的投资业务类型，友邦中国区资管中心制定了涵盖投资业务的各项管理制度及标准作业流程，并定期更新。

为进一步扩大推动金融业对外开放，国家相关部门宣布自2020年1月1日起取消外资寿险公司持股比例限制。友邦积极响应国家对外开放的新措施，为优化架构、便利客户服务及业务拓展，已将友邦保险有限公司上海分公司改建为友邦全资持股的人寿保险子公司事项提交监管批准申请。改建后，友邦人寿保险有限公司将统一负责管理及经营在中国的寿险业务。如获得监管批复，这将为友邦在中国把业务拓展至其他区域奠定新的基础。在未来新的组织架构下，友邦中国区资管中心将继续贯彻资产负债匹配的理念和审慎的投资态度，确保保险资产的安全，并力求实现长期、稳定和可持续的投资回报。

太平投资控股有限公司

太平投资控股有限公司是中国太平集团旗下专业投资管理机构，负责集团旗下股权投资及公募私募基金业务，投资项目分布TMT、先进制造、医疗地产、生物医药、交通运输等多个行业，涉及公募基金、私募股权投资、基础设施及不动产金融产品投资等多个投资领域。截至2019年底，公司管理资产规模超过800亿元人民币。

（一）担负发展使命，提升投资管理业务能力

一是投资业绩稳中有进。2019年，太平投资完成提款项目27个，新增资产规模较上年增长约10%，优质主体融资规模占比过半，投资业务资产管理规模再创新高。二是在建项目全面突破。2019年，太平投资管理的工程建设项目10个，地域涉及北京、上海、三亚、深圳前海、杭州、苏州等多个省市地区，各项目稳步推进。三是租赁经营逆市收官。2019年在管物业项目11个，管理总建筑面积96万平方米。在市场低迷、供应增加、竞争加剧的压力下，全年实现物业经营收入正增长。所有项目未发生重大安全责任事故，客户满意率平均达99.88%，全年获得各类奖项15个。四是医康养业务聚焦创新。三亚海棠湾康养社区建设工程于2019年9月正式开工；成都温江康养社区、珠海横琴"太平健康谷"、香港疫苗诊所等项目稳步推进。

（二）强化赋能提升，全面完善专业化运营能力

一是专业化运营持续推进。对平台建设、绩效考核、投后管理等领域进行深入研究，全年共完成36篇研究成果，完善了投研体系建设，大力推行成果应用，持续提升"募、投、管、退"全流程专业管理能力。二是境内外投资联动持续强化。加强与集团香港、澳门及境外分支机构合作，深入挖掘境外投资机会；联合知名投资机构为太寿香港和澳门金管局打造CLO债类资产，推动高速行业香港上市公司增发项目等各项工作。

（三）坚持依法合规，严守风险合规防控底线

太平投资全面落实集团新时代发展战略中的风险防控要求，切实加强风险防控，为业务稳健运行保驾护航。一是建立健全投前风险管理体系，切实完善公司风险管理制度流程及工作机制，建立健全"前评、中审、后分"的一体化流程，规范操作，压实责任，层层把关。二是严把投资管理的安全关。坚持"保核心利益、控实质风险"，实现多层次风险管理体系不断完善，持续优化风险管理架构及管控流程。

（四）提高政治站位，切实加强党建工作

公司坚持以政治建设为统领，认真学习贯彻落实新时代党的创新理论，切实增强"四个意识"，坚定"四个自信"，坚决做到"两个维护"。多次组织党委中心组（扩大）学习会，传达党的最新会议精神，努力用学习成果指导实践、推动工作。公司在港机构坚决落实党中央、国务院与集团党委关于"止暴制乱"的重点部署，维护重点物业安全和国家形象，彰显央企责任担当。

平安养老保险股份有限公司

截至 2019 年末，公司主要经营情况如下：法人净利润 13.46 亿元（合并口径），同比增长 14.9%。短期险和长期险业务规模分别为 235.72 亿元和 104.71 亿元，短险业务品质保持良好。企业年金受托缴费 482.63 亿元，投资缴费 369.94 亿元。期末企业年金受托资产 2 746.03 亿元，投资资产 2 329.85 亿元；职业年金受托缴费 663.28 亿元，投资缴费 261.98 亿元。期末职业年金受托资产 678.18 亿元，投资资产 269.60 亿元；在国内专业养老保险公司中保持前列。养老保障及其他委托管理业务期末管理资产 3 306.64 亿元。

（一）2019 年主要工作

1. 抓业务发展。保险业务方面，精细化经营实现保险业绩突破 300 亿元。全面对接国家养老保障三支柱，始终致力于为广大企业、企业员工个人及家庭提供健康、养老、保障等全方位的民生福利保障计划，不断创新商业模式，丰富产品链条，优化业务结构，探索全生命周期的养老健康服务。同时，积极响应国家政策导向，积极参与长期护理保险试点项目，依托合作高校资源与专业能力，探讨研究长期护理保险全流程整体服务方案，助力地方政府稳妥务实推进惠民政策落地，支持国家多层次保障体系建设。

年金业务方面，严格执行以受托人为核心的企业年金管理模式，将持续以领先的受托投资监督系统、高水平品质的专业服务贯穿于企业年金基金的管理，保证年金基金运作的准确性、安全性和透明性；持续秉承"专业、持续、稳健"的投资理念，严格按照委托投资管理合同的约定，稳健投资、规范经营，为客户年金谋求长期稳定的投资回报。2019 年，职业年金当年先后中标陕西、上海、江西、湖南等地 25 家职业年金受托资格，并先后中标河南、陕西、上海等地 27 家职业年金投管资格，实现已开标 30 个地区受托、投资全中标。发布多款养老金产品，丰富现有养老金体系，为年金客户提供多样性的选择。

养老保障业务、三方资产管理以及另类直投业务方面，严格执行监管相关规定，在确保合规、风险可控的前提下，稳步推进，保障业务健康发展。

2. 抓运营和服务。2019 年，公司持续推动将科技应用于保险运营服务，打造智慧理赔、智慧客服，实现保险全流程线上化、智能化，为保险客户提供极致的服务体验。

智慧理赔，综合运用 OCR、人脸识别、医院数据对接等科技手段，不断提升理赔服务的线上化、系统化、智能化。2019 年，客户通过 APP 自助申请理赔占比超过 80%，医院直连案件近 20 万件，OCR 应用案件超 100 万件。这些新技术的应用，为客户提供了简单、便捷、高效的理赔服务和体验。

智慧客服，运用 AI 和大数据技术，多维度描绘客户画像，提高客户识别和风险识别，进行智能导航与消息推送。在服务渠道方面，公司建立电话云平台，实现各地咨诉云服务共享；智能客服机器人与客户语音交互，了解客户所需。平台通过智能派工与审核，快速处理客户申请，客户足不出户，即可享高效服务。截至 2019 年底，AI 客服已服务近 400 万人次，服务满意度 99%。通过优化智能知识库，AI 客服智能交互占比提升至 91%。在投诉管理方面，公司搭建智能投诉仪表盘及 AI 风险识别平台，实现高敏词智能监测、分析和投诉风险预警，实现零重大投诉。

3. 抓投资风控。根据集团"金融+科技""金融+生态"战略发展要求，结合平安养老险风控能力建设规划，建立全生命周期的风险控制管理，完善投资风险监控机制。在主动风控文化及三联动机制下，运用风险量化管理和大数据等科技力量对存量资产进行风险预警和监控，并加强投后管理规则和要求。现有平安养老险投资管理系统是接轨国际资产管理行业标准，集产品开发、投研、风控、投资交易以及投后管理于一体的平台，涵盖多资产类别的周期投资流程，运用领先的风险模型，配合全方位、多维度的风险控制指标，实现事前、事中、事后全覆盖。同时，新投入使用的平安养老险哈勃系统可以充分利用数据资产提升投管中心的投研能力和效率，以科技能力支撑投管中心的投资分析、风险管控、绩效评估等多项重要工作。公司致力于实现投资风控资金、资产、流程的"全覆盖、严门槛、量化管理"，确保公司合规、安全、持续、稳健、发展，打造具有平安养老特色的全面主动风险管理体系。

（二）下一步主要工作

1. 业务发展。

保险业务方面，坚持产品创新，围绕团体、个人、家庭三个核心客群，打造"传统保险+创新服务"产品体系，为客户提供覆盖全生命周期的养老、健康综合解决方案；持续推进线上化、智能化、自动化，实现提质增效，提升用户体验。政府业务方面，打造"管理式长护"核心概念与差异化竞争优势，积极参与第二批国家试点；积极推广 G2C 业务，建立政府与企业、线上与线下、总部与机构有效联动的服务模式，让政府放心，百姓满意。

年金业务方面，继续加强科技赋能，推进以"系统体验"为核心的平台能力建设，逐步实现智慧受托数字化、标签化、智能化转型。投资将继续秉持"专业、持续、稳健"的投资理念，积极做好委托资产的投资管理。进一步丰富养老金产品的种类，提升收益，为委托人提供更丰富的产品选择。同时，关注业务合规经营，防范运营风险，保证年金基金运作的准确性、安全性和透明性。

基本养老业务方面，在获取基金另类投资资格的情况下，积极寻找优质资产，提升专业服务水平，力争获取更多合作。

养老保障业务方面，严格执行监管规定，严格管控业务风险，严格贯彻落实《关于规范金融机构资产管理业务的指导意见》，促进养老保障管理业务规范发展，有序推进过渡期整改工作，合规稳健发展。

2. 运营和服务。2020 年，公司将不忘初心，继续立足保险服务保障职能，发挥金融科技平台优势,在运营服务方面继续加大科技创新投入,持续推广线上化服务模式,完善智慧客服平台,不断提升公司整体运营服务能力和水平,提升客户体验。尤其在疫情防控时期,打造无接触运营服务模式,满足客户足不出户的投保、保全、理赔、客服需求,做到服务不打烊。

  3. 投资风控。建立并持续完善"全覆盖、严门槛、重协同、无盲点"的投资风控体系,推进新业务的风控能力建设,运用科技力量加强风控数据和系统管理,不断完善投资风险监控机制。未来,平安养老险将持续响应集团"金融＋科技""金融＋生态"的战略发展要求,通过科技赋能建设投资大数据中台,制定数据标准,提升数据质量和时效,同时借助集团力量,以投资分析为出发点,向投资研究、量化分析、数字化经营扩展,为投资业务发展和风险控制提供坚实的科技后盾。

长江养老保险股份有限公司

长江养老保险股份有限公司是中国太平洋保险（集团）股份有限公司（以下简称"中国太保"）旗下的专业养老金管理平台。

公司专注养老金管理主业，聚焦长期资金管理，全面服务养老保障三支柱，业务涵盖政府养老金、单位养老金和个人养老金三大领域，拥有基本养老保险基金投资管理、企业年金基金管理、职业年金基金管理、养老保障管理、养老资产管理等养老金管理领域的全牌照，经营地域覆盖全国31个省、自治区、直辖市。截至2019年底，公司管理资产规模突破8 400亿元，向1万多家政府与机构客户以及超过1 000万个人客户提供"责任、智慧、温度"的太保服务，累计为客户创造超过1 000亿元的业绩回报。2019年，公司被上海市总工会授予"上海市五一劳动奖状"。

第一支柱方面，公司稳健做好基本养老保险基金管理，持续获得追加委托资金，信用债组合累计业绩继续保持同类组合前列。第二支柱方面，借用太保寿险、太保产险的渠道优势，全力攻坚职业年金市场，在已启动的30个职业年金项目中100%中标正选受托人；依托自主研发的"必盈"职业年金一体化运作平台，顺利承接21个职业年金计划的基金运作（该系统平台荣获2018年度上海金融创新成果奖）；围绕大客户生态圈建设，持续深耕企业年金业务，成功实现多家大型央企年金客户的关键突破；继续保持团体养老保障业务行业领先，深化服务国资国企改革。第三支柱方面，助力个人税延养老保险业务实现良好的投资业绩；优化个人养老保障产品结构，成功发行公司首款目标日期型产品和首款净值型产品；正式启动量化投资，不断完善主动管理型组合类保险资管产品体系；持续发挥养老金的长期投资优势，完成职业年金对接实体经济的首单投资；推动另类业务向主动管理转型，以"长江养老—中和农信支农支小资产支持计划"助力扶贫攻坚。截至2019年底，公司另类投资产品累计注册规模超过1 600亿元。

展望未来，公司将固守本源，以进固稳，积极贯彻落实中国太保转型2.0战略，坚持受益人利益至上，把握高质量发展主线，坚定围绕"客户体验最佳、业务质量最优、风控能力最强"的转型目标，用坚实的每一步铸就"行业健康稳定发展的引领者"，努力打造国内一流、国际知名的科技型养老金管理公司，以长期可持续的价值增长回馈广大客户、公司股东、全体员工以及社会公众的信任与支持。

人保资本投资管理有限公司

人保资本投资管理有限公司，是中国人民保险集团股份有限公司全资子公司，是中国保险业内第一家以另类投资为主营业务的资产管理机构，承担人保系统内另类投资主渠道责任。2019 年，公司坚定不移践行新发展理念，坚持对标一流，优化商业模式，严守风险底线，努力打造国内领先的专业另类投资管理机构。

作为人保集团"战略资产配置平台"和"战略资源获取平台"，公司坚持充分利用中国人保品牌、网络、渠道优势，为地方政府、企业客户提供金融服务，广泛开展基础设施、能源资源、普惠金融、科技孵化、健康医疗等领域投资，形成以债权投资为主线、股权投资和创新业务为支撑的"一体两翼"发展模式。

截至 2019 年底，公司累计资产管理规模达 2 455 亿元，项目遍布 31 个省市，为"一带一路"建设、京津冀协同发展、长江经济带等关系国计民生的重大工程、重点项目提供上千亿元的长期资金支持，在业内积累了良好的声誉和丰富的资源。

2019 年，公司积极应对利率下行等经营压力，持续强化前台突破力、中台支撑力和后台保障力，牢牢把握业务发展主动权。财务指标方面，公司 2019 年提款额同比增长 104%，年度营业收入和净利润超过预算值 2 倍以上，降本增效成效显著。公司经营业绩持续攀升，推动实现保险资金专业化、规范化、市场化运用，为委托人贡献了长期稳定的投资收益。

公司秉承"全面覆盖、全程管理、全员参与"的全面风险管理理念，通过制度建设、流程控制、法律监督、内部检查等措施，构筑事前防范、事中控制和事后检查相结合的全业务流程风险管理体系。公司建立了行业领先的另类投资业务管理系统，实现所有业务、产品全流程线上操作，利用系统流程节点控制操作风险和道德风险，对要素进行逻辑性校验提升数据的准确性，有效降低业务风险。

2019 年，公司加速推进人才队伍建设。实施"人才发展项目"，构建岗位胜任力素质模型，明确人才发展、使用及培养方向，为员工提供更多的机会和更为广阔的发展空间。通过深化事业部制改革、优化考评，孕育以"责任、承诺、考核、激励"为核心的人力资源管理文化、家园文化，激发组织活力。

平安不动产有限公司

平安不动产有限公司成立于 1995 年，注册资本 200 亿元，是平安集团旗下专业的不动产投资及资产管理平台，具有不动产相关保险资管产品发行资质与能力。

2019 年，全球经济下行，中美贸易冲突加剧，中国宏观经济增速稳步回落，供给侧结构性改革进入攻坚阶段。面对复杂多变的宏观经济形势，保险资金大类配置上整体仍以固收类资产为主。公司根据客户的客观需求，在严守项目风险底线的同时，设计符合保险资金需求的固收类保险资管产品，实现了保险资管业务新的突破。

在平安集团"金融＋科技"的战略领导下，公司全面推行科技化、数字化转型，在深入夯实价值投资、主动管理及风险控制等核心能力的同时，运用区块链、AI 数据、人脸识别、电子签约、智慧评级模型、智慧法务、智慧投后、智慧财务、智慧办公平台等科技手段为业务价值增长注入新动能，探索出一条不动产投资数字化转型、科技化赋能的新路径，形成有效和高效的管理手段，与金融产品投资管理平台、合同工作平台共同组成产品全生命周期管理体系，有效防范风险事件发生，强化业务支撑。

作为专业的不动产投资管理平台，公司在过去一年积极寻求差异化的切入点，通过对符合投融资门槛的企业进行自下而上分析，对不同情况的企业进行名单制归类，制订不同的策略与风控要求，快速响应客户合作需求。同时，根据投资人的偏好和资金特点，定制专属产品，提高实际发行比率。

公司以另类投资业务为载体，积极对接国家战略实施和实体经济发展的需要。截至 2019 年底，累计注册不动产债权投资计划产品规模超过 300 亿元，并储备了一批优质项目，基础资产主要为核心城市优质商业不动产、棚户区改造、重大产业项目和长租公寓等。

新的一年，公司将立足于自身优势，继续运用保险资金参与粤港澳大湾区、深圳建设中国特色社会主义先行示范区等重大国家区域发展战略，以及新型城镇化、棚户区改造、长租公寓等重要民生领域，服务好国家战略和实体经济，创新资金运用方式，进一步夯实险资投资管理能力，推动保险资产负债的长期有效匹配，继续寻找差异化的竞争力，严控风险，不忘初心，砥砺前行。

附录三

2019 年保险资产管理行业服务实体经济工作 *

（按机构类型及成立时间排序）

中国人保资产管理有限公司

2019 年，中国人保资产管理有限公司继续发挥保险资金的优势和专业机构的专业能力，把配置好保险资金与服务好国家战略和实体经济有机联系起来。

一是加大对基础设施和战略新兴产业的投资力度，服务国家重大战略。截至 2019 年底，公司通过股权、债权、非标等多种方式累计投资京津冀协同发展、长江经济带发展、长三角区域一体化等重大区域发展项目总额 2 125.96 亿元；会同广东省金融办、越秀集团等积极推进中国人保粤港澳大湾区产业投资基金的发起设立，总规模 30 亿元的第一期夹层基金已于 2020 年 3 月发起设立。该基金重点投资于粤港澳大湾区内的城市更新、新基建等领域的优质资产。公司"人保资产—国家集成电路产业投资基金项目股权投资计划""人保资产—中国航天军民融合发展基金股权投资计划（一期）"等项目全年新增提款 20.5 亿元，资金主要通过股权的形式投向集成电路、航空航天等战略新兴企业。

二是积极发展普惠金融，服务民营小微企业。截至 2019 年底，公司通过纾困专项产品投资民营企业 11.89 亿元。公司发起设立的"人保资产—普惠金融支农融资专属资管产品"已累计提款 10.5 亿元，归还本金 2.76 亿元，实际余额 7.74 亿元，带动人保集团系统内保费收入 1.05 亿元。公司参与国家中小企业发展基金的方案获得人保集团立项批复。

三是加大医疗、养老等领域的投资，服务保险生态圈建设。截至 2019 年底，公司通过管理企业年金和养老金、股票投资、股权投资等多种方式投资医疗、养老相关产业 129.9 亿元。

---

* 免责声明：本部分信息和内容均来自各公司提供的资料，中国保险资产管理业协会仅负责整理。所有信息或表达的内容不代表协会观点和立场或证实其内容的真实性。

部分机构未向协会提供有关材料，故在附录中没有展现。

中国人寿资产管理有限公司

中国人寿资产管理有限公司贯彻落实党中央决策部署,2019年新增服务实体经济规模6 490亿元。

一是在关系党中央重大决策部署领域加快推动投资布局。支持京津冀建设投资规模近625亿元、长江经济带投资近200亿元、西部开发投资超过700亿元、粤港澳大湾区投资超过80亿元,非标项目支持"一带一路"建设投资规模近210亿元。

二是服务深化供给侧结构性改革。2019年以来,通过永续债权和股权投资项目为实体企业去杠杆、降负债逾350亿元,位列保险行业第一,成为市场化债转股投资中坚力量。

三是大力开展绿色投资。领投青海黄河水电项目并成为黄河公司第二大股东,这是2019年度央企混改引战第一大项目、国内能源电力领域最大股权融资项目,投资中广核、华能国际、华电、中国节能等清洁能源项目,北京、天津、武汉、宁波等多地轨道交通绿色出行项目,助力打赢污染防治攻坚战。

四是助力民营企业融资纾困。已完成4期凤凰产品投资,合计落地规模26.45亿元。麒麟民企债产品已落地规模20亿元。通过信托计划支持民企融资需求合计134亿元。

华泰资产管理有限公司

一直以来，华泰资产管理有限公司积极响应保险服务实际经济的号召，充分利用保险资金期限长、单体规模大、资金稳定等特性，通过设立多个保险债权投资计划支持国家重大项目建设和民生工程，服务实体经济发展。

"华泰—招商局集团基础设施债权投资计划"是公司与招商局集团有限公司在基础设施领域的又一次携手合作，投资于招商局集团下属的公路基础设施项目，大幅提高了区域公路通行能力和运输效率，加快了物流业、旅游业等行业的发展，对促进区域经济平衡发展、扩大内需等都有积极作用。

"华泰—山西能交投基础设施债权投资计划"投资于太原至焦作城际铁路项目。投资项目是山西和河南两省规划的"十二五"重大交通基础设施项目——郑州至太原铁路（郑太高铁）重要组成部分，对提升中原经济区综合竞争力、打造中原城市群"半小时经济圈"、完善区域综合交通运输网、实施可持续发展战略有重要意义。

"华泰—南京健康城长租公寓不动产债权投资计划"是中国银保监会发布《关于保险资金参与长租市场有关事项的通知》后，行业注册的第一单长租公寓项目，具有重要的行业示范意义。投资的长租公寓项目位于南京市江北新区，是江苏省首个国家级新区，进一步完善了南京市城市功能、改善居住和生活环境质量，建成后可以更好地解决当地企业人才的生活住房问题。

中再资产管理股份有限公司

金融是连接实体供给侧与需求侧的重要环节，中再资产管理股份有限公司始终秉承服务实体经济、服务资本市场的多层次融资体系建设初心，在促进资本市场多层次融资渠道发展、支持实体经济重大项目建设等方面积极作为，提升保险资金服务实体经济的效率和效能。

（一）公司积极参与重大项目投资

以京沪高铁为例，该项目是惠及国计民生、加强国家基础设施建设的重大项目。多年前，保险资管机构联合发起了股权投资，公司也是参与机构之一，履行了服务实体经济的国企责任。又如，通过对未上市企业股权资产的持续性配置，为拓宽资本市场融资渠道、为实体经济注入长期资金起到较好支持作用，包括拉卡拉、康龙化成等在内的已投项目已在A股发行上市。同时，公司着重加强在投保联动、保险生态圈打造方面加大战略性投资投入，参与了部分未上市企业的股权投资，推动在大健康养老产业的布局，践行"健康中国"国家战略。

（二）公司持续推动保险资管产品发行

公司发行了涵盖基础设施债权计划、基础设施股权计划、不动产债权计划及资产支持计划等保险允许的全部创新类资管产品类别，致力于以多元化的产品模式对接各类优质实体经济项目，并在轨道交通建设融资、新型城镇化建设融资等细分领域发挥独特作用。

一是积极参与"一带一路"基础设施建设。例如，2019年，公司作为受托人设立"中再—闽高速浦南高速公路基础设施债权投资计划"，募集资金20亿元，以债权形式投资于福建省重点高速公路项目，为保险资金支持福建省基础设施建设增添新的动力。又如，公司作为财务顾问设立"中信信托—草堂科技贷款集合资金信托计划"（1期~4期），募集资金主要用于向西安高新区草堂科技发放信托贷款，支持了西安高新区的基础建设，支持"一带一路"建设、服务高科技园区发展。

二是响应京津冀一体化规划，支持城市改造升级。2019年，公司积极支持优质央企的经营发展，响应京津冀一体化发展规划，通过信托计划投资天津市和石家庄市核心区重点开发的旧城改造项目，助力央企参与京津冀城市圈的建设开发，提升城市品质，为保险资金的配置需求提供优质资产。

平安资产管理有限责任公司

在服务实体经济方面，平安资产管理有限责任公司坚持长期投资、价值投资的策略，积极推动保险资金服务基础设施重大战略项目。

2019年11月，京沪高速铁路股份有限公司上市申请正式获批，公司于2008年牵头国内7家保险机构投资160亿元于京沪高铁公司的"平安—京沪高铁股权投资计划"进入新阶段。"平安—京沪高铁股权投资计划"是保险资金积极响应国家号召，首次以股权投资计划方式，支持国家重大基础设施建设和服务实体经济的标杆和典范，历经京沪高铁建设期、经营培育期和高速增长期，不仅发挥了保险资金大规模、长期限的投资优势，更是保险资金市场化参与中国铁路投融资改革的探索者。

同时，2019年，公司与四川发展（控股）有限责任公司合作的"平安—攀大高速基础设施债权投资计划"募集资金28亿元，投资于攀枝花至大理高速公路（四川境）项目。该道路是《四川省高速公路网规划》规划的重要省际公路通道，也是四川通往东盟国家最便捷的公路运输通道，其建设将进一步完善区域高速公路网络结构，是强化四川与滇中及东盟的联系、加快攀西经济区发展的重要支撑。公司与辽宁交通投资有限责任公司合作的"平安—辽宁交投基础设施债权投资计划"募集资金29亿元，投资于3条由国家发改委批复的高速公路项目，包括沈阳至铁岭、铁岭至本溪和桓仁至丹东。这3条高速项目属于东北地区公路交通运输的大动脉，其建设运营对于推动东北三省经济一体化进程，促进东北老工业基地振兴具有重要意义。

此外，公司还重点布局了多地的地铁建设运营项目，投资范围涉及北京、天津、南京、青岛等城市，投资规模超百亿元，为拓展城市发展空间、促进城市经济总量提升做出了贡献。

未来围绕着建设现代化经济的产业体系、区域发展体系、绿色发展体系等目标，公司将紧贴国家战略和民生建设，发挥长资金、大资金、稳资金的优势，持续服务实体经济，并对重点地区以及新一代基础设施等重点领域加大投资力度。

泰康资产管理有限责任公司

在国内资产管理行业中，泰康资产管理有限责任公司一直扮演着重要角色，并以实际投资行动积极服务国家战略，助力实体经济发展。

健康领域，领投国科恒泰。公司将探索与国科恒泰在大健康领域的深度战略合作，这也标志着泰康大健康产业体系在医疗器械流通这一细分领域做出了重要布局。

战略投资入股三博脑科。三博脑科始终坚持着"医教研一体化"的发展道路，汇集大批具有渊博医学知识、丰富临床经验和现代医学理念的医疗精英，为开展高质量的医疗服务，完善体系化的人才培养机制，以及提升学科建设和科研打下了坚实的基础。未来，公司也将与三博脑科积极探索在健康险、健康管理等方面的合作，为保险客户带来更优质的服务体验。

生活领域，入股中国社区生鲜领军品牌"钱大妈"。"钱大妈"以创新的商业模式解决了传统生鲜经营方式中流通环节多、商品损耗高、质量参差不齐等诸多行业痛点。通过独具特色的日清模式，提高了整条供应链的效率。

未来，公司将继续充分发挥保险资金在服务实体经济、助力国家战略中的重要作用。

新华资产管理股份有限公司

作为国内大型机构投资者之一，新华资产管理股份有限公司充分发挥保险资金期限长和来源稳定等优势，多途径服务经济高质量发展。

（一）地方政府债投资

为支持国家经济建设，特别是地方实体经济发展，公司结合自身投资策略，持续加大了地方政府债的投资力度。2019 年公司共投资地方政府债约 854 亿元，涉及多个省、自治区、直辖市，为政府加大扶植实体经济力度提供了稳定的资金支持。

（二）非标投资

在非标投资方面，公司积极解决实体企业的实际需求，投向符合国家战略和宏观政策导向，为实体经济提供更多长期资金，做实体经济的长期价值投资者。

1. 中保投—南宁数据中心基础设施债权投资计划，总投资规模 7 亿元，募集资金主要用于建设新一代信息技术产业多层标准厂房。该项目建成后将成为广西最大型的数据机房，是广西 IDC 业务的标杆，为政府部门、金融行业、科教文卫行业、企业类客户的大数据发展提供基地。

2. 中意—中意宁波生态园基础设施债权投资计划（1 期），总投资规模 5.3 亿元，募集资金主要用于生态园内标准厂房及路网建设。该生态园是浙江省唯一、全国仅有的 8 个国家级国际合作生态园之一，位于宁波市余姚经济开发区滨海新城，园区规划形成 5 个产业基地和 1 个科技城，涉及新能源、新材料、节能环保、生命健康等领域。

3. 中英益利—温州中轴线棚改债权投资计划（1 期、2 期），总投资规模 6.1 亿元，募集资金主要用于温州市城市中轴线安置房建设工程项目的开发建设。本项目的建设将有利于全面提升项目区域的品位和档次，改善区域环境质量，并促进片区的经济社会发展。

（三）另类产品发行

2019 年，公司积极通过发行基础设施债权计划和不动产投资计划投资基础设施建设项目，有效支持了实体经济建设和当地经济、民生发展。

1. 新华—宜宾临港总部基地基础设施债权投资计划，总发行规模 6 亿元，募集资金主要用于宜宾临港经济技术开发区创新孵化基地以及配套公共服务和基础设施项目开发建设。作为国家级经济技术开发区，该项目建设成为宜宾市经济发展的重点项目，也得到了各级政府的支持。

2. 新华—华远石景山不动产债权投资计划（2 期、3 期），总发行规模近 8 亿元，募集资金主要用于石景山大型商业综合体项目建设。该项目是石景山区政府着力打造的"苹果园交通枢纽商务区"的重要组成部分，可以弥补京西区域大型商业布局较少及功能欠缺的不足，提升区域民生品质，拉动消费从而促进经济发展。

太平洋资产管理有限责任公司

太平洋资产管理有限责任公司围绕服务国家战略和实体经济，探索新的投资机遇和投资模式。抓住国家实施积极财政政策和"基建补短板"政策的机遇，加大对高信用等级基础设施类项目的投资力度；同时，积极拓展与央企和大型地方国企在"降杠杆"方面的合作。2019 年，公司另类产品注册数量和规模继续保持在行业前列，全年注册另类投资产品 28 个，注册金额总计 487.6 亿元。主要从以下几个方面推进：

服务国家战略层面，投资总额 40 亿元、投资期限长达 12 年的京沪高铁股权项目于 2020 年 1 月完成 A 股首发上市。

服务扶贫攻坚，累计投资 450 亿元。

服务国家基建补短板和西部开发，加大了对中西部地区的投资力度，累计投资项目 42 项、投资金额 600 多亿元。

服务大型国有大中型重大工程建设，累计投资 1 300 多亿元。

服务长三角一体化发展，发起设立环保金服等股权投资计划，投资环保产业。

除债权投资方式外，以股权方式参与到国家战略新兴产业的投资，其中 2019 年底发起设立太平洋—国风投基金股权投资计划。该股权计划的成功设立是保险资金支持实体经济的重要举措，具有良好的经济效益和社会意义。

太平资产管理股份有限公司

作为金融央企下属子公司,太平资产管理股份有限公司努力发挥保险资金特点优势和自身资产管理特长,持续为实体经济注入金融活水。

(一)发挥长期资金优势,服务实体经济发展

通过发起设立基础设施及不动产债权投资计划、股权投资计划等方式,服务国家战略实施,参与重大项目和重大工程建设。2019年,公司累计发行另类项目超40个,成功落地中国电子基础设施债权投资计划、陕西有色新能源基础设施债权投资计划以及上海农商行股权投资等多个另类项目,加大直接融资力度,全力支持实体经济发展。此外,2019年,公司配置中长期国债、金融债、企业债、地方政府专项债等各类债券超2 000亿元,有力支持了国家和地方经济社会发展。

(二)多种形式为民营经济提供资金支持

公司积极落实进一步支持和服务民营经济发展的要求,在加强风险管控的基础上,通过债券、债权投资、股权投资、资产证券化等多种形式为民营经济提供融资服务。2019年,公司通过直接购买民企债券以及发起设立另类项目等方式为民营企业提供融资服务,投资范围涵盖租赁、不动产、棚改等领域,并参与了华为在境内的首次债券发行配售。

人保投资控股有限公司

2019 年，人保投资控股有限公司金融产品业务，在房地产市场严格调控、资金面持续收紧、金融风险积聚的复杂态势中，紧跟国家和人保集团战略，认真落实践行创新发展理念，深入推进转型发展的战略要求，坚持稳中求进，加强战略研究，在做好传统不动产金融产品开发业务的同时，将金融产品投资方向逐步转向于支持国家重点战略和支持实体经济。

2019 年 12 月，公司开发的华融金融租赁 3 号资产支持计划，将租赁项目资产支持计划做成人保投控独具特色的创新业务类型，间接为实体经济注入了大量资金。

2019 年公司注册并发行了义乌棚改、成都中心棚改（一期、二期）和宿迁棚改（一期）三单棚改项目，合计发行规模 30 亿元，为国家解决群众住房困难和改善群众住房条件提供资金支持。

公司此前发行的天津子牙项目、天津团泊项目和太湖新城项目，支持国家重点重大工程，构建绿色金融体系。

大家资产管理有限公司

大家资产管理有限责任公司作为资本市场重要的机构投资者，始终坚持长期价值投资理念，遵循自身发展规律，充分发挥自身特点和优势，在风险整体可控前提下，主要通过发行和投资保险基础设施债权计划等方式，助力实际经济发展，发挥积极作用。

公司发起设立并成功获得中国保险资产管理业协会注册的"大家—兖矿集团基础设施债权投资计划"。本投资计划的融资主体是兖矿集团，集团以矿业开采、高端煤化工、现代物流贸易及工程技术服务为主导产业，是中国唯一拥有境内外四地上市平台的煤炭企业，也是 2019 年世界 500 强之一。本投资计划注册规模 18 亿元，期限 7＋N 年，募集资金全部投向兖矿集团旗下绿色、新型煤化工项目，用以进一步支持项目的生产建设、优化企业的融资结构。这一保险债权计划的落地，紧紧围绕"服务国之大局，推进保险资金支持实体经济"的主线，对兖矿集团绿色、新型煤化工业务的发展，产业结构的调整，抗风险能力的增强起到积极的推动作用。

未来，公司将在集团公司大力支持下，持续提升专业能力，在为委托人提供多样资产配置选择的同时，切实履行企业社会责任，加大支持实体经济力度。

生命保险资产管理有限公司

生命保险资产管理有限公司积极响应国家号召，发挥保险资金独特优势，支持实体经济。2019年，公司共注册另类投资项目15项，注册规模224亿元。其中，债权投资计划14项，规模189亿元；股权投资计划1项，规模35亿元。公司在"一带一路"、京津冀协同发展、长三角一体化发展、粤港澳大湾区建设、乡村振兴等重点领域深耕细作，发起设立多项保险债权投资计划，有效对接市场融资需求，为国家重大战略和国计民生工程建设提供资金支持。

公司发起设立的"生命资产—兰州高原夏菜采购中心基础设施债权投资计划"注册规模14亿元，资金拟投向兰州国际高原夏菜副食品采购中心一期项目（精果区中心交易区等）及高原夏菜副食品采购中心项目一期副食品交易中心、清真交易市场等工程，支持兰州市"菜篮子"惠民工程建设，打造西北地区现代化、国际化、多功能、强辐射的农副产品集散中心。

"生命资产—晋煤洁净煤气化债权投资计划"投资规模10亿元，拟投向晋煤采用洁净煤气化技术实现企业转型升级项目，用于新建生产车间、库区、中央控制室、购置设备等。该项目采用先进的粉煤气化技术，将劣质煤炭（晋城15#煤）转化为基础化工产品，并为其下游产品替代能源提供原料，实现原生资源全面综合利用，形成循环经济生态产业链，有效推动节能减排，促进绿色发展。

"生命资产—山能肥矿煤业基础设施债权投资计划"投资规模6亿元，公司通过投资菏泽单县陈蛮庄煤矿建设，为山东省的基础设施建设提供融资支持。

"生命资产—武汉硚口棚改不动产债权投资计划"投资规模7.5亿元，资金用于武汉市硚口区崇仁A片二期棚户区改造项目。公司通过债权方式，支持当地棚户区改造，助力新型城镇化建设。

光大永明资产管理股份有限公司

光大永明资产管理股份有限公司紧跟国家政策导向，发挥自身牌照优势，创新形式服务实体经济建设，通过债权计划、股权计划等多种产品对接保险资金，重点布局新型基础设施建设、新能源及其他战略新兴产业，为实体经济注入源源不竭的活力。

在债权投资计划方面，公司发行的"光大永明—北京什刹海历史文化保护项目债权投资计划"，为业内首只以历史文化保护为标的的产品。"光大永明—湖北交投嘉鱼长江大桥基础设施债权投资计划"和"光大永明—湖北交投棋盘洲长江大桥基础设施债权投资计划"，注册规模合计27.6亿元，经协会绿色通道注册，用于湖北棋盘洲和嘉鱼两座长江公路大桥的开发建设，响应中国银保监会"鼓励保险资金服务长江经济带等区域发展"的重要精神，助推完善长江经济带综合交通运输能力，为社会经济协调发展的空间主轴打造良好平台。

在股权投资计划方面，根据国务院和中国银保监会的政策精神，公司通过中国银保监会审核注册了"光大永明—前海母基金股权投资计划"，采用投资基金的形式为科技型企业、小微企业、战略性新兴产业等发展提供资金支持，在以股权投资支持民营经济发展方面取得了显著成效。

在市场化债转股方面，公司具有市场化债转股实施机构资质，也是光大集团指定的参与债转股主要实施平台，充分利用债转股投资工具，大力缓解民营企业债务压力，优化民营企业资产负债结构。与光大银行合作，引入第三方保险资金，成功实施"中电建路桥"债转股项目，项目规模5亿元。该项目为光大集团第二单债转股项目。

合众资产管理股份有限公司

2019年，稳投资和基础设施领域补短板已成为当前我国经济稳增长的重要举措，而保险资金规模相对较大，期限较长，资金成本适中，在服务实体经济工作方面与基础设施工程项目具有相当高的契合度。合众资产管理股份有限公司积极发挥保险资金特性，在更好地服务国家战略和实体经济的同时，坚持以客户需求为中心，提供优质的资产管理服务。

一是增加债券资产投资规模，加大面直接融资支持实体经济力度。截至2019年底，公司直接服务实体经济投资规模达到156亿元，切实为我国实体经济提供助力，发挥保险资金服务实体经济的重要作用。

二是积极服务国家战略项目。截至2019年底，公司中长江经济带建设总投资达180亿元，京津冀协同发展总投资达114亿元，"一路一带"建设总投资达126亿元等，为国家倡议和战略项目提供了较为长期稳定的资金支持。

未来，随着我国金融领域改革不断深入，保险资金运用进入"大资管"时代，投资政策将逐步开放，保险资金运用将更加市场化，资产管理公司发展面临更多机遇与挑战，公司将持续围绕国家战略及政策，努力提高投资管理和风险控制能力，为服务实体经济提供更为有力的支持。

民生通惠资产管理有限公司

民生通惠资产管理有限公司积极响应党中央、国务院关于金融支持实体经济的决策和号召，遵循中国银保监会"保险资金运用要为保险主业服务"的发展思路，回归本源，服务主业，专注长期投资、价值投资、多元化的投资理念，积极拓宽保险资金支持实体经济渠道，为推进实体经济发展做出积极贡献。

2019 年，公司持续增强另类业务管理能力建设，再筑保险资金"输血"实体经济新途径。公司另类投资业务积极服务长江经济带战略，注册发行了"民生通惠—湖北联交投高速公路基础设施债权投资计划""民生通惠—成都高投不动产债权投资计划""民生通惠—南京药谷债权投资计划"等项目，注册规模合计 36.4 亿元，投资项目辐射长江经济带的东中西三大板块，为江苏省、湖北省、四川省的地区经济发展以及产业升级注入活力。此外，公司另类投资业务积极支持高新产业发展，设立了"民生通惠—柳州轻量化交通运输用材基础设施债权投资计划"，募集资金投资于"年产 35 万吨高精度高性能铝及铝合金板带材项目"，有力支持了柳州银海铝的项目建设及运营。

服务实体经济乃金融之本，服务实体经济更是保险之基，民生通惠将继续在严控风险的前提下，充分发挥保险资金规模大、期限长的优势，积极支持实体经济发展。

阳光资产管理股份有限公司

阳光资产管理股份有限公司自成立以来，积极响应国家政策与行业号召，切实践行企业社会责任，支持国家战略发展，服务实体经济。公司聚焦"一带一路""长江经济带""供给侧改革""京津冀一体化"等国家重点发展倡议和战略，通过直接股权投资、间接股权投资和债权投资等不同形式，积极布局于基础设施建设、医疗健康、生态环保、新兴经济等领域，助力国家战略落地。

2019年，公司通过股权和债权形式对实体经济的新增投资金额近200亿元，涉及公用事业、港口、高速公路、互联网、大健康等不同行业，区域覆盖北京、山东、广东、河南、湖北、青岛等重点省市。截至2019年底，公司对实体经济的累计投资金额超过1 100亿元，其中对"一带一路"倡议、"长江经济带"战略方向的投资金额均超百亿元，为实体经济提供了持续有力的支撑。未来，阳光资产将继续贯彻落实中央的指导精神，发挥保险资金长期稳定的优势属性，助推中国经济不断前行。

中英益利资产管理股份有限公司

中英益利资产管理股份有限公司结合自身业务特点，积极响应党中央号召，做好服务实体经济工作。通过设立多个债权投资计划，2019 年向实体经济注资 70 亿元左右，从不动产、棚户区改造到高速公路建设，公司皆以实际业务行动助力国家供给侧结构性改革、金融服务实体经济等政策要求。

中意资产管理有限责任公司

2019年，中意资产管理有限责任公司从可持续发展的全局出发，主动对接国家战略导向，积极支持实体经济发展。在大类资产配置中，坚持长期投资和价值投资，着力将资金运用在棚户改造和国家重大倡议项目上。在风险可控的前提下，创新资金运用方式，服务和支持实体经济发展。通过债权投资计划等方式，服务实体经济，支持中西部区域经济发展。

参与投资天府新区智慧交通总部基地项目（22亿元）、四川省贫困县扶贫铁路项目（5亿元）以及西南地区国家高铁网大干线项目（10亿元）等基础设施建设项目，响应西部大开发战略、践行交通强国方针、支援天府新区建设并初步涉水新基建领域。参与西安高新棚改项目的建设，响应党中央、国务院对加大棚改工作力度、更好造福住房困难群众的要求，是重大的民生工程。开展洛阳水生态PPP项目，有助于建设水生态文明城市，改善生态环境，实现"以水兴产"，是造福洛阳人民的民生工程、百年大计。

不仅如此，2019年底至2020年初的疫情期间，公司向湖北省等重点疫区合计投放资金7亿元，驰援抗疫战线，支持疫区复工复产，为项目建设保驾护航。

华安财保资产管理有限责任公司

为充分发挥保险资产管理公司的资产管理业务功能，服务实体经济发展，助力实体经济结构调整和转型升级，华安财保资产管理有限责任公司通过组合类保险资管产品、基础设施债权计划等，投资于实体经济，积极承担金融机构的社会责任，为解决实体企业融资贵、融资难的问题贡献力量。

2019年，公司共计发行5只主要投资定向增发的组合类产品，募集共计资金15亿余元，参与上市公司的定向增发，服务实体经济融资需求，行业涉及农业、化工原料、化纤等。公司积极响应中国银保监会发布的《关于保险资产管理公司设立专项产品有关事项的通知》精神，研究开发专项产品，积极储备投资标的，发挥保险资金长期稳健投资优势，参与化解上市公司股票质押流动性风险，维护金融市场长期健康发展。

在基础设施债权计划方面，公司储备了数十个项目。其中，北汽集团昌河汽车生产线建设项目在2019年提交注册材料，并于2020年顺利发行，加快项目建设进度，促进当地经济建设。

长城财富资产管理股份有限公司

作为中小保险资管公司,长城财富资产管理股份有限公司积极发挥保险资金长线优势,精准支持实体经济创新发展。

投资业务方面,2019 年,公司受托长城人寿资金完成上海金融街海伦中心 D 栋、E 栋收购。公司坚持风险收益匹配原则,加速不动产及其他金融产品类投资业务转型,推动长城人寿资金稳健投资,服务实体经济发展。公司加大与优质企业合作力度,持续提供优质的投融资服务和综合性金融支持方案,积极投资首创置业、首开集团、北辰集团、华远地产等企业项目。未来,公司将进一步实现强强联合和战略协同,为实体经济的健康发展做出新贡献。

市场化业务方面,公司在时间、交易结构、企业、区域等方面做到创新,争取做到"相同产品、价格最优""相同时间、交易结构最优"的先发优势。2019 年,公司新增注册一单债权投资计划。截至 2019 年末,公司已发行产品实际募集规模 145.97 亿元,其中 141.97 亿元为第三方资金。公司积极推进市场化业务开展,同时密切追踪存量项目,做好投后工作,确保发行业务所有产品运转良好,无风险事件发生。

服务实体经济,回归保险资管本源。公司通过保险资管产品的投资和发行对接实体经济项目,发挥保险资金长期、稳定的优势,切实提升保险资金服务实体经济效能。

华夏久盈资产管理有限责任公司

华夏久盈资产管理有限责任公司以另类投资业务为载体，积极对接国家战略实施和实体经济发展需要，支持实体经济、民营企业的发展。与此同时，公司注重责任意识和使命担当，积极响应党中央关于全面学习贯彻党的十九大精神、努力开展精准扶贫工作的要求，充分发挥资金引导带动作用、引导保险资金流向贫困地区。

党的十九大报告要求："深化金融体制改革，增强金融服务实体经济能力。"服务实体经济，事关国家安全、发展全局，是实现高质量发展必须跨越的重大关口。公司积极响应国家号召，配合国家相关政策法规的落实，致力于服务实体经济。2019年度，公司产品中心成功实施落地"华夏久盈—中关村石景山园不动产债权投资计划""华夏久盈—乌鲁木齐经开不动产债权投资计划"等产品，2只产品注册规模共计18亿元。截至2019年末，发行规模共计8亿元，公司尽职勤勉，为切实落实服务实体经济贡献一份力量。

"华夏久盈—中关村石景山园不动产债权投资计划"于2019年1月29日实现全额募集。该债权计划的投资项目标的为北京市石景山区实兴大街（中关村科技园区石景山园北Ⅰ区）1605-637、641地块B23研发设计用地项目，投资资金全部用于投资项目的开发建设。投资项目位于北京市石景山区实兴大街，在北京保险产业园核心区内。项目地块以办公业态为主，配以少量的公共配套，主要服务于保险行业公司的办公、新兴产品研发、产业孵化等。公司通过发起设立债权计划，将资金注入北京保险产业园开发项目，深化北京市保险产业园区进一步发展，落实服务实体经济的任务。

"华夏久盈—乌鲁木齐经开不动产债权投资计划"于2019年11月8日注册成功，注册规模为8亿元；产品已于2020年一季度募集4亿元。债权计划的投资标的为天山云科技大厦项目、丝绸之路交易中心项目。项目坐落地乌鲁木齐市经济开发区是全疆第一个国家级开发区。经开区围绕创新发展和丝绸之路经济带创新驱动发展试验区承载园区建设，初步形成"众创空间——孵化器——加速器——产业园"的企业创新创业支撑体系，现有国家级众创空间5家、孵化器2家、星创天地1家，"天山云基地"加快建设，八戒新疆园区、绿谷创新中心投入运营，新疆软件园聚集企业260余家并获批国家级科技企业孵化基地。

云计算项目已被国家发改委列为国家重大项目，成为国家基础信息资源战略备份基地。配合新疆维吾尔自治区及乌市经开区开展云计算国家级项目的战略发展要求，到2020年新疆天山云计划要建成乌鲁木齐、克拉玛依两个云计算产业基地。其中，乌鲁木齐要建成以超大规模云计算数据中心为特色的国家级云计算产业基地，成为国家云计算产业布局的重要承载节点，同时建成面向中亚及上合组织的离岸云计算数据特区。

作为天山云产业基地规划建设的有机组成，本计划投资项目的建设，有助于新疆云计算产业基地整体功能早日实现，进而有助于实现云计算数据中心产业的聚集，逐步向产业链价值链高端延伸，带动新兴产业培育和传统产业升级改造的目标。对于发挥好云计算在新疆未来经济增长"倍增器"、发展方式"转换器"和产业升级"助推器"的重要作用意义重大。同时，项目的建设还有助于夯实新疆信息化发展的新基础。对推进物联网设施建设，优化数据中心布局，加强大数据、云计算、宽带网络协同发展，增强应用基础设施服务能力，发挥信息化支撑作用，推动安全支付、信用体系、现代物流等新型商业基础设施建设，形成大市场、大流通、大服务格局，奠定经济发展新基石。

金融与实体经济密不可分，一荣俱荣，一损俱损。实体经济是金融发展的基础，是金融发展的必要条件之一；金融是现代经济的核心和血脉，通过有效配置资源，对整个经济发展有着引领作用。实体经济是金融的立业之本，服务实体经济是金融的本源。公司深化落实国家关于金融服务实体经济的号召，以服务供给侧结构性改革为主线，以实际行动推动经济发展质量变革、效率变革、动力变革，推动实体经济高质量发展，为更好地服务实体经济做出贡献。

建信保险资产管理有限公司

2019年，建信保险资产管理有限公司深入贯彻落实党中央、国务院、中国银保监会的各项决策部署，牢牢把握服务实体经济这一根本使命，找准支持实体经济的着力点，发挥保险资金期限长、规模大、来源稳定的独特优势，积极参与"一带一路"、京津冀、长三角、大湾区、中部崛起、西部大开发等重要区域的重大项目建设。截至2019年末，公司累计注册另类保险资管产品16单，主要投向为战略性新兴产业发展，供给侧结构性改革，国民经济产业结构升级优化等领域。同时，还积极参与智慧政务金融科技、京沪高铁战略配售、战略性新兴产业基金、工信部制造业转型升级基金等重点项目，有力支持了实体经济发展。

百年保险资产管理有限责任公司

在经济增长放缓的背景下，民营企业和小微企业在发展中也面临着诸多挑战，特别是融资难、融资贵一直是突出问题。当前，银行间接融资仍然是民营企业和小微企业融资的主渠道，但保险资金提供的直接融资正日益成为银行以外的有力补充。

在公开市场上，百年保险资产管理有限责任公司通过参与民营企业股票和债券发行，为其提供权益资本或债权融资。近年来由于经济下行，民营企业债券信用违约事件增多，信用利差扩大，融资成本上升。2019年公司累计持有信用债和上司公司股票近400亿元，极大支持了民营企业及小微企业融资。

在项目融资方面，一方面，公司通过发行债权投资计划和资产支持计划等方式，为民营企业或小微企业进行融资。2019年累计发行资产支持计划超20亿元；另一方面，公司发起设立债权投资计划合计备案（注册）规模超过90亿元，重点投向国家政策扶持的煤炭、棚户改造、区域交通等基础设施行业。

永诚保险资产管理有限公司

　　永诚保险资产管理有限公司发挥所长，以支持地方经济发展为着力点，积极将企业自身建设融入各地方改革发展大潮，为壮大地方实体经济、提升城市能级而努力探索。公司与各地方政府机构、部分实体企业建立了广泛而深入、常态化而有实效的沟通合作机制，拜访地方政府平台企业和优秀实体企业，积极储备投融资项目，并根据企业实际需求设计了有针对性的融资方案。未来，永诚资产也将继续发挥保险资金规模大、来源稳定的优势，主动适应地方发展战略需求，服务战略性新兴产业、高新技术产业，助力地方重大项目建设，为国家经济产业高质量发展贡献力量。

工银安盛资产管理有限公司

工银安盛资产管理有限公司秉承一贯审慎合规的投资理念，积极响应保险资金对接实体经济的号召，支持区域发展、民生建设及"一带一路"建设。在投资战略上，探索多样化渠道服务实体经济，切实有效地履行社会责任。

一是大力支持区域基础设施建设。2019年，公司在全国范围内投资区域基础设施建设。具体项目包括：通过成都城投、成都兴城信托计划，协助川蜀地区基础设施建设腾飞；通过上海建工信托计划，参与上海市基建项目建设；通过南昌市政信托计划，助力江西南昌市政工程建设更上台阶；通过中铁建债权计划，参与北京大兴机场高速、湖南区域高速等路段建设。通过以上举措，公司在支持基础设施建设、促进经济平稳协调发展中发挥了积极作用。

二是积极参与民生工程建设投资。2019年，公司参与投资了一系列民生工程建设。具体项目包括：通过投资海尔棚改信托计划，参与济南北湖片区棚改项目；通过投资中电建路桥债转股基金，有效降低企业杠杆率水平，助推供给侧结构性改革；通过参与华能国际债权计划，参与西南地区电厂建设，助力西部开发，能源升级，为改善当地民生、助力实体经济发展贡献了重要力量。

三是投资助力"一带一路"建设。2019年，公司参与青岛港债权计划，为"一带一路——海上丝绸之路"重点发展对象之一青岛港集团提供港内铁路建设资金，有效提升了港区运输效能。

友邦保险有限公司中国区资产管理中心

友邦保险有限公司中国区资产管理中心（以下简称"友邦中国区资管中心"）充分发挥保险资金优势，在实体领域开展广泛的投资，积极服务和支持实体经济。

2019年，友邦中国区资管中心继续积极认购超长年限国债和地方政府债券，在降低资产负债匹配风险的同时，大力支持政府财政政策对实体经济的减税降费。同时，继续积极支持各类金融企业，包括银行及资产管理公司等，以此支持包括民营企业在内的实体经济。此外，公司还推行"环保、社会责任、公司治理"投资理念，筛选符合环保、社会责任和公司治理理念的优质企业进行债券投资，为实体经济的供给侧改革和"六稳"（稳就业、稳金融、稳外贸、稳外资、稳投资、稳预期）做出了积极贡献。

除了公开市场投资，友邦中国区资管中心还通过积极参与优质的基础设施债权投资计划服务实体经济发展，包括：参与地方省会城市地铁项目，投资了中部和东部重点城市的轨交与地铁项目；高速公路投资方面，投资了广西和江西的重点高速公路项目；通过对地方基础设施建设投资，有力地支持了地方经济建设。同时，参与了技术改造项目，支持了大型央企的技改。

友邦中国区资管中心积极研究进一步提高另类投资的配置比例，在遵循安全性、收益性及流动性等原则的前题下，加大投资。在传统债权投资方面进一步加大对地方基础设施项目的投资，支持地方经济发展；同时，在符合国家产业政策的项目上加大投资，支持产业的升级改造。公司还将通过股权投资、战略合作等方式多方面涉足医疗、养老、健康、能源、先进制造业等新兴产业。

太平投资控股有限公司

太平投资控股有限公司积极支持国家重大战略实施，深化金融供给侧结构性改革，强化服务实体经济能力。

（一）开展优质股、债权投资，优惠资金支持企业健康发展

2019年，公司新增投资规模超过200亿元，投资服务实体经济的项目超百亿元，部分项目精准投向粤港澳大湾区建设、军民融合等国家重点战略领域，为多家国家重点企业提供优惠资金，高效提升企业服务实体经济发展能力。

（二）开展优质不动产投资，品牌带动地方经济发展

2019年，公司坚持以高端写字楼和养老地产为主，积极打造"太平金融大厦""太平小镇"品牌。稳步推进济南太平金融大厦、成都温江"太平小镇"、上海松江太平金融科技产业园、深圳龙壁"太平健康谷"、珠海横琴"太平健康谷"、天津太平金融大厦等项目，为地方经济发展、引进实体产业提供优质渠道。

（三）参与改善与保障民生

公司积极响应党中央、国务院的决策部署，坚持"以人民为中心"的发展思想，更好体现住房居住属性，通过投资"平安不动产—天津宜兴埠棚改项目不动产债权投资计划"等项目，扎实推进棚户区改造工作，激发建设活力，进一步参与改善和保障民生。

平安养老保险股份有限公司

平安养老保险股份有限公司始终围绕国家战略发展要求，积极贯彻落实党中央、国务院有关深化金融供给侧结构性改革以及金融支持实体经济的战略部署，深化金融改革开放。随着资产管理规模增长，公司不断提升对保险资金及养老金在另类领域投资的关注，在注重实现保险资金和养老金保值增值的同时，致力于为实体经济提供支持服务，全力支持国家金融业健康发展。

公司自2004年创立以来，成功获批原中国保监会另类投资资格牌照，此后获得股权投资能力、不动产投资能力、基础设施投资计划产品创新能力、不动产投资计划产品创新能力等资格，并从单一提供企业年金基金管理服务供应商逐步发展成为面向个人、企业、政府提供全方位、专业资产管理服务的金融机构。公司以深厚的政府关系和紧密的客户关系为基础，利用全面的资产管理业务牌照、专业的投资能力以及丰富的投资经验，为国家重大基础设施项目及相关企业提供投融资服务，重点支持和参与能源、交通、环保、水利、装备制造、市政设施等项目，以满足实体经济的融资需求。

过去数年的时间里，公司积极践行支持实体经济的要求，先后发起设立平安养老—唐山城投二环路基础设施债权投资计划、平安养老—南通城建投资发展基金股权投资计划、平安养老—河北建投交通债权投资计划、平安养老—呼市交投二环路基础设施债权投资计划、平安养老—河北建投交通债权投资计划（二期）、平安养老—中集蓝鲸基础设施债权投资计划、成都轨道交通集团有限公司基础设施债权投资计划、平安养老—齐鲁威联基础设施债权投资计划、平安养老—万科物流基础设施债权投资计划等保险基础设施债权投资计划，有效支持了"中蒙俄经济走廊"和"新亚欧大陆桥"两大经济走廊及京津冀、长江经济带等重点区域经济发展。

为落实国家"一带一路"倡议，公司与中国保险投资基金开展战略合作，以管理的养老保险和第三方保险资金认购其发起设立的"中保投—招商局股权投资计划"1.9亿元。该项目所投资金最终用于认购环渤海项目、土耳其项目、VLCC油轮船队扩建项目等20个"一带一路"储备项目的股权。同时，为响应"21世纪海上丝绸之路"战略构想，发展与沿线国家的经济合作、支持海运业发展，公司年金投资华泰资产管理有限公司设立的"华泰—中国远洋海运集团债权投资计划"1.5亿元，项目募集资金用于融资主体投资项目的建设、运营等支出；置换已投入资金和借款，改善资产负债结构，以及集团实施国企改革、资本并购等支出。

长江养老保险股份有限公司

长江养老保险股份有限公司坚定响应国家号召，努力坚守金融服务实体经济与民生保障的初心使命，有效利用所管理养老金资产的长期投资属性，引导各类长期资金积极服务国家战略和实体经济发展。

公司着力打造养老金融服务实体经济的专业平台，促进养老金管理与实体经济的良性互动，为降低社会融资成本做出积极贡献。公司直接利用所管理的养老金资产通过银行存款、债券、股票等方式投向实体经济，并且是唯一成功发行设立全部另类保险资管产品的养老保险公司。截至2019年底，另类保险资产管理产品累计注册规模超过1 600亿元，业务范围覆盖全国16个省（自治区、直辖市）。

公司通过直接发行另类投资产品，累计投资368亿元支持绿色金融，引导344亿元服务京津冀协同发展，募集193亿元参与长三角一体化建设。其中，2019年5月，公司以山东省5号职业年金计划资金投资"长江养老—湖北交投基础设施债权投资计划"，促成省级职业年金直接服务地方经济发展的首单。公司还通过支持棚户区改造、服务中西部基础设施建设，以及发行"长江养老—中和农信支农支小资产支持计划"，积极参与扶贫攻坚。

与此同时，公司坚持服务国资国企改革，在全国范围内承接管理国有企业员工持股计划，先后开展了上海地方国企和中央企业员工持股计划的首单试点。其中，公司参与上海市属国企混合所有制改革首单员工持股计划项目荣获上海金融创新成果奖，在探索和实践中为国企混合所有制改革方向做出了积极贡献。

人保资本投资管理有限公司

人保资本投资管理有限公司响应国家关于金融服务实体经济的号召，积极履行金融央企责任，恪守"人民保险、服务人民"的企业使命，通过股权、债权等多种投资方式，服务于国家战略和重大民生工程。2019年，公司债权产品注册数量和规模居于行业前列，涉及交通、市政、能源、科技等领域；股权项目取得重大突破，为关系国计民生的重大工程、重点企业拓展多层次融资渠道。

深入服务创新发展战略。公司设立科技保险投资基金，立足于用信用保证保险解决增信，结合政府风险补偿机制，实现"投融保"一体化，缓解科技型中小企业融资难、融资贵问题。截至2019年底，该基金已为科技企业提供融资超过4亿元，投资企业98家，其中"新三板"上市企业13家，科技型制造类高新技术企业70家。公司目前也正在将该模式复制到其他地区。

贯彻落实国家健康养老战略。发起设立人保健康养老产业基金。该基金专注于"便捷医疗、智能医养、活力养老"保险产业链上下游，围绕生物医药、医疗信息化、医药商业、医疗服务、养老护理，探索构建"保险+科技+服务"的产业生态圈。2019年，经过积极酝酿，该基金股权投资实现破冰，多个项目顺利交割，在养老服务机构、医疗信息化、医疗机构等多个领域实现布局，基金步入良性发展通道。

积极落实长三角一体化战略。加大资源投入力度，推动人保上海科创基金项目取得进展，将吸引优质科创企业和高新技术企业落户长三角地区，助力打造区域经济新增长极。该基金围绕国内产业龙头生态圈，进行针对技术引领型、技术连续型、技术生态型企业的投资布局，助推国产供应链技术进化，孵育引领方向、突破瓶颈、构建生态的核心技术型创新企业。

平安不动产有限公司

2019 年，平安不动产有限公司积极响应中国银保监会关于保险资金服务国家战略和实体经济的相关政策精神，探索保险资金在深圳建设中国特色社会主义先行示范区、乡村振兴、棚户区改造等重点领域的投资，并持续关注保险资金在粤港澳大湾区及其他区域核心城市基础设施、重大产业投资等方面的投资机会，取得了一定成效。

2019 年，中共中央、国务院出台《关于支持深圳建设中国特色社会主义先行示范区的意见》，公司通过发行设立债权投资计划募集保险资金投向深圳市宝安区某大型滨海文化旅游项目。该项目由某大型央企投资建设，项目位于粤港澳大湾区核心节点区域，将打造成为集滨海休闲、文化旅游、艺术体验、商业办公等于一体的新型全域旅游示范区项目。该投资计划成功运用保险资金助力深圳建设中国特色社会主义先行示范区。

实施乡村振兴战略是党的十九大提出的国家战略，公司也积极探索保险资金在该领域的投资，并推动保险资金投向成都市双流区某文旅项目。该项目为成都市双流区乡村振兴重点工程项目，涉及古镇景区建设运营和集体建设用地、农用地流转等，融资主体拟通过引入文化旅游产业促进当地农村人口就业和收入提升，受到当地政府的重点支持。

棚户区改造是为改造城镇危旧住房、改善困难家庭住房条件而推出的一项民心工程，平安不动产也积极探索保险资金在该领域的投资，并通过发行设立债权投资计划募集保险资金投向北京市某大型国企负责实施的北京市顺义区某棚户区改造项目。该项目为顺义区重要的民生工程，加快棚户区改造，有利于改善居住环境，完善配套市政设施和公共服务设施，有利于提升城市品位和促进经济发展，受到当地政府的重点支持。

展望未来，作为平安集团旗下专业的不动产投资及资产管理平台，公司以前瞻性的投资眼光、专业的投资分析能力、完备的项目评审与风险控制体系，在富有发展潜力的重点优势区位布局、储备、甄选优质项目，为区域经济社会发展助力、赋能。

附录四

2019 年保险资产管理行业积极履行社会责任、开展公益（扶贫攻坚）情况[*]

(按机构类型及成立时间排序)

中国人保资产管理有限公司

2019 年，中国人保资产管理有限公司聚焦发挥保险优势推进产业扶贫，把扶贫与乡村振兴战略有机结合，响应国家关于落实金融服务小微企业的指示精神，持续推进普惠金融支农支小业务，向广西、广东、河南、河北、江西等地贫困地区特色产业提供融资支持近 11 亿元，融资项目涉及菌业种养、畜禽养殖、林业育苗等多个特色产业，既服务了当地"三农"经济发展，又很好地完成了扶贫攻坚任务。公司还正在大力推进支持小微企业专属资管产品、普惠性绿色金融产品等开发工作。

扶贫捐赠方面，公司向黑龙江省桦川县、陕西省留坝县、江西省吉安县和乐安县等共计捐款450 万元；向桦川县、留坝县当地教育主管部门指定的基础教育机构各捐赠 5 万元教育扶贫款，共计 10 万元；于 2019 年 9 月 12 日成功引入第三方江西正邦养殖有限公司投入 1 500 万元资金支持吉安县脱贫攻坚；全年完成扶贫帮销、帮购任务合计约 70.5 万元。

---

[*] 免责声明：本部分信息和内容均来自各公司提供的资料，中国保险资产管理业协会仅负责整理。所有信息或表达的内容不代表协会观点和立场或证实其内容的真实性。

履行社会责任主要指保险资产管理行业开展脱贫攻坚或社会公益活动的情况。

部分机构未向协会提供有关材料，故在附录中没有展现。

中国人寿资产管理有限公司

2019 年 4 月 29 日,湖北省人民政府发布通知,宣布丹江口市达到贫困县退出的标准和条件,批准退出。

一是发挥金融投资优势,以丹江口脱贫摘帽为新起点,推进扶贫基金已投项目"国寿丹泉"和博奥鱼头水产品提质升级,成功签约投资湖北奥斯龙科技有限公司润滑油项目,持续跟踪中林森旅、中国环保、中粮基金在丹江口开展旅游、垃圾发电及水产业项目,资本"新动能新引擎"的力量正为扶贫产业插上腾飞的翅膀。探索普惠型金融扶贫新模式,公司与扶贫点的银行合作创新设立扶贫贷款担保基金,推进产业扶贫新举措。

二是发挥保险行业优势,实现了对丹江口市所有建档立卡贫困户的人身意外伤害和大病补充保险、房屋家财保险以及全市驻村扶贫干部意外伤害保险的"三个全覆盖"。

三是发挥资源优势,创新开展教育扶贫,阻止贫困代际传递。2019 年,公司建设第一期村镇学校专递课堂,成功举办贫困生"圆梦"研学项目,党费扶贫支持了 5 个乡镇 9 个党群服务中心新建维修,还开展对内蒙古察右中旗巴音乡结对帮扶,落地一批涉及乡村民生、基层党建、干部培训项目。

四是结合投资主营业务,加大投资助力贫困地区脱贫攻坚。首先,通过直接投资助力国家级贫困县和"三区三州"脱贫攻坚,青海、新疆新增项目投资 157 亿元。其次,加大对中西部新增地方债和信用债的投资以及国开债、铁道债的投资,中部 6 省和西部 12 省区新增债券投资 975 亿元。

华泰资产管理有限公司

2019年，华泰资产管理有限公司积极响应中国银保监会及中资协的号召，参于扶贫脱贫的工作，于同年6月在位于内蒙古自治区乌兰察布市的察哈尔右翼后旗蒙欣商贸有限责任公司采购农副产品，支持当地经济。

2019年10月，公司参加了在内蒙古自治区乌兰察布市察右后旗召开的中国保险资产管理业2019年助力脱贫攻坚工作交流会，并赴乌兰哈达苏木哈必力格嘎查集体经济蘑菇大棚开展实地调研。公司作为优秀帮扶机构受到表彰，获得"产业消费双帮扶先锋"荣誉，同与会人员一同分享了公司在助力脱贫攻坚方面的经验和体会。

公司近年来一直坚持参与保险扶贫工作，践行保险社会责任，体现资管行业价值，今后将以优质的服务，来回馈客户信任，为促进脱贫攻坚提供更加有力的金融支撑。

中再资产管理股份有限公司

为贯彻落实党中央、国务院、中国银保监会和中投公司有关助推脱贫攻坚工作的指示精神，着力抓好集团公司 2019 年度精准扶贫工作，中再资产管理股份有限公司 2019 年按照集团扶贫工作总体规划，统筹安排扶贫任务。

一是响应号召，助推精准扶贫见实效。在集团系统工会统一指导下，加大扶贫力度提高扶贫资金，由 2018 年度 200 万元增加至 400 万元扶贫资金。青海循化县是集团定点扶贫点，目前已脱贫。为了防止返贫发生，增强"造血"功能，公司认真研究产业扶贫，支持拉面经济，建立脱贫的长效机制，引导他们用自己的双手开创美好明天，并荣获中国网"金融扶贫先锋机构"的称号。

二是奉献爱心，支持消费扶贫快发展。贫困地区农副产品产销顺畅，是扶贫难点问题之一，为了促进当地产业可持续发展，公司对贫困地区开展消费扶贫，利用部分重大节日采购扶贫食品。2019 年 10 月，公司获得中共乌兰哈达苏木委员会、乌兰哈达苏木人民政府和中国保险资产管理业协会联合颁发"决胜脱贫攻坚，消费扶贫先锋"的锦旗。

三是精心谋划，确保教育扶贫有成效。在中再集团统一安排下，公司组织 2 人次参与开展扶贫点金融知识普及，让老百姓了解相关政策，扩大公司在行业和集团内部履行社会责任的影响力。团委牵头新绿公益计划，动员广大青年员工积极参与集团组织的定点扶贫和其他社会公益活动，得到公司员工特别是青年员工的强烈响应和积极参与，体现公司青年员工的责任感和担当。

平安资产管理有限责任公司

平安资产管理有限责任公司从成立之初就秉承"专业价值，奉献社会"的理念，积极承担企业社会责任。

在脱贫攻坚方面，公司响应中央坚决打好精准脱贫攻坚战的指示，持续为相关企业提供精准金融服务。2019年，公司与贵州省水利投资（集团）有限责任公司合作的"平安—贵州省骨干水源工程债权投资计划"募集资金33亿元，投资于夹岩水利枢纽及黔西北供水工程。该项目是国家发改委核准的重点水利工程，是贵州省解决"工程性缺水"、围绕三位一体规划开展水利建设"三大会战"的龙头项目，也是贵州省脱贫攻坚、立足水利扶贫战略提高区域扶贫开发能力的重点工程，其建设对加快区域脱贫、提高扶贫开发能力及改善生态环境均具有重要意义。此外，公司还积极投身平安集团"三村工程"（村官、村医、村教）建设，参与实施精准扶贫。公司连续第9年组织冬衣捐献活动，募集衣物360余斤，由专人送至云贵川藏等贫困地区。

在公益慈善方面，公司与国际非营利组织JA国际青年成就组织合作，连续第9年开展青年理财支教活动，授课覆盖理财知识、金融理念、普通投资品种讲解等各类新鲜金融知识，受到师生们的热烈欢迎。公司还连续第5年与上海医治之家（SHH）合作，采用众筹方式，救助因身体缺陷而被遗弃的幼儿，筹集资金主要用于平安宝宝从术前到术后的治疗和护理。5年间资助了6名小朋友完成手术，术后4名小朋友都找到了新家。

在责任投资方面，2019年，中国平安集团宣布正式签署联合国支持的"负责任投资原则"（UN Supported Principles for Responsible Investment，UNPRI），成为中国第一家加入该组织的资产所有者。公司积极参与平安集团的责任投资项目实施，研发推出投资实战应用的中国股票ESG模型，努力推动中国绿色投融资产品与服务创新。

泰康资产管理有限责任公司

泰康资产管理有限责任公司作为保险行业领先的资产管理公司，在公司管理规模快速发展的同时，积极践行社会责任，支持慈善公益事业的发展。

2019 年 8 月 14 日，北京泰康溢彩公益基金会的爱心志愿者走进北京旧鼓楼社区，开展"预防金融诈骗，构建活力养老"主题活动。"尊老敬老"一直是公司推崇的公益理念，公司志愿者将"泰康溢彩乐享礼包"送到叔叔阿姨手中，还特别叮嘱叔叔阿姨们一定要防诈骗，保健康。泰康溢彩乐享礼包是溢彩基金专门为老年朋友定制的"健康爱心大礼包"，配有包含倡导类、保健类、日常用品类、运动健康类、饮食健康类、益智类六个维度十件物品。公司率先支持泰康溢彩公益行走进社区主题活动，并向北京泰康溢彩公益基金会捐赠人民币 30 万元。

2019 年 8 月 17 日，公司工会开展了"回访天云康复中心"主题活动，组织"'泰'想爱你"慈善公益，团队员工来到北京市房山区天云听力言语康复训练中心慰问听障儿童，并捐赠了爱心物资。此次"'泰'想爱你"慈善公益团队为天云康复中心的孩子们捐赠了 300 斤大米、1 套无限聆听学语系统教材、600 粒听障儿童助听器电池，以及爱心人士捐赠的玩具、衣物等。

此外，公司响应中国保险资产管理业协会号召，积极参与产业帮扶项目，向乌兰哈达苏木人民政府捐赠 6 万元，专项资助"乌兰哈达苏木哈必力格嘎查平地脑包浩特蘑菇大棚建设"。

点滴关怀，润物无声，星星之火，汇聚成炬。公司将一如既往，关注公益，组织更多的慈善公益活动，脱贫攻坚，在公益关怀的旅程中继续前行。

新华资产管理股份有限公司

"不忘初心，牢记使命"，新华资产管理股份有限公司自成立以来，始终将社会责任放在心上，在公司上下营造奉献有爱的文化氛围。

2019年，公司走进北京市太阳村，探望服刑人员未成年子女，持续关注儿童福利事业的发展。太阳村是一家民间慈善组织，以代教代养全国服刑人员未成年子女为使命。目前，北京太阳村共有未成年人90余名，其中学龄前儿童6名，小学至初中生70余名，高中生10余名，一直以来主要依靠社会各界的捐助。公司向北京市太阳村捐赠4万元人民币作为儿童成长专项关爱基金，并为孩子们提供一顿免费的午餐。

此外，公司积极响应保险行业协会关于定点扶贫的号召，在扶贫地区内蒙古乌兰察布右旗积极采购农产品，助力国家精准扶贫。

太平洋资产管理有限责任公司

2019 年，太平洋资产管理有限责任公司制定精细化扶贫工作策略，聚焦投资扶贫、教育扶贫、企业公益三大领域，抓实抓细扶贫工作，以切实行动助力脱贫攻坚。公司创建公益品牌"以爱之名，托起明天"，围绕公益品牌组织开展一系列主题公益活动。公司一直致力于通过运用保险资金支持重点地区的基础设施建设，精准对接重点地区基础设施、民生工程的投融资需求，以债权计划、资产支持计划等多种形式，推动重点地区的资源开发、产业园区建设和新型城镇化发展。

公司积极支持贵州高速公路等基础设施建设，打通西南物流大通道，助力贵州企业尤其是小农企业解决物流问题，促进当地农业经济发展。公司组织前往贵州遵义开展助学捐助活动，为贵州茅天镇茅天中学捐助购买多媒体教学器材"班班通"，为石龙完小学添置图书、玩具等，改善教育设施，提高学习效率。公司组织对接茅天中学建档立卡户的困难学生，"一对一"结对帮扶帮困，为困难学子购置了棉被等过冬物资，帮助茅天中学的特困学生完成三年学业。捐助金额总计约 35 万元，保障贫困地区年轻学子有学上、上好学，从教育和青少年发展入手，多方面夯实脱贫基础。目前，基本完成第一阶段扶贫工作目标，获得上海市对口遵义扶贫工作的领导机构好评。

2019 年 12 月，公司发动全体员工参与太保集团发起的"中国太保三江源生态公益林"捐赠项目，捐赠资金用于在青海三江源地区建造千亩"生态发展、绿色经济、民族团结"之林，共护三江源地区的生态环境。

太平资产管理股份有限公司

2019年，太平资产管理股份有限公司发起设立"云南省国家级贫困区棚户区改造债权投资计划"，投资规模5.5亿元，紧扣国家扶贫战略，积极助力云南省扶贫攻坚工作开展，帮助贫困地区人民改善居住条件，带动当地基建产业发展和税收增加。

此外，公司深入贯彻落实太平集团党委关于两当县产业帮扶的部署要求，突出党建引领扶贫，成立由党委书记直接领导的股权投资项目组，整合资源，精准聚焦，在深入开展股权扶贫投资论证的基础上，扎实推进设立"太平产业扶贫投资基金"并与当地中华蜂蜜龙头企业秦南蜂业合作成立销售公司，以销售赋能作为突破口，支持当地中华蜂支柱产业发展。

同时，公司积极助力解决重点地区农产品滞销问题，通过采购湖北、内蒙古、两当等地区特色农产品，倾力消费帮扶促农户增收。为此，公司被中国保险资产管理业协会、中共乌兰哈达苏木委员会、乌兰哈达苏木人民政府联合授予"决胜脱贫攻坚产业帮扶先锋"。

人保投资控股有限公司

2019 年，人保投资控股有限公司在认真履行经济责任同时，积极践行社会责任，参与公益活动。

一是积极开展慈善公益和爱心捐赠活动。2019 年公司向中国人保公益慈善基金会捐款 200 万元，通过慈善基金会参与国家慈善事业发展，助力党和国家扶贫脱贫攻坚战。同时，人保投控组织系统员工开展爱心捐款活动，关爱疾病、贫困群体，努力践行慈善爱心文化。

二是根据集团公司统一安排，2019 年度人保投控圆满完成定点扶贫任务，向桦川、留坝、乐安三县各捐赠帮扶资金 100 万元，合计 300 万元。采购贫困地区农产品 60 万元，帮助销售贫困地区农产品 10 万元。另外，公司通过牵线上海君创租赁公司，优化融资条件，为留坝县医院成功引进医疗设备租赁款 50 万元，实现了融资扶贫模式的创新。

大家资产管理有限责任公司

大家资产管理有限责任公司作为中国保险资产管理业协会会员,积极响应协会号召,推进资源对接,加大产业帮扶,与乌兰哈达苏木人民政府签署《专项资金帮扶协议》,自愿捐赠人民币 6 万元,支持结对帮扶地区内蒙古自治区乌兰察布市察右后旗乌兰哈达苏木扶贫项目。

未来,公司愿与行业一同精准聚焦,精准发力,全力助力扶贫工作,为坚决打赢脱贫攻坚战贡献力量。

生命保险资产管理有限公司

生命保险资产管理有限公司坚持服务社会、服务民生，积极助力精准扶贫方略、乡村振兴战略，热心参与社会公益事业。

2019年，公司出资6万元，对乌兰察布察右后旗乌兰哈达苏木"蘑菇大棚"进行专项资金帮扶，并积极参与消费扶贫爱心行动，采购22 960元乌兰察布察右中旗扶贫农产品，助力当地群众脱贫攻坚。公司响应"中国保险行业'7·8'扶贫公益基金"号召，积极参与富德保险控股"不忘初心 与爱同行"健康扶贫爱心募捐活动。此类活动的开展，践行了生命资产作为企业公民的社会责任，充分培育和弘扬了全体员工的公益精神和服务精神。

公司精准对接产业脱贫需求，将保险资金投向贫困地区基础设施和民生工程建设，扎实推进助力脱贫攻坚工作。公司于2019年成功设立"生命资产—兰州高原夏菜采购中心债权投资计划"，以债权的形式投资兰州国际高原夏菜副食品采购中心项目。该项目位于我国西部地区，是甘肃省重点民生工程建设项目。该项目于2017年被榆中县扶贫开发办公室认定为中长期扶贫项目，并于2018年被认定为兰州市榆中县重点产业扶贫项目，未来将建设成为西北农副产品的信息中心、价格中心、物流中心和电商中心。项目建成后，将形成10万人左右的小城镇，带动周边劳动力就业，为甘肃打赢脱贫攻坚战起到积极的促进作用。

公司与河北新发地农副产品有限公司达成合作，成功以债权的形式投资河北新发地农副产品物流园项目。公司根据物流园类项目资金回流长期稳定的特性，于2018年设立了10年期的"生命资产—河北新发地不动产债权投资计划"。河北新发地农副产品物流园项目位于河北省保定市高碑店市，地处京津冀协同发展、疏解北京非首都功能的重要区域。作为北京、天津的重要农副产品供应地及全国最大农副产品集散地，项目通过提供扶贫特色展厅，无偿设立专门销售贫困县农副产品的扶贫专柜，优先收购贫困县的农副产品等措施，助力各贫困县脱贫致富。河北新发地农副产品有限公司与保定市9个贫困县举行扶贫对接座谈会，并分别签订农副产品销售合作协议，把河北新发地农副产品物流园对农产品的需求与各贫困县的农产品供给结合起来，创新定点扶贫，合理配置贫困县农副产品资源，为其打开市场销路，帮助贫困县实现发展脱贫。

光大永明资产管理股份有限公司

光大永明资产管理股份有限公司按照中国光大集团党委关于实现脱贫攻坚重大突破的工作要求，成立扶贫工作领导小组，拨出专款 20 多万元对集团定点帮扶点湖南古丈县开展对口扶贫工作。公司党委通过深入学习习近平总书记关于做好扶贫工作的一系列重要论述，按照"要把扶贫开发同基层组织建设有机结合起来"的要求，牢固树立围绕扶贫抓党建、抓好党建促扶贫的理念，积极探索"党建+"的扶贫攻坚模式，充分发挥党建引领作用，将党建与扶贫工作有机结合，与古丈县溪口村、大寨村结成对子，通过组织共建和产业共育等具体措施，做好定点帮扶工作。公司党委书记于 2019 年 11 月带队赴湖南省古丈县开展党建扶贫活动，出席党建扶贫启动仪式，党建共建扶贫工作取得了阶段性成果，公司扶贫工作迈入了新的层次，助力集团打赢扶贫攻坚战。

另外，公司党委积极响应资产管理业协会的号召，与中国保险资产管理业协会对口帮扶地区企业进行对接，采购对口帮扶地区农副产品 16 922.5 元；2019 年 8 月，向中国保险资产管理业协会帮扶地区内蒙古自治区乌兰察布右后旗乌兰哈达苏木扶贫项目捐赠扶贫资金 6 万元进行产业扶贫。在开展扶贫工作之余，还组织开展了"关爱成长计划——爱心包裹项目"捐款活动和为贫困母亲捐款活动，为贫困地区献爱心。

合众资产管理股份有限公司

2019年，合众资产管理股份有限公司以"专业性、系统性、持续性"为方针，组织参与多次专项扶贫和社会公益活动。

加大产业帮扶，助力四川宜宾贫困地区产业发展。公司聚焦深度贫困地区，参与四川宜宾国家级贫困地区"产业帮扶"项目。2019年6月，注册了合众—宜宾国资国家级贫困县对口扶贫项目（一期）债权投资计划，募集资金5亿元。切实做到了精准聚焦、精准发力。

深化消费帮扶，支持乌兰察布地区经济发展。在消费扶贫方面，公司专款专项采购乌兰察布地区农牧产品，并将该地区产品面向全体员工推广。2019年10月在内蒙古乌兰察布市察右后旗召开的中国保险资产管理业2019年扶贫经验交流会上，公司荣获"决胜脱贫攻坚·消费帮扶先锋"称号。

支持公益事业，弘扬敬老爱老传统美德。2019年5月，公司党支部与中国保险资产管理业协会、中国精算师协会联合党委在合众优年（武汉）养老社区开展了公益党建活动。参与活动的党员向社区老人捐赠了投影仪、幕布、音响、调音台等设施，与社区老人们开展座谈、一起唱红歌。

推动文化帮扶，支持热梦科巴艺术团。支持文化扶贫，2019年8月公司组织员工参与公益项目"热梦科巴"系列文化演出观演活动。

民生通惠资产管理有限公司

企业是社会责任的承担主体。民生通惠资产管理有限公司致力于践行好社会主义核心价值观，着力引导员工关爱他人，勇担社会责任，为社会多做力所能及之事。

2019年度，公司积极响应万向集团自2006年启动开展的每年度"送温暖献爱心"捐款活动的号召，坚持出于内心、真诚、自愿的原则，组织落实好"捐款月"活动。公司党员、管理人员自觉发挥先锋模范作用，带头捐款，筹得善款共计超25 000元，捐款率高达100%。所筹集的善款将用于社会各项慈善公益事业。

同时，公司在中国保险资产管理业协会的带领下，率先加入到行业定点扶贫地区消费扶贫的队伍中去。2019年，公司向内蒙古定点扶贫地区采购农副产品共计20 519元，助力造血式扶贫。中共乌兰哈达苏木委员会、乌兰哈达苏木人民政府授予公司"决胜脱贫攻坚，消费帮扶先锋"锦旗。

公司通过公益活动的开展，树立员工"企业内——优秀的通惠员工；企业外——文明的社会公民"的社会形象。

阳光资产管理股份有限公司

阳光资产管理股份有限公司将社会公益活动与精准扶贫工作纳入企业文化建设之中,积极参加各项社会公益事业,坚持定期组织各类公益志愿活动;围绕产业扶贫、贫困捐助等重点方向,打好组织基础,积极拓展业务,贯彻落实精准扶贫工作。

2019年,公司全年组织公益志愿活动6次,近300人次参与,凝聚广泛力量,将阳光的正能量照进四川、河北、青海、新疆等全国各地。持续组织开展"双生计划"结对帮扶贫困学生活动,与四川省凉山彝族自治州西昌地区美姑中学结对,为高中两个班级共100名学生提供高中三年的成长与成才支持,并于2019年9月远赴西昌走进美姑中学,与阳光资产"新长城自强班"的同学们开展了为期一日的志愿活动,传递公司员工对学生们的关怀与慰问。

公司全力推进"三区三州"产业扶贫,按照风险可控、商业可持续原则,以债权、股权、资产支持计划等多种形式,积极参与深度贫困地区产业扶贫项目及基础设施建设。2019年12月,公司响应中国保险资产管理业协会组织行业力量参与支持结对帮扶工作,捐赠6万元,专项用于帮扶内蒙古自治区乌兰察布市察右后旗乌兰哈达苏木扶贫项目,助力扶贫攻坚。

2020年,公司将继续践行社会责任,以实际行动为公益事业和脱贫工作做出积极贡献。

中英益利资产管理股份有限公司

扶贫工作功在当代，利在千秋。中英益利资产管理股份有限公司管理层对中国保险资产管理业协会的扶贫倡议予以高度重视，积极响应落实消费扶贫工作，采购了当地农副产品。公司广大员工也积极响应，购买并向亲友推荐了扶贫农副产品。

中意资产管理有限责任公司

脱贫攻坚是国之大计，中意资产管理有限责任公司采取积极有力措施，不断加强对实体经济的引导服务，围绕建设偏远地区及棚户区改造，加大项目投资力度，积极磋商合作机制，努力做到精准扶持，精准发展，推动实体经济发展提质增效。

2019年4月，公司响应国家扶贫号召，积极参与了中国保险资产管理业协会结对帮扶工作，对接协会定点扶贫对象——内蒙古自治区乌兰察布市察右后旗白音察干镇，以消费扶贫的方式援助3万多元。

2019年6月，公司成功发起设立了"中意—中冶马梧高速基础设施债权投资计划"。该投资计划总发行规模30亿元，是财政部发布新规后行业内首单注册并完成发行的永续保险债权投资计划。公司在推进保险资金服务实体经济、支持基础设施建，响应国家"降杠杆、调结构"重要战略的积极尝试，为保险资金实现长期稳定运用拓展了新的投资载体。

2019年7月，公司助力脱贫攻坚项目。为响应中央号召，践行保险资管公司的社会责任，发起设立了"中意—四川叙大铁路基础设施债权投资计划"，投资5亿元，期限5+5年，8月完成全部资金投放。资金用于古蔺、叙永两贫困县货运铁路—叙大铁路建设，结束了相关区域不通铁路的历史，助力脱贫攻坚搭建新通道，打开新局面。

2019年9月，公司积极响应协会扶贫号召，为内蒙古自治区乌兰察布市察右后旗乌兰哈达苏木扶贫地区捐赠6万元，旨在履行社会责任，与行业一道，精准聚焦，精准发力，为国家扶贫攻坚事业贡献力量。

华安财保资产管理有限责任公司

2019年，华安财保资产管理有限责任公司认真贯彻落实党中央、国务院和中国银保监会关于脱贫攻坚的决策部署与号召，以高度的责任感和大局观，积极履行企业社会责任，大力开展定点扶贫工作。公司与内蒙古自治区乌兰察布市察右后旗乌兰哈达苏木地区当地电子商务公司取得联系，结合当地实际情况批量购买特色农副产品，支持当地经济实体发展，助力当地贫困群众稳定增收。

为不断丰富积累扶贫工作经验，为国家全面脱贫工作做出更大贡献，公司积极参加中国保险资产管理业协会分别在北京和内蒙古举办的"在京保险资管机构扶贫工作交流会"和"2019年扶贫经验交流会"，在会议中学习了宝贵经验，为提升帮扶效力做了充分准备。在与会过程中，公司领导主动了解询问当地脱贫工作中存在的实际困难，并于会后与内蒙古自治区乌兰察布市察右后旗乌兰哈达苏木人民政府进一步对接，向当地贫困学生捐赠了一批笔记本电脑。此举获得了哈达苏木政府的衷心感谢和高度认可，公司后续将充分利用现有资源，积极主动开展此类活动。

长城财富资产管理股份有限公司

长城财富资产管理股份有限公司在发展自身业务的同时，主动履行社会责任和义务。

教育扶贫。公司持续对教育扶贫事业给予高度重视和支持。根据长城人寿党委要求，公司重点实施了对贫困地区教育领域的关注和慰问，旨在提高扶贫工作的精准度。2018年以来，公司党支部在长城人寿党委的带领下，组织公司党员与长城人寿河北分公司党支部联合为保定市阜平县城南庄镇石猴中心校捐建了一座"萌芽100"爱心图书室，为国家精准扶贫贡献力量。

党员扶贫。2019年，公司党支部在长城人寿党委的带领下，积极响应以"不忘初心、与爱同行——献礼共和国70年华诞"为主题的"共产党员献爱心"捐献活动，组织党员向患病群众、低保老人、贫困学生进行捐款活动，筹集善款向困难群众献上绵薄之力。

消费扶贫。2019年，公司积极响应中国保险资产管理业协会扶贫工作号召，通过公司工会向对口扶贫地区乌兰察布采购农副产品，合计45 000元。2019年10月，中国保险资产管理业协会组织召开扶贫工作会议，向积极参与对口扶贫工作的会员单位进行表彰并颁发锦旗，公司获得"决胜脱贫攻坚 消费帮扶先锋"荣誉锦旗。

建信保险资产管理有限公司

2019年，建信保险资产管理有限公司深入贯彻落实党中央打赢脱贫攻坚战的战略决策部署，积极响应国家和建行集团号召，开展了系列助力脱贫攻坚活动，取得了积极的社会反响。

一是举办爱心公益助跑活动。公司积极参加2019年"7·8保险扶贫公益跑"活动，将健康运动与公益相结合，引导员工树立扶贫济困的意识和观念，并深度参与扶贫活动。

二是通过集中采购、组织员工自发采购等形式，采购扶贫物资，员工参与率达100%。同时，鼓励员工通过各类社交平台，分享善融商务扶贫商品链接，扩大扶贫商品影响力和销售量，大力弘扬"扶贫济困，乐善好施"的传统美德，积极营造"一方有难，八方支援"的良好氛围。

三是安排扶贫济困专项捐赠资金，用实际行动充分展现公司的社会责任担当，为国家脱贫攻坚事业贡献坚实力量。

百年保险资产管理有限责任公司

2019 年，百年保险资产管理有限责任公司为增强员工公民意识和社会责任感，升华道德情操和高尚情怀，持续和社会公益组织合作。秉承"奉献、友爱、互助、进步"的志愿者服务精神，积极开展公益活动，倡导员工尽己所能，践行社会责任，传递正能量。

关爱残障人士公益活动。公司与上海志愿者协会花木街道、阳光之家等社会公益组织携手合作。志愿者们定期探望残障人士，每月开展"爱心助残 幸福同行"庆生活动，在春节、中秋、端午等重要传统佳节捐赠物资、关心慰问，用实际行动让残障人士感受到志愿者们的关怀。关爱"来自星星的孩子"公益活动。公司与"早起鸟自闭症儿童康复中心"合作，在重要节日前往探望"来自星星的孩子们"，与孩子们手把手做手工、绘画、玩游戏、互动交流、陪同做康复训练，走进孩子们的内心世界。孩子们甜蜜和纯真的笑容融化了每个人的心。同时，公司组织"一元公益 百分爱心"公益捐款计划，定期将员工捐赠的爱心基金专项用于给自闭症儿童购买康复教具和学习用品。公司积极响应贯彻落实脱贫攻坚工作精神，采购六盘水市重点扶贫商户物资，主动精准给予帮扶援助。公司与志愿者协会花木街道联合组织"新时尚百人公益慈善跑"活动，用健康阳光的精神和态度跑出社会的大爱，呼吁更多的人参与到公益事业当中。

未来，公司将持续积极地参与社会公益服务事业，为社会公益事业贡献一份力量。

工银安盛资产管理有限公司

2019年5月16日，工银安盛资产管理有限公司成立之际，通过中国扶贫基金会向位于云南省20个最边远民族特困乡之一的宣威市阿都乡施都村完全小学，捐赠现金5万元，用于"儿童营养关爱计划"，为学校的每名学生，每天提供一份爱心营养早餐，借以改善贫困地区儿童的营养状况，为学生成才提供帮助。

太平投资控股有限公司

太平投资控股有限公司全面落实中国银保监会关于保险业助推脱贫攻坚战略的有关要求，坚持"真扶贫、扶真贫、真脱贫"的工作思路，积极参与集团扶贫工作，取得新成效。

在消费扶贫方面，积极购买对口扶贫地区——甘肃省两当县出产的土鸡蛋、狼牙蜜等特产，通过推动农特产品采购的方式支持当地经济发展。

在健康扶贫方面，对口云南省威信县人民医院，完善健康扶贫长效保障机制，全力解决基层医疗服务水平低、医疗卫生人才短缺等突出问题。截至 2019 年底，公司邀请解放军总医院专家为威信县人民医院开展专题讲座 2 次，现场业务培训 3 次，通过远程会诊及现场指导等方式诊断病人 200 余人，培训医务人员 300 余人，为威信县人民医院 5 名骨干医生提供到国内著名三甲医院进修的机会，有力地支持了贫困地区健康产业发展与人才培养。

平安养老保险股份有限公司

2019 年，平安养老保险股份有限公司围绕脱贫攻坚，重点聚焦"三村工程·村医项目"，基于贫困地区缺少诊疗设备、物资的现状，打造"4+1"智慧医疗综合行动，面向村卫、村医、村民三个层面，深入推进"村卫升级""村医培训""辅助诊疗""健康体检"四大医疗服务升级行动。

截至 2019 年底，村医项目已升级乡村卫生所 949 个，培训村医 11 175 人，移动检测车行驶 60 万公里。通过移动检测健康体检和名医巡诊，为近 9 万名村民举办了 554 场移动健康巡诊，立体化的健康扶贫工程有效改善了贫困地区基层医疗条件。村医项目凭借健康扶贫创新解决方案以及显著成效，作为中国健康扶贫的典型案例，入选联合国《中国人类发展报告特别版》，公司由此荣获内蒙古"奉献"金质奖章。相关公益微电影《看见》荣获第七届亚洲微电影艺术节最佳作品奖，项目累计曝光量超 5 000 万人次，实有力地提升了公司品牌的知名度和美誉度。

与此同时，公司积极响应国家"一带一路"倡议，为蒙古国提供白内障治疗援助行动，成为公司首个国际公益项目，助力中国与"一带一路"沿线国家人民的友好交流，助推国际减贫事业发展。

此外，公司还携手各级政府及重点客户，签署超过 20 多份扶贫帮困协议，形成社会合力，实现精准扶贫，并通过大病保险等产品为贫困群众提供保险保障，缓解了地方的扶贫压力，提升了公司良好的社会形象。

长江养老保险股份有限公司

2019 年是脱贫攻坚决战决胜的关键之年，长江养老保险股份有限公司全面贯彻落实党中央、国务院、中国银保监会关于打赢脱贫攻坚战的工作部署，紧跟中国太保整体工作步伐，多措并举履行社会责任，助力脱贫攻坚的决胜战役。

（一）着力支持三农发展

公司创新推动另类投资业务的创新转型，于 2019 年底成功注册并发行"长江养老—中和农信支农支小资产支持计划"，募集资金 5.01 亿元，有效满足广大农村中低收入群体开展生产性创收的融资需求。该产品是中国银保监会实施资产支持计划注册制后公司注册的首单资产支持计划，也是中保登注册的首单小额贷款类资产支持计划。

（二）积极开展公益捐赠

长江养老大力发扬上海市对口援疆、友好共建的光荣传统，努力加强与新疆生产建设兵团的合作交流，捐赠 20 万元用于改善新疆生产建设兵团部分贫困地区学校的公共设施和教学条件，支持驻村干部开展帮扶工作等。

公司还积极响应中国保险资产管理业协会关于对口帮扶内蒙古自治区乌兰察布市察右后旗乌兰哈达苏木的号召，携手同业机构精准发力，启动对口帮扶乌兰哈达苏木的捐款流程。

与此同时，公司还联合宁夏回族自治区人社厅，捐赠 4 万元定点帮扶深度贫困村——固原市西吉县田坪乡赵坪村，用于帮助当地农户增加收入，早日实现脱贫致富。

（三）持续关爱弱势群体

公司积极联系浦东新区陆家嘴街道崂山新区居委会，为社区内的孤寡和高龄老人送去生活物资和温馨慰问，彰显公司"德奉天下，爱寄晚晴"的核心价值观。

公司还正式启动爱心助学志愿服务平台，与浦东新区唐四小学开展爱心助学共建活动，为近 800 名农民工子弟送去持续关爱。公司一方面积极向学校捐赠图书文具；另一方面开展"大手牵小手"欢庆六一活动，并组织员工走进课堂开展"责任照亮未来"爱心支教志愿行动，以"从长江看世界"为主题，帮助孩子们了解世界各地的历史地理和风土人情。

（四）创新探索消费扶贫

公司积极参与中国太保精准扶贫"彩虹计划"平台建设，组织员工通过该平台认购国家级深度贫困地区的原生农产品，全年合计购买价值 30 余万元的农产品物资，帮助解决贫困地区农产品销售的难题。

人保资本投资管理有限公司

人保资本投资管理有限公司积极响应中央关于助推脱贫攻坚的号召，在保险行业内第一家开展普惠金融、"支农支小"业务。截至 2019 年底，"支农支小"业务已覆盖全国 30 个省，支持 37 万余客户。作为集团开展"支农支小"融资试点的主要投资平台，协助财险开创了"政融保"模式，打破了农民无资产抵押、无信用记录、无资格获取第三方担保的融资瓶颈。

公司创新"健康扶贫"方式，在定点扶贫县江西吉安进行招商引资。针对县医疗设施陈旧、医疗服务条件较差等问题，公司引进帮扶资金 400 万元，为帮扶县医疗水平提升注入新动力。

公司积极对接实业央企，通过产业扶贫将项目和资金引入县域农村，使其真正依靠发展产业实现脱贫致富。公司通过对接中国建材集团下属公司，于 2019 年发放 4 000 万元支农融资资金专项用于四川眉山大棚建设，项目建成后预计带动项目区及周边农民 1 000 人以上就业，人均年收入达到 3 万元以上。公司还将眉山智慧大棚项目的成功经验推荐给陕西留坝县，加快产业扶贫项目复制进程。

2019 年是人保集团成立 70 周年，也是公司成立 10 周年。公司站在新起点上，将继续深入贯彻落实中央有关决策部署，强化使命担当，在疫情常态化的背景下，做好"六保""六稳"相关工作，在支持实体经济发展、助力脱贫攻坚战取得全面胜利等方面持续发力。公司将坚持"市场化、国际化、专业化"的发展方向，聚焦主业、对标一流，坚持跨界创新与股债联动，推动公司向高质量转型发展。

平安不动产有限公司

"服务国家、服务社会、服务大众"是平安不动产有限公司时刻铭记于心的使命和理念。公司在以专业创造价值、与合作伙伴共进共赢的同时，始终秉持"企业公民"的理念与追求，探索公益创新模式，践履企业社会责任。

2019年，公司依托"云端的大英博物馆"特展匠心打造的同名智慧村教系列课程正式上线"三村晖"APP，平安志愿者协会平安不动产分会向百余所平安希望小学、近两百所平安智慧小学及十所明园小学捐赠线下配套读本，助力校园图书角建设。

公司积极响应平安集团"三村建设工程"号召，采购"三村"扶贫农产品近百万元，开展"村暖花开·美从何处寻"艺术公益，展现"三村"之美，为社会公益事业贡献价值。

在体育公益领域，公司深度参与"平安三村工程公益跑"项目。2019年，已连续第二年助力上海国际马拉松赛这一重要赛事，组织发起体博会现场"捐衣接力"等形式践行体育公益与可持续发展，诠释"为爱奔跑，共赢未来"的理念与责任。

此外，2019年10月，平安志愿者协会平安不动产分会在上海市青少年活动中心举办了自闭症儿童陪伴活动，从智慧安防、智慧医疗、智慧交通、智慧娱乐等角度向孩子们分享了人工智能带来的便利，让孩子们体验AI交响变奏曲、人脸识别、声纹识别、AI作诗及编程作画等科技成果。

未来，公司将持续在教育公益、艺术公益、体育公益、文化公益等领域落地更多丰富多样的公益项目，为中国平安"三村工程"及社会公益事业贡献力量。

后　记

2019年，我国经济运行总体平稳、稳中有进，保险资产管理业坚持稳中求进，总体发展态势平稳，资产管理规模稳步增长；专业能力显著提升；风险管理持续加强，深化服务国家战略、实体经济、保险主业和资本市场的可持续发展，成为资产管理行业的中坚力量。

"中国保险资产管理业发展报告"是中国保险资产管理业协会连续发布的、旨在记录中国保险资产管理业情况，为行业发展留下真实客观历史资料的官方、唯一、权威年度报告。《中国保险资产管理业发展报告（2020）》旨在全面反映中国保险资产管理业2019年发展情况。本报告由协会组织编撰，协会研究规划部负责实施并牵头执笔。30家机构参与撰写（按参与撰写章节先后顺序排序）：阳光资产管理股份有限公司、长城财富保险资产管理股份有限公司、英大保险资产管理有限公司、光大永明资产管理股份有限公司、合众资产管理股份有限公司、华安财保资产管理有限责任公司、中国人保资产管理有限公司、民生通惠资产管理有限公司、人保资本投资管理有限公司、太平洋资产管理有限责任公司、中意资产管理有限责任公司、建信保险资产管理有限公司、太平投资控股有限公司、生命保险资产管理有限公司、泰康资产管理有限责任公司、新华资产管理股份有限公司、中再资产管理股份有限公司、中英益利资产管理股份有限公司、长江养老保险股份有限公司、华泰资产管理有限公司、百年保险资产管理有限责任公司、工银安盛资产管理有限公司、太平资产管理有限公司、平安资产管理有限责任公司、交银康联资产管理有限公司、中国人寿资产管理有限公司、大家资产管理有限责任公司、华夏久盈资产管理有限责任公司、中信保诚资产管理有限责任公司、永诚保险资产管理有限公司。同时，协会综合管理部、会员部、创新发展部、公开市场与境外业务部、自律合规部、教育培训及国际事务部、信息技术部也对报告的撰写给予了积极支持。

在本报告编写过程中，得到了中国银行保险监督管理委员会相关部门的大力支持。初稿完成后，中国银行保险监督管理委员会相关部门和业内相关专家、学者对报告提出了宝贵的意见和建议，在此对他们表示衷心的感谢。

由于编写时间和水平有限，《中国保险资产管理业发展报告（2020）》难免存在疏漏和不足，真诚希望各位读者批评指正，并提出宝贵意见。

中国保险资产管理业协会
2020年12月